图形用户界面局部外观设计的法律保护

黄细江 / 著

TUXING YONGHU JIEMIAN
JUBU WAIGUAN SHEJI DE
FALÜ BAOHU

知识产权出版社
全国百佳图书出版单位

图书在版编目（CIP）数据

图形用户界面局部外观设计的法律保护/黄细江著. —北京：知识产权出版社，2019.2

ISBN 978-7-5130-6081-3

Ⅰ.①图… Ⅱ.①黄… Ⅲ.①人机界面—程序设计—法律—研究—中国 Ⅳ.①D922.174

中国版本图书馆 CIP 数据核字（2019）第 027013 号

内容提要

本书立足于图形用户界面和局部外观设计的基础理论，面向未来的立法和司法实践，全面探讨图形用户界面局部外观设计的法律保护。

责任编辑：崔 玲 彭喜英　　　　责任印制：刘译文

图形用户界面局部外观设计的法律保护

黄细江 著

出版发行：知识产权出版社有限责任公司	网　　址：http://www.ipph.cn
	http://www.laichushu.com
电　　话：010-82004826	
社　　址：北京市海淀区气象路 50 号院	邮　　编：100081
责编电话：010-82000860 转 8539	责编邮箱：pengxiying@cnipr.com
发行电话：010-82000860 转 8101	发行传真：010-82000893
印　　刷：三河市国英印务有限公司	经　　销：各大网上书店、新华书店及相关专业书店
开　　本：720mm×1000mm 1/16	印　　张：16
版　　次：2019 年 2 月第 1 版	印　　次：2019 年 2 月第 1 次印刷
字　　数：245 千字	定　　价：58.00 元

ISBN 978-7-5130-6081-3

谨以此书献给我的爷爷

序　言

图形用户界面是计算机技术发展的重大成就之一，从产生至今不足五十年。图形用户界面以简洁、直接、便捷、易懂的方式传输信息，给用户以良好的体验。特别是在信息量爆炸的知识经济时代，人的精力有限，图形用户界面以其简洁的特点，成为人与产品沟通的良好桥梁。图形用户界面本是计算机领域的新兴事物，其出现和演变都汇集了人的创造性劳动。图形用户界面作为智力成果，闯入知识产权法学领域也就二三十年的时间。知识产权法学本是一门新兴的法学学科，不像积淀深厚的其他学科，其基础理论相对薄弱；它又与工学、美学、心理学、经济学等知识密切相关，技术及其他学科的变化直接影响知识产权制度的演变。图形用户界面的法律保护在技术变化中动态发展。图形用户界面最开始主要通过版权来保护，由于其设计元素包括公有领域的图案、格式、布局等，基于维护公共利益的需要，图形用户界面获得版权保护的力度有限。在我国，图形用户界面以前无法获得外观设计专利保护。直到 2014 年，因电子产品的兴起及产业利益的需求，国家知识产权局对《专利审查指南》进行修改，图形用户界面的外观设计专利保护才成为一种新的保护方式。我国现行专利法没有局部外观设计专利权制度，将图形用户界面与外观设计特别是局部外观设计进行结合的研究及案例十分稀少，图形用户界面局部外观设计的法律保护尚属蛮荒之地。2016 年 4 月，北京奇虎科技有限公司诉北京江民新科技术有限公司侵犯其图形用户界面外观设计专利权一案，“打响中国图形用户界面专利保护的第一枪”。2018 年 1 月，北京知识产权法院一审宣判，驳回原告的全部诉讼请求。图形用户界面与局部外观设计具有本质的契合性。在国外，图形用户界面一般通过局部外观设计进行保护。但是，我国现行专利法没有局部外观设计专利权制度，图形用户界面通过现行整体外观设计专利权进行保护难免“水土不服”。因而，图形用户界面的外观设计保护的确有太多的问题需要研究和解决。

黄细江博士的这本专著立足于我国的立法现状，紧贴理论前沿和司法动态，对局部外观设计和图形用户界面这两个新兴的事物进行了深入的研究，从局部外观设计的概念、特征、分类，到图形用户界面与局部外观设计的契合，为图形用户界面局部外观设计的法律保护奠定了理论基础，也提出了相关的立法建议，具有理论和实践意义。图形用户界面与外观设计一样，是一种表达，产品对图形用户界面局部外观设计保护的限定性要求应当弱化甚至虚化。现阶段，我国图形用户界面局部外观设计的载体并非实体，而应当是显示屏、显示面板等屏性媒介产品。局部外观设计不同于整体外观设计，它仅仅是产品装饰设计中不可分割的部分，其申请和授权有许多独特之处。虚实线结合、保密申请以及申请名称的确定直接涉及图形用户界面局部外观设计的授权和权利保护范围的确定。

本书是在黄细江博士的博士学位论文的基础上拓展而成。该题作为博士论文，写作难度大。毕竟，图形用户界面和局部外观设计两者都是新兴事物，虽然图形用户界面因为版权保护有过一些争论，但是我国现行专利法都没有接受局部外观设计专利权，将图形用户界面与局部外观设计进行结合研究的材料在国内外都十分稀少，可参考和借鉴的材料有限。值得欣慰的是，功夫不负有心人，黄细江博士就该题衍生的多篇论文已经在相关学术期刊上发表，他本人也在中国知识产权法学研究会 2017 年年会上就该题作了主题发言，可见他对这些问题已经有了自己的研究心得与成果。他的博士论文答辩通过，并获得较高评价，至今本书又得以付梓，作为他的硕士生导师和博士生导师，表示祝贺，并感到欣慰。学术没有止境，希望黄细江博士能够秉承初心，一直坚守，继续前行，为我国知识产权法学事业贡献力量。

是为序。

张　耕

二〇一八年十月十七日

前　　言

自20世纪70年代开始，图形用户界面从产生就因计算机技术的提升而得到迅猛发展，其法律保护的形式因产业利益的需求而呈现不同的变化。2014年《专利审查指南》对图形用户界面首次提出授予外观设计专利权。2017年4月1日新修订、实施的《专利审查指南》，并没有具体针对图形用户界面外观设计专利权进行任何修改。《中华人民共和国专利法》（简称《专利法》）和《专利审查指南》成为图形用户界面可以获得外观设计专利权的法律、规章依据。图形用户界面是产品的局部设计，整体外观设计的法律保护与图形用户界面的局部性创新不能契合。在我国专利法没有局部外观设计保护的制度背景下，图形用户界面局部外观设计的法律保护有待理论的梳理和论证。本书立足于图形用户界面和局部外观设计的基础理论，面向未来的立法和司法实践，全面探讨图形用户界面局部外观设计的法律保护。

除引言、结论外，全书共七章。

第一章界定图形用户界面和局部外观设计。图形用户界面是以图形图像方式显示的系统与用户的操作接口。作为人机交互接口，图形用户界面因计算机而生，随着计算机技术的发展而发展。图形用户界面一般采用计算机隐喻的方式进行设计，可以实现良好的用户体验。虽然我国现行《专利法》暂时没有局部外观设计保护制度，但是《中华人民共和国专利法修改草案（征求意见稿）》已经对局部外观设计进行了规定，局部外观设计是产品局部的由形状、图案、色彩及其结合构成的二维或者三维外观、装饰设计，是产品不可分割且不能单独销售的局部。在经济全球化背景下，各个国家的制度、文化、价值观念不断融合，图形用户界面局部外观设计专利权作为专利权的一种特殊类型，已经闯入我国的知识产权法律体系。

第二章分析图形用户界面法律保护的合理性。图形用户界面是技术的产物，在“世界图像时代”，图形用户界面以简洁、直观、便捷的方式传输信息，可以达到良好的人机交互。优秀的图形用户界面能以其良好的用户体验吸引消费者的关注，提高产品的适销性。为了促进产品销售，获得竞争优势，各个企业争相创作能吸引消费者喜爱的图形用户界面，图形用户界面的法律保护在产业利益的驱动下产生并不断加强。图形用户界面凝聚了设计师大量的智力劳动，是其人格意志的集中体现。为了鼓励创造，激励更多的设计师创作出更丰富的图形用户界面，对图形用户界面进行法律保护有其合理性。

第三章阐述以局部外观设计专利权保护图形用户界面的优越性。图形用户界面最早采用著作权的方式进行保护，但是著作权保护要抽象出思想，排除其不受保护的要素，权利保护也只是针对单个要素的保护，其保护效力十分有限。图形用户界面采用隐喻的方式进行设计，一般会指代商品或服务的通用名称，或者不具有显著性，无法区分商品或服务的来源，商标保护的路径无法给图形用户界面提供有效的保护。发明、实用新型专利权保护方式容易使侵权人因为界面相同但技术特征不同而不构成侵权，当整体外观设计与图形用户界面的局部性创新不相符时，传统的知识产权都无法为图形用户界面提供充足、有效的法律保护。恰恰相反，局部外观设计与图形用户界面能够达成本质的契合，可以降低外观设计授权的难度，扩大保护的范围，产生最大化的社会效益，因而图形用户界面局部外观设计专利权保护具有优越性。

第四章阐述图形用户界面局部外观设计授权条件的特殊性。外观设计是整体的装饰性特征，装饰性、新颖性、区别性是图形用户界面可获得局部外观设计专利权的实质要件，装饰性是图形用户界面局部外观设计的本质体现，新颖性和区别性是图形用户界面获得局部外观设计专利权的必备要件。除了实质要件外，图形用户界面要获得局部外观设计专利授权，还需要满足其特别的形式要件。不同的名称、虚实线结合等特别申请方式都直接决定了图形用户界面局部外观设计专利权的授权及其权利的保护范围。若图形用户界面局部外观设计的实质要件和形式要件发生冲突，只要没有违反实质要件，也可以留待申请人与审查员、法官充分辩论，于实践博弈中留存图形用户界面发展的空间。

第五章阐述图形用户界面局部外观设计依附产品的特殊性。传统的物理世界要求外观设计必须符合产品的固定性要求。图形用户界面将外观设计引入互联网世界，对图形用户界面所依附产品提出了挑战。美国基于实用主义考量，灵活地界定图形用户界面的产品范围。欧盟外观设计类同于版权，可以完全虚化外观设计所附产品。日本严格限制图形用户界面的产品，所形成的困扰致使日本屡次修改法律，不断扩大图形用户界面的产品范围。韩国得益于宽松的产品范围，其图形用户界面相对丰富。中国台湾地区由当事人自行选择产品的确定方式，图形用户界面产品可以是显示屏，也可以是实体的物品。基于其他国家和地区规定的借鉴，外观设计的产品应当具有独立的使用价值，能够可视化，并可以适用于产业利用，动产和不动产都能够成为外观设计的产品。现阶段我国图形用户界面局部外观设计的产品应当是显示屏、显示面板等屏性媒介产品，不排除当事人自行选择物品作为图形用户界面的产品。

第六章讨论图形用户界面局部外观设计专利权的司法保护。图形用户界面局部外观设计的侵权比对核心是图形用户界面本身，而非产品。一般消费者作为授权和侵权判断的统一主体，在进行图形用户界面局部外观设计侵权判断时，应当坚持“整体观察、综合判断”的原则，关注图形用户界面任何装饰特征给整体视觉效果所带来的影响。在侵权判断确定后，按照外观设计的特性和吸引性作用，侵权行为者应当以其产品的全部利润承担赔偿责任。但是，我国不具备“全部利润规则”适用的条件，基于图形用户界面的产品界定和我国损害赔偿额酌定的司法传统，我国图形用户界面局部外观设计侵权损害赔偿额仍然应按照图形用户界面本身的价值及其在实现产品利润中的作用等因素合理确定。

第七章探讨我国图形用户界面局部外观设计法律保护的立法完善。首先，应当坚持外观设计单独立法，将外观设计从专利中脱离出来，增加局部外观设计权，建议图形用户界面以局部外观设计专有权保护最为适宜。其次，应当以产业驱动的思路进行审查和授权，关注产业的利益，删除对“平面印刷品”不予外观设计授权的限制，废除“非冲突性”的授权要件。随着外观设计创作水平的提高，甚至可以虚化图形用户界面局部外观设计所附的产品，产品将不再是授权和侵权判断的前提。最后，坚持权利保护和权利限制的利益平衡，删除对侵权行为“生产经营目的”的限定，增加使用权，延长保护期限；同时，对图形用户界面局部外观设计权进行权利限制，如功能性设计排除保护、个人使用、先用权及临时入境等。

目　录

引　　言

一、研究内容及研究意义

（一）研究内容

2014 年 5 月 1 日，国家知识产权局修改《专利审查指南》，修改的内容全部围绕“图形用户界面”展开。新的《专利审查指南》删除了对“产品通电后显示的图案”不予外观设计的规定，自此图形用户界面可以通过申请外观设计专利权获得法律保护。各申请人对图形用户界面申请外观设计保护的积极性极高，其申请数量呈现井喷式增长。仅修改后的《专利审查指南》5 月 1 日施行当天，图形用户界面提交的专利申请量就超过 1400 件，5 月份涉及的图形用户界面申请数量超过 2500 件。虽然《专利审查指南》准予对图形用户界面予以外观设计保护，但是我国专利法没有采纳局部外观设计法律保护制度，这些图形用户界面的外观设计申请都是整体外观设计。实质上，图形用户界面只是产品的局部，其创新点集中于图形用户界面，保护的重心和权利范围仅限于局部的图形用户界面，而非整体产品。图形用户界面局部外观设计专利权的申请、审查、保护与整体外观设计专利权的申请、审查、保护有明显区别，我国局部外观设计保护制度的缺失，使图形用户界面的现行法律保护存在很大问题。

2015 年 4 月 1 日，国家知识产权局官网发布《关于〈中华人民共和国专利法修改草案（征求意见稿）〉的说明》，该文“关于草案的逐条简要说明”开篇即说明对《专利法》第二条的修改，“随着产品设计更趋精细化，局部设计创新逐渐成为产品外观设计的重要表现方式，许多国家对产品的局部外观设计给予保护。但我国现行专利法只对产品整体外观设计给予保护，局部外观设计创新很容易被人通过简单拼凑、替换等方式加以模仿，难以得到有效保护，不利于激励我国设计创新产业的健康发展。因此，为满足创新主体对局部外观设计保护的需求，顺应国际外观设计制度的发展趋势，建议将对产品局部做出的外观设计纳入专利法保护范围”。只不过该修改草案暂未获得通过，现行专利法并不包括局部外观设计专利权制度。

实践走在理论和立法的前面，2016 年 4 月 22 日，因认为自己的计算机安全优化图形用户界面专利权遭到侵犯，北京奇虎科技有限公司将北京江民新科技术有限公司诉至北京知识产权法院，请求法院判令被告停止侵犯三项专利权的行为，赔偿损失 1500 万元，北京奇虎科技有限公司“打响中国图形用户界面专利保护的第一枪”。同时，北京江民新科技术有限公司也向专利复审委员会申请启动无效宣告程序，请求宣告北京奇虎科技有限公司的图形用户界面专利权无效。图形用户界面整体外观设计专利权的保护给图形用户界面的法律保护带来诸多挑战和争议。更甚的是，局部外观设计法律制度的缺失使整体外观设计保护制度与图形用户界面存在无法协调的矛盾，司法实践的争议巨大。

图形用户界面与局部外观设计具有统一性，我国专利法却没有局部外观设计专利权制度，新一轮的专利法修改有意纳入局部外观设计专利权，图形用户界面如何进行局部外观设计专利权申请、审查、保护，诸多问题成为对本研究的来源思考。

（二）研究意义

在我国，图形用户界面和局部外观设计都属于新事物。外观设计作为边缘学科一直备受知识产权的“冷落”，局部外观设计的理论研究鲜少。我国外观设计的专利法保护模式本来存在一些问题，加上局部外观设计的立法缺失，局部外观设计一直没有受到理论界和实务界的关注，2012 年国内出现的鲜少案例也只能在整体外观设计的框架内解决。

随着计算机技术的发展，图形用户界面应运而生。图形用户界面集中了设计者的智力劳动，其创意对产品外观起到关键性的作用，可以为企业带来竞争优势。因而，为图形用户界面提供外观设计保护的需求越来越多，局部外观设计与图形用户界面具有本质的契合性，图形用户界面局部外观设计的法律保护自然成为各民事主体首选的保护模式。美国、欧盟、英国、德国、日本、韩国都有局部外观设计的规定，其图形用户界面的局部外观设计法律保护对该国电子产品创新都起到一定的促进作用。我国现行专利法没有局部外观设计保护制度，导致智能产品、电子产品、计算机软件等缺乏对图形用户界面的有效保护，不利于电子产品领域的长远发展。即便2014年新修改的《专利审查指南》已经放开了图形用户界面的外观设计专利权保护，但高位阶的专利法没有规定局部外观设计保护，在图形用户界面与局部外观设计存在一致性的前提下，若仅以整体外观设计保护图形用户界面，将使图形用户界面外观设计专利权的申请方式、保护范围等与其本质存在无法协调的矛盾，并会给实践带来巨大困扰。

因此，"图形用户界面局部外观设计的法律保护"研究，立足于外观设计基础理论，密切联系立法或修法的热点、难点，紧贴产业的迫切需求和司法实践。在理论上，本研究既可以填补局部外观设计法律保护制度，又可以阐释图形用户界面外观设计的特别申请、审查和法律保护。在实务上，本研究对图形用户界面局部外观设计的立法完善、企业实践都有指导意义。本研究能够做到理论联系实际，具有理论和实践的深刻意义。

二、研究综述

在国内，通过"中国知网"分别检索"图形用户界面"和"局部外观设计"，暂时没有相关的博士论文，"图形用户界面"和"局部外观设计"的硕士学位论文也非常少，仅在"专利权客体""外观设计侵权判断标准"等相关法律硕士论文中有所涉及，期刊论文也仅在少数期刊中有粗略论述。

图形用户界面属于新兴事物，迄今不足40年，其外观设计的保护模式直至近期才发生，过去的保护模式和司法案例主要集中于图形用户界面的著作权保护。李明德先生在《美国知识产权法》中提到"使用者界面"，涉及的"苹果诉微软案""莲花诉宝蓝德案"也都只是在著作权框架下进行的讨论。国内教材基本没有涉及图形用户界面外观设计的讨论。

目前，我国法律暂没有规定"局部外观设计专利权"，一般教材或者书目也很少涉及局部外观设计的讨论。尹新天的《中国专利法详解》中对其有部分粗略介绍，也仅是否定性的立法阐释。因此，国内对"图形用户界面局部外观设计的法律保护"缺乏系统、全面、深入的研究。

（一）国内研究现状

1. 图形用户界面的研究

李小武、马云鹏、连冠所著的《电子产品图形用户界面（GUI）的外观设计保护》（知识产权出版社 2014 年版），是我国第一本也是目前国内唯一一本对图形用户界面外观设计进行制度研究的专著，该书开篇阐述外观设计保护的重要意义，外观设计作为企业打开市场的重要手段，其保护同技术专利制度一样，对中国经济崛起特别是制造业的发展产生影响。该书以外观设计保护国际条约的保护为切入点，论述我国外观设计保护的国内法渊源，重点讨论了美国、欧盟、日本、韩国及中国台湾地区对图形用户界面的保护模式，分别论述了各国和各地区图形用户界面局部外观设计法律保护的不同之处，保护模式有美国的专利法模式、欧盟的单独立法模式，具体制度涉及产品的定义、外观设计申请的方式、保护范围等，最后该书结合电子产业的现实需求、专利法的立法目的以及我国为加入海牙协定而修法的立法时机，建议对图形用户界面进行外观设计保护，肯定局部外观设计专利权制度。该书作为图形用户界面外观设计法律保护的第一本专著，第一次展现了图形用户界面外观设计保护的相关知识，详细论述了美国、德国、日本、韩国等的相关立法，以及中国台湾地区的相关规定，为后续的了解和研究提供了方向和基础。但是，该书以比较法研究为主，主要介绍他国/地区图形用户界面外观设计保护的知识，对局部外观设计与图形用户界面的本质契合及其他相关基础知识没有进行详细论述，没有对图形用户界面局部外观设计法律保护在我国的可行性进行系统阐释，有待进一步进行全面、系统、深入的分析和论述。

吴婷的《图形用户界面的外观设计专利法律保护研究》（中南大学 2013 年硕士学位论文）对图形用户界面的外观设计保护进行了比较全面的介绍，论述了图形用户界面的概念、发展、法律特征、法律保护的必要性、产品的范围、形式要件、保护模式等，最后对我国图形用户界面外观设计法律保护的完善提出了若干建议。该文论述全面，精要全出，但限于篇幅字数，有些内容无法深入阐释。

徐佳璐的《图形用户界面外观设计专利的实质授权条件研究》（华东政法大学 2015 年硕士学位论文）以美国专利法为观察视角，对图形用户界面的装饰性和功能性进行了详细论述，文章引入局部外观设计保护，为我国图形用户界面外观设计保护提供了实质性的立法建议。但该文局限于美国法和专利保护模式，其广度有限，没有涉及欧盟地区、日本、韩国等单独保护模式及相关制度。

季晓辉的《用专利法保护图形用户界面的可行性与制度设计》（中国社会科学院研究生院 2012 年硕士学位论文）借鉴美国、日本、欧盟地区等对图形用户界面的外观设计保护，认为特定产品的用户界面因满足工业产品、与产品载体的不可分离性、实现自身特定功能的特征可以给予外观设计专利权保护；同时图形用户界面也可以予以发明专利保护，文章建议放松对图形用户界面发明申请客体的审查，严格把关创造性及其申请文书的撰写。该文对于图形用户界面的专利保护主要是运用解释论的方法，具有现实可行性。但是，在外观设计专利保护的现有模式下，该文难免陷入路径依赖，无法从本质出发对现有立法和图形用户界面的有效保护提供建设性的建议。

2. 局部外观设计专利权研究

专门对局部外观设计专利权的研究也很少，并没有直接针对图形用户界面的讨论，只不过这些局部外观设计的研究可以作为本研究的智力支持。

尹新天所著的《中国专利法详解》（知识产权出版社 2012 年版），以我国专利法为脉络，条分缕析地进行全面论述，阐述了专利法立法宗旨、定义及归属等制度，其中对外观设计专利权的授予条件、申请与批准、保护范围、侵权判定规则和责任承担进行了论述，只是由于局部外观设计保护的外国立法时间较短，局部外观设计需要一整套相关制度的配合，基于周全考虑，该书认为对局部外观设计应慎重考虑，从长计议，不能操之过急。

李明德等所著的《欧盟知识产权》（法律出版社 2010 年版）第十二章对欧盟外观设计进行了大致的介绍，该书阐述欧盟以《外观设计法律保护指令》《外观设计保护条例》确立了外观设计专门立法的保护模式，外观设计的定义即涵盖了产品整体和局部的保护客体，只要满足新颖性、独特性、非功能性即可授予外观设计，欧盟专门立法起初即承认局部外观设计。

苏平在 2012 年第 10 期《中国发明与专利》上发表的论文《部分外观设计专利问题探析与思考》，从部分外观设计的内涵出发定义部分外观设计，然后认为部分外观设计专利的特质是载体为产品，现行简要说明要求的设计要点就是部分外观设计专利权的另一种解释方式，文章最后提出立法建议，应当引入部分外观设计，并通过虚实线的方式申请部分外观设计专利权。

3. 外观设计的研究

外观设计的研究相对较多，但是涉及“局部外观设计”“图形用户界面”的研究少之又少，十分有限。

芮松艳的《外观设计法体系化研究》（中国社会科学院研究生院 2015 年博士学位论文）以体系化方式进行分析，对外观设计性质和价值从财产法和智力成果两个方面进行分析，以法经济学方法阐述了外观设计登记审查制度。该文对设计、产品、功能性规则、新颖性、创造性及外观设计的侵权规则进行了全面、独特的理解和分析，案例众多，分析深入，观点独特，体系化的论述为外观设计基础研究增添了可供参考的知识。

张军强的《外观设计专利侵权判定标准相关法律问题研究》（中国政法大学 2012 年硕士学位论文）以混淆原则与创新原则的冲突为视角，论述外观设计专利侵权的判断原则、判断主体、判断方法，认为应当遵循整体保护模式，但兼采用创新原则。在侵权判断时应以整理观察、综合判断的思路来进行，该文提出结合产品要部判断外观设计的创新点，建议设立局部外观设计保护制度，提高局部外观设计专利权的授权门槛。

尹春霞的《外观设计专利客体研究》（中国政法大学 2009 年硕士学位论文）分析了不同国家外观设计知识产权的保护模式和客体，认为我国外观设计专利权应借鉴欧盟“独特性”的立法，现行《专利法》第二十三条第二款“明显区别”应解释为“创造性”，却又不同于技术专利的“创造性”，该文建议应提高我国外观设计的授权标准，即“较低的创造性标准”。

张晓都在 2011 年第 2 期《科技与法律》上发表的论文《论完善我国外观设计专利授权条件判断主体》，认为对于外观设计专利权新颖性判断主体应为一般消费者，该一般消费者即申请外观设计专利产品的购买者，如果该外观设计专利产品是中间产品，其授权判断主体为中间产品的购买者；而外观设计与现有设计及其组合的“明显区别”，实质就是创造性要求，其判断主体为一般设计人员。

李小武在 2012 年第 5 期《清华法学》上发表的论文《回到外观设计保护

制度的起点》，从国际公约对外观设计版权、专利权、不正当竞争的自由选择保护出发，论述我国专利法最初偶然地、不重视地规定外观设计专利权，这种美国式的外观设计专利立法忽略了外观设计专利权与版权的重叠保护和特殊制度，鉴于美国专利实质审查及创造性主观模糊的自身困境，我国形式审查的外观设计专利制度并不符合美国模式。该文基于外观设计的类同版权的实质，从而否定美国式的外观设计专利立法，建议参考欧盟的立法。

许媛媛、陶应磊、吴大章在2014年第4期《中国发明与专利》上发表的《案说设计空间在外观设计专利侵权判定中的运用》一文，分析了英国法院的戴森诉维克斯“吸尘器”外观设计侵权，揭示了对于那些兼具功能和美感的设计特征，在进行外观设计的侵权判定时，必须考虑所涉及产品或零部件的设计空间及现有设计库，最大限度地将功能、技术、经济等因素与美学、装饰性因素相分离，更加客观地反映产品外观设计的美学面貌。

刘飞《外观设计专利权的授权和侵权判定标准探讨》（华东政法大学2012年硕士学位论文）从我国法院和意大利法院对“熊猫”与“精灵”案的不同判决出发，大致梳理了外观设计侵权判定的主体、方法及考量因素，对外观设计的审查、期限等提出相关建议。

4. 外观设计的相关研究

姜冰2014年机械设计理论学科专业的博士学位论文《产品设计中的知识产权探索和研究》，以非法学的视角审视产品设计的外观设计专利权制度，该文把工业设计分为式样设计、形式设计、概念设计，认为产品设计创新的实质是以蕴含在产品中的设计语言为主要内容，产品设计创造出的新符号、新风格及新的象征可以引领时尚，在满足消费者需求的同时，为企业的产品开拓更为广阔的市场。该文总结了对产品设计进行知识产权保护的六个权衡点，即产品功能规划、产品的使用方式、造型与功能的结合、美感形式的设计、色彩的设计、视觉印象的体验。

（二）国外研究现状

在国外，图形用户界面外观设计保护的研究相对较多。在制度层面，美国的《计算机生成图标设计专利申请审查指南》（*Guidelines for Examination of Design Patent Applications For Computer-Generated Icons*）、《专利审查指南》，我国台湾地区的“专利审查指南”及日本、韩国的相关审查指南有直接的论述和参考文献。在学理方面，Michael Risch 的文章 *Functionality and Graphical User Interface Design Patents*（2014），从法经济学角度出发，从市场替代性、消费者兼容的需求、兼容的竞争需求以及经济关系违反四个方面论述了图形用户界面外观设计专利的功能性排除保护，以防止图形用户界面的过度保护，损害社会福利。

Michael J. Schallop 的文章 *Protection User Interfaces*：*Not as Easy as* 1-2-3（1996）、Jane M. Rolling 的文章 *No Protection*，*No Progress for Graphical User Interfaces*（1998）、Rachel Stigler 的文章 *Ooey GUI*：*The Messy Protection of Graphical User Interfaces*（2014）等对图形用户界面外观设计保护制度进行整体性评价。Jason J. Du Mont & Mark D. Janis 的文章 *Functionality in Design Protection Systems*（2012）和 David Leason 的文章 *Design Patent Protection for Animated Computer-Generated-Icons*（2009）等对图形用户界面外观设计保护的具体问题进行了探讨。

Mat D Carlson 的文章 *Intellectual Property Protection For Computer Icons*：*The Trademark Alternative*（1997）、Lauren Fisher Kellner 的文章 *Trade Dress Protection for Computer User Interface "Look and Feel"*（1994）、Anthony R. Barkume 的文章 *Proprietary Protection of Computer User Interfaces*（1990）等从商标权、商业外观、著作权等角度阐释了图形用户界面的法律保护，部分涉及了图形用户界面的外观设计法律保护。

总体而言，对于图形用户界面局部外观设计法律保护的研究，国内外的研究数量有限，系统、深入的研究成果不多，图形用户界面的法律保护研究主要集中于著作权、商标权、计算机软件保护等方面，很少有专门的图形用户界面局部外观设计保护研究成果，部分文章甚至直接反对通过局部外观设计对图形用户界面进行法律保护。

三、研究方法

1. 规范分析法

以该方法对局部外观设计的定义、法律特征以及本质进行基础的法理分析，通过规范分析方法明晰局部外观设计的内涵与外延，为本书的论述奠定前提与基础。

2. 法经济学分析法

以该方法论证图形用户界面局部外观设计法律保护的正当性和优越性，同时在分析图形用户界面的利益平衡原则时，以法经济分析方法，论述图形用户界面局部外观设计的权利限制。

3. 历史分析法

以该方法考察国内国外的外观设计保护模式，反思我国现今外观设计专利权的制度选择，以期为未来专利法的修改及局部外观设计制度的走向提供理论支持。

4. 比较分析法

以该方法考察世界各国或地区的外观设计立法模式，比较其他国家和地区规定对局部外观设计的定义，总结异同，获得可资借鉴的经验，为本书的论证提供素材或者支持。

5. 案例分析法

从问题中来，回到问题中去。以案例分析法为本书提出问题，同时又以案例结果进行论证，为本书理论设想和制度构建提供具体的理由和实证支持。

四、研究创新与不足

图形用户界面和局部外观设计都是新事物，本书以系统、深入、全面的视角阐述现行法律没有规定的制度，本身就是特色和新颖之处。本书论述外观设计与图形用户界面的本质契合、外观设计产品重构、外观设计单独立法、局部外观设计特别制度等内容具有理论的创新性。于实践而言，本书可以填补法律的空白，有利于解决目前专利审查部门的困惑，迎合企业的现实需求，对未来立法有参考作用，因而本书所具有的意义也是其特色和创新之处。也正因为图形用户界面和局部外观设计都是新兴事物，其知识储量有限，具体案例很少，可供搜集和参考的资料不多，某种程度上影响了本书的深度。

第一章 图形用户界面和局部外观设计专利的法律界定

人类产生之日即有设计，石器工具、巢穴的选择都是人类智慧的结晶。外观设计的概念源远流长，随着时代和技术发展，其内涵不断丰富。图形用户界面是新时代、新技术环境下产生的新兴事物，作为设计的智力成果，与外观设计法律有紧密的联系。

第一节 图形用户界面产生的背景

狄更斯在小说《双城记》中写道："这是最好的时代，这是最坏的时代；这是智慧的时代，这是愚蠢的时代；这是信仰的时期，这是怀疑的时期；这是光明的季节，这是黑暗的季节；这是希望之春，这是失望之冬；人们面前有着各样事物，人们面前一无所有；人们正在直登天堂，人们正在直下地狱。"

互联网将我们带入了一个新的时代，"这是最好的时代，也是最坏的时代"。在这个时代，新事物层出不穷，图形用户界面就是这个时代的产物。新兴事物的出现势必带来思想观念或者制度的革新。

一、技术背景

任何时期现有的材料和技术一同影响了人类设计物体的尺寸、形状和风格，自石器时代便是如此，今后也将是如此。[1] 计算机和互联网技术已经渗透

[1] 罗伯特·克雷. 设计之美［M］. 尹弢，译. 济南：山东画报出版社，2010：55.

到人类生活的方方面面，影响着人类的生活方式。可以说，现今人类一切的物品都与计算机和互联网有关。

电子产品是指以电能为工作基础的相关产品，包括电话、电视机、计算机、手机等。电子技术作为在欧美国家发展起来的新兴技术，最早可追溯到美国人莫尔斯发明的电报。随着电子技术的不断发展，由其催生的电子产品在20世纪也得到迅速发展，其应用范围不断扩张，成为现代科技发展的重要标志。电子技术与计算机技术关系密切，二极管、三极管、无线电报、电视和雷达等相继被发明出来，这些发明的出现为现代计算机的发展准备了技术和物质条件。同时，数学、物理的蓬勃发展，数值积分、微分以及微分方程的数值解法，将计算过程归结为巨量的基本运算，这种数值算法为现代计算机奠定了运算基础。电子产品作为电子技术的产物，也为计算机技术的发展奠定了物质基础。计算机技术综合数学、物理、产品等奠定的主客观基础而得到蓬勃发展。反过来，计算机技术也是电子产品的生态依托，电子产品的制造、使用与计算机技术有关。除了手机、计算机、iPad等传统的电子产品外，诸如厨卫家电、文具、鞋等产品都因植入芯片而被计算机化，我们似乎进入了一个普适计算或者无处不在“计算”的时代。计算机技术的不断发展为电子产品及其外观设计创新提供了广阔的舞台。不同时代的计算机技术直接影响着电子产品及其外观设计的发展和变化。电子管时代的计算机大、笨重，其外观设计往往受到忽视，外观设计主要服务于实用功能。随着计算机技术的发展，计算机时代需要方便传输、快速理解的符号和媒介进行信息传送，越来越精细化、人性化、智能化的电子产品需要简便、直观地被大家迅速理解和运用。此时电子产品及其界面的外观设计不断丰富，除了实用功能的目的外，它们朝向精细化、人性化、智能化的方向发展。

当一个人80%以上的信息通过视觉获取，10%的信息通过听觉获取，2%的信息通过触觉获取时，以影视图像为主要载体，组织了声音、语言、文字等一切可利用符号形式和介质的屏幕媒介应运而生。[1] 屏性媒介整合传统意识形态与现代科学技术，集光学、美学、艺术、经济、技术于一体，开创了一

[1] 徐令. 屏性媒介在当前视觉文化中的典型特征［J］. 科学大众，2006（5）：40-41.

个全新的视觉时代。在视觉时代，视觉文化兴起，屏性媒介具有制作生成的高度整合性、传播运作的商业操作性、生产方式的批量复制性、内容表达的直观浅显性、物质存在的应用技术性，❶ 屏性媒介成为当代视觉文化的主要传播方式。屏性媒介多以图像形式传输信息，其承载的图像符号能够简便、直观地完成人与计算机的沟通。德国哲学家海德格尔在 20 世纪 30 年代就提出“世界图像时代”的著名论述，认为世界将作为图像被把握和理解。如果说文字作为人与人传达信息的工具，图像将越来越多地成为人与计算机对话的工具。计算机技术的发展促使电子产品更方便地运用屏性媒介，以图像为主要载体的屏性媒介又因计算机技术的发展和成熟已经渗透到电子产品的方方面面，并影响着我们的生活方式。❷

在未来，智能化越来越明显，人的自然语言与计算机可以直接对话，人机交互的极致发挥使计算机能够“代替”人处理、解决部分问题。加上便捷生活的主观目的，人类将会不断提升计算机技术的水平和掌握能力，不断改进电子产品，促使其“智能化”。随着技术不断进步，为了更好地实现人机交互，除了视觉界面之外，未来还有触觉、嗅觉、人体动作等来实现人与电子产品的交互。2012 年 4 月，谷歌公司发布了“Project Glass”的未来眼镜概念设计，这款眼镜将集智能手机、GPS、相机于一身，可在用户眼前展现实时信息，只要通过眼部动作就能拍照上传、收发短信、查询天气路况等操作。❸ 深圳市宏智力科技有限公司开发的 BrainLink 头戴式脑电波传感器，通过额头发出的信号波将相关信息从人体传入传感器，解析信息并了解大脑的状态后，如专注、紧张、疲劳等，会将该状态在终端平板电脑或手机上进行显示，这种脑电波与传感器的交互被称为“意念力”互动操作。❹ 科学技术远比我们想象的发展得更快，“没有做不到，只有想不到”。可以预想，人与机械、产品的沟通不再单一，交互不再局限于视觉、言语，智能化的趋势使人机交互

❶ 周渝果，王志强. 屏性媒介在当前视觉文化中的典型特征 [J]. 美与时代，2008 (4)：88-89.

❷ http://blog.sina.com.cn/s/blog_6b8988220102dy9b.html. Charles L Mauro, Chairman, Design Prot. Section, Indus. Designers Soc'y of Am., Presentation at Design Day 2011: The World of Designs, How Recent Critical Trends in Industrial Design Will Impact Design Patent Prosecution and Defense (Apr. 5, 2011).

❸ http://career.youth.cn/technology/201310/t20131022_4069151.htm.

❹ http://www.macrotellect.com/brainlink/principle.

的方式越来越丰富。

二、经济背景

现代化最初发源于西方，它一开始就是呈现扩张的态势。随着资本主义生产方式的世界性传播，此前分散的社会和独立的民族国家逐渐主动或被动地卷入了“现代世界体系中”。❶ 世界市场的逐步形成，资本主义生产方式的全球传播，以及社会、技术的自然进步，致使经济全球化在内因和外因的共同作用下萌芽并发展。

经济全球化的实质是以世界市场为纽带，以市场经济制度和原则为规则的世界各国的经济相互联系，即相辅相成的状态。❷ 而这种状态的延续，宏观上是国与国之间跨越国界的经济往来结果，微观上则是各国企业利用有机结合、相互促进的资本、技术、生产、贸易资源，实现竞争利益的过程。资本、技术、产品等资源在世界市场中优化利用、统筹安排，能促进经济全球化。同样，经济全球化也能使各国尽快学习、吸收他国的技术、管理模式，创新出自己的产品，运用资本及其资源，参与国际贸易和竞争。企业的全球化布局和竞争能够反作用于全球化，促进经济的全球化，使有限资源在全球范围内互联互通。以发达国家为主的跨国公司在世界各国、各区域进行资源整合，调配集团内的资本、技术和生产，提供全球化的或者适合特定区域的产品和服务。这种涵盖产品和服务的贸易在深度和广度上不断扩展，使信息和资源不断共享，信息技术带来的创新经济为更广泛的产品和服务贸易提供了无限空间。有些跨国公司利用信息技术和创新经济起死回生，有些跨国公司利用其本身拥有的地域、资本资源，加大新研发和投入，获得创新产品或新技术优势，占据产品和服务贸易的垄断地位，在全球化的世界市场格局中获取高额利润，实现“强者更强”。

互联网技术深刻影响甚至改变了人们的行为和消费观念，电子商务已经跨越国界，实现全球的互联互通，实体市场因互联网更加紧密地融合，经济

---

❶ 伊曼纽尔·沃勒斯坦．现代世界体系（第一卷）［M］．尤来寅，等，译．北京：高等教育出版社，1998：97-99.

❷ 吕世荣．马克思经济全球化思想的哲学阐释逻辑［J］．中国社会科学，2015（5）：19.

全球化因互联网技术及电子商务得到进一步深入发展。在互联网技术的促进下，经济交往更加频繁，各国的合作也更加紧密。世界市场在虚拟和实体中同时存在并互动发展，企业在线上与线下进行优势互补，实现资源配置。互联网使经济全球化更节省成本、更有效率。一个新产品发布后，可以在全球各个地方同步生产，同时销售。一个企业可以在全球各地一次性完成大批量的订单，并确保将高、新、尖的标准化产品在同一时间上市，迅速被消费者购买。特别是云计算的运用，使硬件、软件不再局限于一个实体国家的地域，经济往来变成超地域的或者只在“云端”进行。全球俨然在互联网的影响下已经成了一个“地球村”，经济全球化使世界各国的经济超越国界，交往更密切，信息也更加公开。毋庸置疑，信息的透明公开使信息不对称的情况越来越少，竞争自然更加激烈。当互联网使实体竞争的租金、人工等成本降低，信息公开导致竞争更加激烈，市场更加灵活、自由。互联网技术使许多行业市场准入的门槛降低，竞争者的数量增加，互联网所带来的竞争异常激烈。企业要获得竞争胜利，必须具有竞争优势的技术或产品。在全球范围内，大企业或者有优势资源的跨国公司在全球开展激烈的竞争，为获得竞争优势和市场，各个企业在全球争相创造独具特色的技术和产品。因此，在互联网技术的影响下，全球竞争异常激烈，要想在竞争中立于不败之地，具有市场吸引力的产品和技术至关重要。

全球化的经济交往影响着各个国家及人们的经济、生活、文化及其价值观，经济全球化的影响从另一个角度来说，就是给各国带来了深刻的社会变革。随着经济全球化的深入影响，世界各国的文化、制度、法律在不断融合，有的区域甚至实现一体化。因经济全球化带来的文化、制度、法律融合，促使各国不得不以开放、合作的心态面对新事物、新技术、新产品、新制度。经济全球化和新国际贸易体制的形成，成为各国知识产权制度走向国际化的主要原因。[1] 知识产权制度在国际贸易中作为一种规则，国际条约和世界各国知识产权的发展影响着其他国家知识产权的形成和发展。经济全球化引发了知识产权的国际化和本土化，其所带来的经济、文化、制度变革决定了一国

---

[1] 吴汉东. 知识产权的制度创新本质与知识创新目标［J］. 法学研究，2014（3）：95-108.

知识产权保护国际化的程度，也影响着知识产权的本土化进程。

三、人文背景

古希腊智者普罗泰戈拉曾言："人是万物的尺度。"❶ 产品是人类器官的延伸，技术是人类思维的延伸。❷ 技术是人研发的，主体是人，产品、技术仅是一种工具或手段，其意义是实现人的价值。技术的本质是满足人的基本生存和发展需要，产品和技术都应当以人的利益为中心，为人服务。随着计算机技术、通信技术、数字技术的发展，在后 PC 时代，比特流、信息流成为生活空间的一部分，我们周围的大部分信息基本上都以数字化形式存在。远离传统的笔和纸，生活充满了数字化的信息和呈现数字化信息的电子产品，所有的东西都逐渐被电子化、数字化了。但是不管产品如何电子化、数字化甚至智能化，与产品或服务互动的始终是人，服务的对象还是人，人是产品和技术的出发点和落脚点，"以人为本"应当是产品或服务的根本宗旨。为了实现人的价值，电子产品、智能产品的设计应当建立在人文关怀的基础上，以提高人的用户体验，不断满足人的需求和欲望。❸ 在人类利用技术的过程中，优秀的产品或设计能使人得到更好的体验和享受。人机交互会将生活的具象或图形等非计算机的客体，隐喻性地用于产品的设计中，以简单、便捷的方式实现人机交互，提升用户体验，实现人的价值。人与机器的"沟通"作为人本价值直接的表现方式，"用户良好体验"（user friendliness）成为软件公司不断提供软件给计算机应用最为核心的关注部分。❹

但是，为了获得好的用户体验，追求人的价值并非没有界限，因为科技的发展会带来出乎意料的副产品。软件与黑客偶尔相生相伴，他人一旦掌握巨大的个人隐私或者财务信息并非法利用，对个人、社会的影响将是毁灭性的、不可估量的。科技和智能化的发展引发人主体地位与产品客体地位的反

---

❶ 王利明. 民法的人文关怀［J］. 中国社会科学，2011（4）：149-165.

❷ 杨博. 人与计算机技术之关系的生态研究［D］. 沈阳：沈阳工业大学，2014：18.

❸ Alan Cooper，Robert Reimann，David Cronin，Christopher Noessel，Jason Ccizmadi，Doug LeMoine. 交互设计精髓［M］. 倪卫国，等译. 北京：电子工业出版社，2015：XIV.

❹ Jane M Rolling. No Protection，No Progress For Graphical User Interface［J］. 2 Marq. Intell. Prop. L. Rev.，1998：157.

思。或许人的主体地位因智能化产品在不断削减，人已经逐渐丧失追求自由精神和批判思维的主动意识，丧失了人之所以为人的“内在自由”。穿戴式设备的出现使人越来越依赖技术和电子产品。智能手环发出指令“你该睡觉了”，或许未来某一天，你外出散步或者休息，已经不是自己身体的指令，而是穿戴式设备的数据分析所引起的结果。我们的社交通过QQ、微信、短信、Facebook、Line可以拓展更广的范围，乃至全球，但离开了这些软件或产品，我们的社交反而更小，甚至是封闭的。有人感叹“没有手机，就没有社交”，生活似乎变得没有意义了。科技虽然在不断发展，产品也变得丰富多样了，但都在拷问着人类生活的本质意义。人类学家克利福德·格尔茨（Clifford Geertz）在其《文化的解释》一书告诫：“努力在可以应用、可以扩展的地方，应用它、拓展它；在不能应用、不能拓展的地方，就停下来。”科技发展引发的人伦反思重重拷问着人之所以为人的哲学意义，不过我们不能因为这种少数领域、少数技术的特别案例，就影响科技大趋势的向前发展。辩证法认为事物都是有机联系的，人与技术、产品互相关联。在一定范围和界限内，科学技术仍旧会大步向前。人类作为思维、智慧系统的载体，其主体地位依然不会变化。只是在处理与技术发展、产品交流的过程中，不能触碰人类基本生存底线的“红线区”，毕竟这事关人类的生存与未来延续。在此“红线区”之外的一切科技及其研发产品，应当给予鼓励和创新，以期能够为人所用，实现人的价值。不难想象，人类的思想与由其创造的机器智能可以融汇在一起。[1] 人类与科技能够形成有机联系的生态系统，开创一个好的生态纪元。科技和产品为人服务和享受的同时，技术引发的副产品或者危机也能够基于人类智慧而得到有效控制，这也是知识产权本身和规则设计时利益平衡的永恒话题。

---

[1] 雷·库兹韦尔. 灵魂机器的时代——当计算机超过人类智能时［M］. 沈志彦，等译. 上海：上海译文出版社，2002：273.

第二节 图形用户界面的概念

第一代图形用户界面在1973年诞生，迄今图形用户界面已经走过了四十多年的发展历程，诸如Windows 10、iOS系统在技术的不断更新和支持下，图形用户界面被设计得更加成熟稳健，带给用户极为丰富的体验，也为人类提供了非常人性化的交互服务。

一、图形用户界面的定义

用户界面（user interface）是电子产品的软硬件系统与用户或使用者之间进行数据传递和操控交互的桥梁和中介，又称人机交互界面、使用者界面。最初的用户界面产生于计算机领域，主要是命令符用户界面，这种界面的弊端在于不支持鼠标操作，只能由键盘传输指令，计算机接收到指令后，才予以执行。❶ 命令符用户界面专业性太强，很难被理解和执行，随着信息技术的发展，为了更加直观、简易的操作，以图形图像为媒介的用户界面代替了命令符用户界面。

20世纪70年代，施乐公司（Xerox）最早提出图形用户界面的概念，但当时仅在实验机上进行尝试，没有进行商业化利用。直到80年代以后，图形用户界面才在PC环境中崭露头角，并得到迅速发展。❷ 1984年苹果公司推出的采用虚拟桌面概念的Macintosh系列计算机界面（图1-1）是第一个成功运用图形用户界面的商业产品，它开始使用了虚拟的桌面概念，并在桌面上附加了桌面小工具，如计算器、笔记本和时钟。1985年微软公司发布窗口式多任务视窗操作系统Windows 1（图1-2），使PC机进入了图形用户界面时代。❸

---

❶ 吴婷. 图形用户界面外观设计专利法律保护研究［D］. 长沙：中南大学，2013：5.

❷ 黎鹰，李亮. 图形用户界面的发展与分类［J］. 工程地质计算机应用，2006（4）：24-28.

❸ 方敏. 文化传播视野下的图形用户界面设计研究［D］. 郑州：郑州大学，2009：28-29.

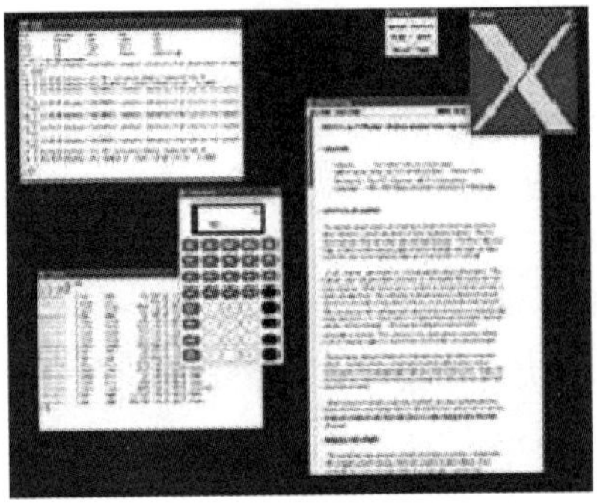

图 1-1　Macintosh 系列计算机界面

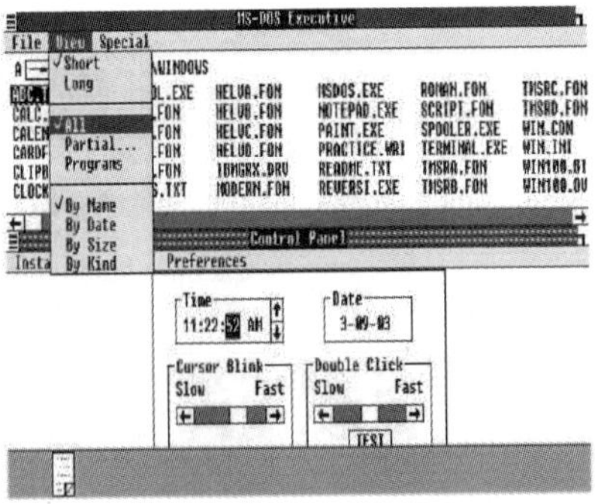

图 1-2　Windows 1 计算机界面

时至今日，图形用户界面已经大放异彩，绝大部分电子产品都或多或少采用了图形用户界面。微软公司副总裁兼副总法律顾问 Horacio E. Gutidrrez，在 2012 年 4 月 25 日清华大学举办的“第六届高技术知识产权保护国际会议”上，在发表的主题演讲《谈电子产品用户界面的外观设计专利保护》中，引用了 Charles Mauro 2011 年在美国专利商标局设计日上的发言，“事实上，相关预测显示，至 2018 年超过 50% 的新产品设计将通过电子屏幕显示器而非物理结构实现”❶。激烈的市场竞争促使企业不断改进图形用户界面技术及其设计，图形用户界面也日新月异，日趋美观、简洁、大方。2012 年微软公司完成 Windows 8（图 1-3），2015 年公布 Windows 10，其图形界面的特征越来越明显。苹果公司生产的 MacBook Air 电脑，使用 Mac OS X 10 操作系统（图 1-4），语言文字的指示作用在减弱，人机交互大多使用图形图像，其布局极尽简单，图形用户界面已经形成统一、美观、时尚、简洁的整体风格。

图 1-3　Windows 8 计算机界面

图 1-4　Mac OS X 10 计算机界面

❶ http://blog.sina.com.cn/s/blog_6b8988220102dy9b.html.

当用户界面大量用图形图像来展现时，在电子屏幕上使用图形图像方式显示的系统与用户的操作接口就叫作图形用户界面（graphical user interface，GUI）。[1] interface 是指“界面”，《汉语大词典》解释为物体与物体之间的接触面，计算机科技界的解释为“两个不同系统的交接部分”。事实上，各英语词典无不将 interface 解释为“接口”。用户界面，其本质是一种“人机交互接口”，主要体现在全息投影交互技术、可穿戴设备、图像加强技术、远程控制、3D 打印技术、运动感应技术、多功能眼镜技术、无人驾驶技术等领域的产品上。[2] graphical 一词源于 graph，意思是“图表、曲线图、图形”。图形通常是方形、椭圆形、矩形等，复杂的图形则包括梯形、六边形乃至于心形与十字形等不拘一格的形状。“图形”不仅仅局限于静态的图案，还包含动态图像。不过，图形用户界面一般采用相对简易的图形。尽管如此，看似简单的图形，再与其他图形结合，可以形成丰富多样的显示结果，或配以颜色，进一步形成了丰富而美妙的“形形色色”的图形用户界面。

虽然图形用户界面设计一般以图形为主，再搭配些颜色。但是，随着信息技术的快速发展，智能化水平越来越高，有些电子产品可以通过投影等方式，实现图形图像的立体化或产品的虚拟化，三维的虚拟形状成了图形用户界面的组成要素，如虚拟键盘（图 1-5）、全息投影界面（图 1-6）。虚拟技术的运用使图形用户界面的设计更加广阔，如果图形作为用户界面的交互方式只能局限于二维界面，虚拟技术却将图形用户界面带入了三维立体的世界。虚拟形状与传统的实体产品形状不同，虚拟形状的设计空间更大，受实体产品的功能限制更小，结合度要求低，甚至可以分离，图形用户界面的设计或运用可以更加丰富。

---

[1] 陈沛. 电子产品图形用户界面知识产权法律保护［D］. 北京：中国社会科学院，2013：4.

[2] 常丽. UI 设计必修课［M］. 北京：人民邮电出版社，2015：20.

图 1-5　虚拟键盘

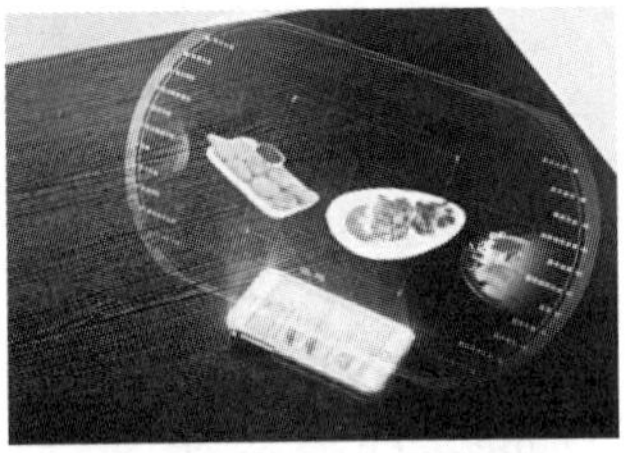
图 1-6　全息投影界面

二、图形用户界面的特征

“图形”在用户界面中无所不在，与过去文字符号的交互设计相比较，图形、图像表达的用户界面易于被快速识别，隐喻的语言方式便于记忆，具有直观性。图形图像方式的表达具有国际通用性，可以消除文字之间的障碍和隔阂，使图形图像于识别中通俗易懂。具有形、意、色等构成要素的图形用户界面，给人以丰富、鲜艳、多变的视觉刺激，传递的信息量大，抗扰性强，视觉表现的空间、大小、结构易于调整，便于美观地布局。电子产品行业已经步入了“用户体验为王”的时代，图形用户界面以其良好的用户体验特点得到了行业的重视。随着电子产品技术的飞速发展，图形用户界面成为电子信息企业的重要竞争手段之一，乃“兵家必争之地”。[1]

图形用户界面属于“快消”产品，其更新换代的速度快于其他产品。受计算机技术更新换代本身的影响，图形用户界面市场的淘汰率非常快。图形用户界面通过程序编写进行设计，程序编写可以采用标准化的开发模式，略加修改极容易模仿和剽窃。模仿和剽窃可以只在电脑上进行，模仿或剽窃的成本非常低。[2] 图形用户界面急需一个合理的法律制度对其进行有效的保护。但是，图形用户界面兼具艺术性和实用性的特点，既有图案、色彩等艺术元素的构成要素，也有通过这些要素实现人机交互功能的实用性目的。图形用户界面大多固定于产品之上，产品的实用功能和图形本身的通用性对图形用户界面设计有限制性影响，其法律保护受到限制，甚至质疑。

---

[1] 高律. 中美图形用户界面外观设计专利保护研究［D］. 上海：华东政法大学，2015：6.

[2] 王小为. 论我国图形用户界面外观设计专利保护［D］. 北京：中国青年政治学院，2015：7.

三、图形用户界面的分类

图形用户界面包含网页界面、应用软件界面、Web 软件界面、手持设备界面、游戏界面以及车载导航设备界面。❶ 按照使用场合和显示的形式分类，图形用户界面可分为两类：一类是产品界面上的图案在通电前已经存在，通电后该图案发光发亮就可以显现出来的图形用户界面；另一类是由窗口（window）、图标（icon）、菜单（menu）、指针设备（pointing device）等多重元素组成的开关机画面、网站或程序界面等，一般被称为 WIMP 图形用户界面。❷ 第一类的图形用户界面有的图形已经在产品上被描绘出来，不通电的情况下也能够观察其设计，只是在通电之后该图案会呈现不同色彩或者发光发亮，如汽车仪表盘。该图形用户界面设计还较多依附工业设计，设计和生产需要配合，图案烙印、布局等是工业产品生产步骤中必不可少的一个环节，错误或者修改将会浪费材料，相对成本较大。随着技术的发展和人们追求简约时尚的审美变化，承载图形用户界面的控制面板与产品成为一个整体，产品上的图形没有被事先描绘出来，只有在通电的情况下才会有发光发亮的设计图案出现，如智能电饭煲的操作界面、油烟机的简约界面，等。该图形用户界面虽然仍然与工业产品相关，但其主要由控制面板操作，或者说图形用户界面主要由控制面板的计算机程序控制，易修改、易变化，与工业产品生产的依附性减弱了，相对成本较小。第二类 WIMP 图形用户界面主要以计算机程序为主，经由计算机程序控制和操作，更容易修改和变化，其完成甚至可以与工业产品生产相互独立。WIMP 以电、光的视觉形式在人脑中形成信息刺激，最终实现人与机器的信息交互。与此不同的是，电子产品内嵌作品显示的文字或图案，如 Kindle 电子书上原文字作品就有的图案，因图案本身就是文字作品的部分内容，没有实现人与电子书的交互功能，该图案不属于图形用户界面的范畴。

---

❶ 常丽．UI 设计必修课［M］．北京：人民邮电出版社，2015：4.

❷ 陈沛．电子产品图形用户界面知识产权法律保护［D］．北京：中国社会科学院，2013：5-7.

第三节 局部外观设计专利权的界定

理性是人用智识理解和应对现实的能力。有理性的人能够辨识一般性原则，并能够把握事物内部、人与事物之间以及人与人之间的某种基本关系。[1]只是这些关系往往是复杂的、模糊不清的，人们会基于立场、自身知识构成等因素对它们容易形成不同的评价，在复杂生活中发现一个而且是唯一的终极正确的答案十分困难。要深刻认识一个事物，唯有追根溯源，了解其缘起，才能正本清源，探究本质，解决问题并展望未来。

一、外观设计保护的源起

外观设计是人类智力劳动的成果，以创新设计为保护对象，设计本身是一种可传递的信息，具有知识产权非物质性的法律特征，[2] 属于知识产权的保护内容。外观设计有“边缘性”特点，以至于以何种方式或法律对其进行保护，各国及国际公约都较难形成一致意见。

英国是工业革命起源国，较早地建立了现代法律体系和知识产权制度。英国作为世界上较早保护外观设计的国家之一，欧盟现行的许多外观设计法律都源自英国，了解英国外观设计法律保护的源起和发展对外观设计的认识和研究具有典型的意义。18 世纪到 19 世纪中叶，从文学财产的争论到对智力劳动授予财产权法律的时期，属于前现代化阶段。当时知识产权还没有形成独立的法律部门，对智力劳动授予财产权的法律，仅是一种反应性的、针对具体对象的规则。[3] 在文学财产争论结束之后不久，英国最早颁布了有关外观设计法律保护的制定法，即 1787 年《白棉布印花工法》，它对于“任何……为亚麻布、棉布、白棉布和平纹细布的印花而发明、设计和印出……任何新

---

❶ E. 博登海默. 法理学——法哲学与法律方法［M］. 邓正来，译. 北京：中国政法大学出版社，2004：473.

❷ 张玉敏. 知识产权法学［M］. 北京：法律出版社，2011：14.

❸ 布拉德・谢尔曼，莱昂内尔・本特利. 现代知识产权法的演进——英国的历程（1760—1911）［M］. 金海军，译. 北京：北京大学出版社，2012：20.

颖和独创性式样的人”给予两个月的保护，只是这种法律保护仅作为一种临时措施而获通过。为了提高外观设计的保护，增强销售的竞争力，以临时措施为保护方式的《白棉布印花工法》被废止。1839 年 6 月 4 日，英国通过《外观设计版权法》，与《白棉布印花工法》对外观设计予以“临时措施”的定性相比，《外观设计版权法》首次对外观设计赋予产权，并且将外观设计保护对象扩展至动物织品。

1839 年 6 月 14 日，英国又通过《外观设计登记法》，把外观设计保护范围扩展至所有的制造品，其保护对象进一步扩大，由原来的款式和印花扩展至任何制造品的外形和结构。❶ 此时外观设计不再局限于单一图案、印花，可以扩展至形状和结构，至此现代外观设计的构成要素已经完备呈现。相较于前现代化阶段的反应性、具体化的外观设计，《外观设计登记法》采纳了一种更加抽象和开放的表述，使外观设计保护方式由知识产权法前现代阶段向现代阶段转变。《外观设计登记法》采用新的登记制度，虽然开始因为白棉布工人的不理解而影响其实施，但随着登记制度作为“法律保证人”的优势不断增强，其控制、存储、传输和使用信息的作用日渐凸显，白棉布工人的抵制日渐消失。在 19 世纪 40 年代，当白棉布工人对登记的反对意见消失殆尽时，有人认为外观设计应当统一为一部法律。但恰好相反，外观设计因边缘性的特点，在《外观设计登记法》废除后，关于外观设计保护分立成了两部法律，分别是 1842 年的《装饰性外观设计法》和 1843 年的《实用性外观设计法》。外观设计保护分立在两部法律中，根源在于制度伊始，立法者没能将发明与实用性的外观设计进行准确的区分。在赋权实施中，相对于成本昂贵、不确定和不安全的专利保护，外观设计具有简单、成本低廉的优势，企业纷纷有意识地将本属于发明的创造以外观设计的方式申请登记，《外观设计登记法》使“一种错误的对象被登记在一部错误的法律中”❷。《装饰性外观设计法》的颁布也没能抑制“实用发明人”意图以“装饰性外观设计”进行申请登

❶ 布拉德·谢尔曼，莱昂内尔·本特利. 现代知识产权法的演进——英国的历程（1760—1911）[M]. 金海军，译. 北京：北京大学出版社，2012：63-75.

❷ 布拉德·谢尔曼，莱昂内尔·本特利. 现代知识产权法的演进——英国的历程（1760—1911）[M]. 金海军，译. 北京：北京大学出版社，2012：95-96.

记，即便《实用性外观设计法》以一种新的保护形式，或称为实用新型或小发明的形式，对任何新颖、独创的外观设计给予保护，只是该外观设计仅限于具有实用性目的的产品形状或结构。但如何将实用性外观设计与专利进行区分，《实用性外观设计法》却无法给予准确回答。无奈，登记官将选择权交由申请人，由他们决定自己希望以何种范畴来保护创造。1907 年英国《专利和外观设计法》干脆将专利法和外观设计归于一法。但外观设计与专利本质不同，保护方式也完全不同，最终 1949 年英国《注册外观设计法》又将外观设计单独立法，后经修订并沿用至今。❶ 英国外观设计的立法历经两个多世纪，频繁修改和几经变化，与专利法之间千丝万缕，分分合合。外观设计无法给予准确定义的边缘性特点致使其保护模式反复变动，历时两百多年，最终才确定单独立法的保护模式。

英国在外观设计产生之初以《外观设计版权法》的方式对其进行保护，这种类似于版权法保护。在屡次的法律修改过程中，英国一直无法很好地协调外观设计与作品、专利的关系，从而致使外观设计成为“拖油瓶”或“继子女”，地位尴尬，这种尴尬地位相应渗透到欧盟条例甚至国际条约中。虽然国际公约对推动外观设计保护有促进作用，但是对外观设计概念确定的作用却十分有限。1883 年《巴黎公约》和 1886 年《伯尔尼公约》没有关于外观设计的规定，1925 年《海牙协定》是专门保护工业品外观设计的国际条约，但也没有给外观设计做出一个准确的定义，只声明赋予外观设计权利人以简便的保护模式，设置最低限度的保护。《海牙协定》的目的不在于在国际层面上统一外观设计保护的标准，而是意在建立一个更有效率的外观设计国际注册体系。❷ 1958 年在里斯本修订《巴黎公约》时，增加了“工业品外观设计在本联盟所有国家均应得到保护”条款，但仍然没有就外观设计的定义、保护期限形成一致意见。经多次修改，各国竭力统一外观设计保护，即便到 1967 年《巴黎公约》斯德哥尔摩文本，因为各方差距和分歧太大，就外观设计的定义、保护期限及保护模式，各国也一直无法达成统一意见。到后来的

---

❶ 1988 年英国《版权、外观设计和专利法》对 1949 年《注册外观设计法》进行了部分修订。

❷ Willim T Freyer. The Geneca Act of the Hague Agreement Concerning the International Registration of Industrial Designs [M]. Drafting History and Analysis，1999：23-33.

Trips 协议，该协议第四节“工业品外观设计”第二十五条和第二十六条规定了外观设计的保护条件、保护内容、保护期限，终于取得一定的共同意见，可唯独缺乏对外观设计定义的一致意见。各国因对外观设计理解不同，对外观设计的保护因长期的实践存在较大的差距，即使经过多次国际条约的提议和磋商，也无法形成妥协的结果。外观设计是知识产权体系中的一个“边缘客体”，处于专利权和著作权之间，其界限往往模糊不清，容易导致对外观设计的忽视。而且，各国国情不同，对外观设计的保护差距太大，各国很难形成统一意见，以至于外观设计的国际协调成效有限，国际条约的制定步履维艰，外观设计成为“拖油瓶”，备受冷遇。

二、我国外观设计保护模式的历史选择

《巴黎公约》第五条规定“外观设计在本联盟所有国家均应当受到保护”，但是，该公约没有规定各成员应当采用哪种方式保护外观设计。Trips 协议将外观设计规定为单独一种类型的知识产权，但是没有具体规定以何种方式来保护外观设计，实际上隐含各成员可以按照自己的需要来选择外观设计的保护方式。这也反映了外观设计的保护模式在国际上很难统一，各国可以选择外观设计法、专利法或者版权法对外观设计进行保护。美国、中国及中国台湾地区通过专利法对外观设计进行保护，英国、德国、瑞士、加拿大、日本、韩国通过外观设计单行法对外观设计进行保护。

除了美国、中国，现在各国不再选择用专利法来保护外观设计。过去，日本和韩国采用专利法保护外观设计的立法模式，但是日本和韩国分别于 1899 年、1961 年将外观设计从专利法中脱离，对外观设计进行了单独立法。就历史而言，现代专利制度即授予专利垄断权，这种实施特定技术的独占权起源于 12 世纪或 13 世纪的欧洲，回报技术输入行为的传统源自意大利。1474 年，威尼斯制定了第一部专利保护的法律，其专利法保护针对的是特定技术，而非外观设计。1623 年，英国颁布《垄断法规》，致使法国和美国在此之后于 18 世纪末相继颁布专利法，促使专利法得以在世界范围内传播，英

国《垄断法规》也因此成为专利法发展史上的第二个里程碑。❶ 事实上，直到 1787 年英国才颁布《白棉布印花工法》，很显然英国早期的专利保护也并没有涵盖外观设计客体，仅指技术专利。

由于对人类理性的过分崇拜，近代以来，我们已习惯于把后人认为良好的制度视为一种正当理性的逻辑展开。当一个制度成功时，我们习惯性地以善良的愿望去考察它纯洁、崇高的起源，顺着良好愿望展开，不断论证其合理性和逻辑性。当制度失败时，我们往往将失败理性地归结为先天的理论不足，或者创制者的道德缺失。事实上，有些制度的设立并没有太多理性的论证和逻辑展开。在美国的语境中，有时候制度的产生就是党派间争权夺利、政治家不共戴天的产物，其本身并没有理性的神圣光环。制度本身只不过是政治家之间的激情和狡诈、斗争和妥协的产物，是不同的利益主体追求各自利益的副产品。❷ 在美国，外观设计专利法保护模式没有太多理性的光环，作为利益妥协的产物，这种保护模式表现为一种法律制度的巧合。19 世纪早期，美国技术专利得到迅速发展，可以超过英国，但是产品外观与英国的差距大，致使其竞争处于不利地位，产业利益受到损害。为了刺激产品外观的创新，并对其进行有效保护，1842 年美国国会基于对产业政策的敏捷反应以及行政管理的便利要求，在当时没有一个合适的可供选择的其他保护模式的情况下，国会只能选择专利法对外观设计进行保护。❸ 美国采用专利法保护外观设计是碍于产业的紧迫性和实施的便利性而做出的无奈之举，其本身并没有多少理性的考虑。

无独有偶，中华人民共和国专利法在 1979 年 6 月 4 日第一稿和 1979 年 6 月 12 日第二稿时，针对的客体仅为发明专利。在 1979 年 7 月 20 日专利法第三稿时，实用设计和外观设计才被加入，使专利包含发明专利、实用设计专利和外观设计三个不同的客体。❹ 究其缘由，立法过程中时代的历史背景往往具有决定性作用，最终促使外观设计被加入专利法一并进行保护。我国在成

---

❶ 汤宗舜. 专利法教程：第 3 版［M］. 北京：法律出版社，2003：7-8.

❷ 苏力. 制度是如何形成的［M］. 北京：北京大学出版社，2007：52.

❸ Janice M Mueller，Daniel Harris Brean. Overcoming the "Impossible Issue" of Nonobviousness in Design Patents［J］. 99 Ky. L. J.，2010（419）：419-554.

❹ 赵元果. 中国专利法的孕育与诞生［M］. 北京：知识产权出版社，2003：209-215.

为巴黎公约联盟成员后第十二天就颁布了专利法，专利法的许多制度很大程度上是顺应《巴黎公约》的原则要求。因为加入《巴黎公约》的需要，难免会被动立法，以至于对某些具体问题并没有清晰、深刻的认识。加上政治因素的影响，邓小平同志做出重要指示："专利法以早通过为好。"导致外观设计的许多争论被搁置下来。鉴于美国专利立法的成熟经验和可提供的现成借鉴模式，我国最终功利性地选择以专利法来保护外观设计。事实上，外观设计被纳入专利范畴并没有经过系统和严谨的论证，只是源自政策性的力量和宏观立法思想的方向。❶

三、局部外观设计专利权的概念

对外观设计的称谓各国略有不同。美国将外观设计称为 design patent，即外观设计专利，日本称外观设计为"意匠"，英国直接称 design 为设计。我国台湾地区借鉴了德国 Geschmacksmuster（式样及模型）的称法，称为"新式样"，Trips 协议使用 industrial design 词语，翻译成中文为"工业品外观设计"。❷ 我国专利法立法之初，将外观设计称为"新式样专利"，但因"新式样"专利与商标关系密切，放在专利法中不妥，将"新式样"改为国际通用的"工业品造型"。在 1979 年专利法的第五稿时，专利法起草小组根据对 design的翻译，认为"外观设计"更符合其本意，人们也容易理解。❸ 至此，外观设计的名称沿用至今。

世界知识产权组织（WIPO）对外观设计的定义采用内涵加外延的方式，规定："工业设计是对于产品装饰性及美学上的设计，可由三维空间的特征组合而成，例如，表面配置、物品形状，或者由二维空间的特征组合而成，例如，图案、线条或颜色，工业设计被广泛应用于各种工业产品或手工艺品，例如，借助技术及医学机械观察的珠宝或其他奢侈品，家电、交通工具及建筑结构，以及纺织品。"❹《法国知识产权法典》第 L511 条规定，外观设计是

❶ 马云鹏. 外观设计法律保护模式研究［M］. 北京：知识产权出版社，2016：51.

❷ 孟瑞. 外观设计专利保护［D］. 重庆：西南政法大学，2005：4.

❸ 赵元果. 中国专利法的孕育与诞生［M］. 北京：知识产权出版社，2003：218-220.

❹ 芮松艳. 外观设计法体系化研究［D］. 北京：中国社会科学院，2015：6.

指“新图案、新立体造型、通过显著可识别的外观赋予其新颖性或通过一个或数个外部效应赋予其独特的新外貌而区别于同类产品的工业品”❶。《日本外观设计法》第二条第一款规定：“外观设计是指物品（含物品的部分）的形状、图案或色彩，或其结合，且在视觉上富有美感。”❷ 英国对外观设计的定义和欧盟《外观设计保护条例》对外观设计的定义基本相同，是指基于线条、轮廓、颜色、形状、结构或者产品的材料或其装饰物等特征所形成的产品整体或部分的外观。❸❹ 美国专利法没有对外观设计进行具体定义，其专利法第二百七十一条规定：“对制造品创作的新颖的、独创的和装饰性的外观设计可以获得专利。”但美国专利商标局在美国专利审查程序手册中规定：“外观设计申请的标的是应用于或包含于制造品的设计，而非该制造品本身，包括各种装饰性设计，如产品的外观形状，表面装饰。”美国认为外观设计由体现于或应用于产品中的视觉特征组成。❺ 我国台湾地区“专利法”将外观设计定义为新式样专利，指对物品之形状、花纹、色彩或其结合，透过视觉诉求之创作。❻

纵观国际组织和各国、地区对外观设计的定义，各自的表述虽然各不相同，但基本都包含形状、图案、色彩三个要素，认为外观设计是由形状、图案、色彩构成的装饰性设计。我国对外观设计的定义除一般的共同特征之外，也有其自身的特点。我国专利法第一次定义外观设计时，外观设计是指对产品的形状、图案、色彩或其结合做出富有美感而适于工业上应用的新设计，形状、图案、色彩能够单独构成外观设计。❼ 现行专利法对外观设计的定义稍加改变，只有对产品的形状、图案或者其结合以及色彩与形状、图案的结合所做出的富有美感并适于工业应用的新设计才是外观设计，颜色不能单独构

---

❶ 吴汉东. 知识产权基本问题研究［M］. 北京：中国人民大学出版社，2009：222.

❷ 聂宁乐. 日本专利申请指南［M］. 北京：知识产权出版社，2015：267.

❸ ［EB/OL］.［2016-08-16］.https://www.gov.uk/government/publications/registered-designs-act-and-rules.

❹ 李明德. 欧盟知识产权法［M］. 北京：法律出版社，2010：402-403.

❺ 芮松艳. 外观设计法体系化研究［D］. 北京：中国社会科学院，2015：6.

❻ 李小武，马云鹏，连冠. 电子产品图形用户界面外观设计保护［M］. 北京：知识产权出版社，2014：152.

❼ 赵元果. 中国专利法的孕育与诞生［M］. 北京：知识产权出版社，2003：215.

成外观设计。[1] 对比新旧法条可知，基于产业利益和设计创新水平的考虑，我国外观设计仅指整体外观设计，一直以来不包括局部外观设计。虽然我国现行法律没有规定局部外观设计，但是从国际组织和各国对外观设计的定义可以知道，法国、英国、欧盟、美国的外观设计明确包含了局部外观设计。局部外观设计的英文为 partial design，partial 有“部分的”“局部的”中文含义，有的学者将其翻译为“部分外观设计”。partial design 是指对产品局部的装饰设计或美学表达，即产品局部的由形状、图案、色彩及其结合构成的二维或者三维外观、装饰设计，partial 作为定语修饰外观设计，也在外观设计的含义之中。只是局部外观设计的“局部”与零部件不同，它在整体产品中不能分割且不能单独销售。因“局部”的范围更小，不仅含有“部分”的意义，而且还有在整体中“不可分割性”的意义。而零部件作为产品的部分，可与整体产品进行分割，也可能无法分割，但局部的产品设计含有不可分割、不能够单独销售的含义。所以，partial design 相对于“部分外观设计”的中文翻译，用“局部外观设计”更符合其实质内涵。局部外观设计是指对产品不可分割的某一局部所进行的装饰性设计，该装饰性设计由形状、图案及其结合以及色彩与形状、图案及其结合构成，同属于外观设计的保护客体，是专利法的保护内容。

外观设计保护制度是与产业利益紧密关联的法律制度，外观设计的产生、发展都因产业利益的需求而形成或发展。局部外观设计在美国也并非一直存在，局部外观设计历经变化才受到法律的保护。美国局部外观设计保护的经典案例是 Zahn 案[2]，法院认为获得外观设计专利权的是“设计”，而不是“工业产品”。此案之后，美国专利商标局修改了其审查标准，确定“设计不是一件产品本身的设计，而是应用于一件产品上的设计”。局部产品的设计也是对产品装饰特征的表现，只要是装饰特征即可构成外观设计的客体，而不在于该产品是整体的还是局部的。所以，设计可能是整个产品的设计，也可能是产品局部的设计。过去，我国外观设计的整体创新水平较低，为保护外

[1] 过去单一色彩可以构成外观设计，基于对“颜色枯竭”理论的忧虑，现在单一色彩无法构成外观设计，色彩只有与形状、图案结合后才可能构成外观设计。

[2] In re Zahn，617 F. 2d 261，204 U. S. P. Q 988（CCPA 1980）.

观设计的产业利益，我国外观设计没有如法国、英国、欧盟、美国的定义，专利法排除了局部外观设计保护制度。2014 年我国修改《专利审查指南》，对图形用户界面首次提出授予外观设计专利权，也仅指整体外观设计专利权。虽然 2017 年 4 月 1 日起实施新《专利审查指南》，但新的《专利审查指南》并没有具体针对图形用户界面外观设计专利权进行任何修改。在我国，《专利法》和《专利审查指南》成为图形用户界面可以获得外观设计专利权的法律依据。随着实践的发展，2015 年 4 月 1 日，国家知识产权局官网发布《关于〈中华人民共和国专利法修改草案（征求意见稿）〉的说明》，该文“关于草案的逐条简要说明”开篇就说明了对专利法第二条的修改，“随着产品设计更趋精细化，局部设计创新逐渐成为产品外观设计的重要表现方式……建议将对产品局部做出的外观设计纳入专利法保护范围”。虽然该专利法修改草案暂未获得通过，但是局部外观设计以专利法修改草案的方式，作为外观设计专利权的一种特殊客体走入了我国法律的视野。局部外观设计专利权是指专利主管机关依法授予专利申请人对其局部外观设计在法定期限内享有的专有权利，是一种特殊形式的外观设计专利权。

四、小结

经济全球化促使生产要素快速流通和分配，技术、思想、理念、制度在全球化的背景下逐渐融合。技术不断推动社会的进步，计算机技术使人类进入了数字化时代和视觉时代。各类信息以数字化形式传输，以视觉形式呈现，屏性媒介代替了纸质媒介，以视觉为主导的图形设计成为人机交互的主要方式。

图形用户界面作为一种新事物，是由形状、图案、色彩所构成的视觉外观，具有美观、简洁、直观等优点。图形用户界面作为一种表达，处于“思想—表达”的概念体系中。表达本身是符号赋形的过程，指经由与内心品质的对照，与作为对象的符号相结合，从而实现所指的意义，是一种由外至内、再由内至外的过程。外观设计同样由形状、图案、色彩构成，与图形用户界面一样都是一种赋形的视觉表达。然而各国对外观设计采取不同的立法保护模式，英国、德国、瑞士、日本、韩国实施外观设计单行法，美国则以专利法保护外观设计。我国基于特殊时代的历史背景，采用了专利法保护外观设计的立法模式。虽然各国的立法模式不一样，但是各国对外观设计的定义有许多共同特征。外观设计是由形状、图案、颜色为构成要素的装饰性设计，局部外观设计应指对产品不可分割的局部所做出的装饰性设计。即便我国现行专利法没有局部外观设计专利权制度，但是专利法修改草案已经提出局部外观设计的概念。图形用户界面是产品的局部，它与局部外观设计有紧密的联系，笔者深信，在未来，图形用户界面可以通过局部外观设计专利权获得法律保护。

第二章　图形用户界面局部外观设计法律保护的合理性

任何法律制度的设计极尽追求公平和正义，以维护良好的社会秩序，形成好的社会效果。图形用户界面作为一个新兴事物，其自身不断变化发展，又由于认识的有限性，图形用户界面的法律保护备受争议。如美国《防设计剽窃法案》(*Design Piracy Prohibition Act*) 和《创新设计保护和防剽窃法案》(*Innovation Design Protection and Piracy Prohibition Act*) 反对声音一样，时尚产业的“剽窃悖论”和“诱导淘汰”不仅不会使抄袭和剽窃成为流弊，反而有利于设计的推陈出新。[1] 新事物、新设计完全可以由市场机制自然实现，同一层级的设计和抄袭时常发生，同一层级的抄袭对设计师而言是对其职业的毁灭性冲击，会被市场自行淘汰。图形用户界面的法律保护同样如此，无须过多的法律保护，交由市场机制自然实现即可。但是，这两个法案仅为时尚设计而产生，强调个性的设计多限于服装时尚设计领域，服装设计是与个人性格、审美、消费观念紧密相关的日用品设计，与计算机相关的具有广泛产业适用性的图形用户界面并不相同。前者层级区分明显，富于变化，因人而异、因时而变；后者相对稳定，层级区分差异不大。“诱导淘汰”不能适用于图形用户界面的法律保护。图形用户界面局部外观设计的法律保护有其自身的合理性和必要性。

[1] Raustiala Kall, Spriglllan, Christopher. The Piracy Paradox Revisited [J]. 61 Stan. L. Rev., 2009: 1201-1226.

第一节 产业利益的内在要求

在美国，图形用户界面的外观设计专利申请一直呈增长趋势，2005年到2008年呈现陡坡式的急速增长，2008年达到一个波峰的最高点。受经济危机的影响，2008年以后的申请有所回落，但自2013年后又以急速增长的方式成为其他申请类别中增长率最快的。❶ 图形用户界面可获得的产业利益推动其创新和保护，同时创新和保护也丰富了图形用户界面的内容，推动其产业不断发展。

一、技术的驱动作用

从设计、工业设计到外观设计，设计内涵的变化无不是在技术推动下，经两次“肢解”而形成的结果。在古代社会，受条件所限，产品的设计主要追求实用目的，外观设计与技艺没有分离。在工业革命时期，大工业生产、批量化制造的技术使设计师关注的重点主要是产品的实用性能，所以，在19世纪末20世纪初，受实用功能主义运动的影响，“形式追随功能”思潮贯穿产品生产中的设计环节，好的设计得益于产品的功能性。❷ 不过，在20世纪，随着技术发展，产品越来越丰富。产品的实用功能可以轻易实现，通过不同制造技艺，可以实现功能一样但形式丰富的产品。人们开始追求美的生活，喜好丰富多样的装饰外观，“形式崇拜”成为当时西方美学与艺术哲学的主题，“形式决定一切”代替了传统的“内容决定一切”。❸ 形式在艺术性上可以单独起决定作用，外观设计作为一种形式，不再受功能的束缚，可以单独对产品外观起装饰作用。外观设计不再是仅仅为生产服务，而是开始创造需

---

❶ Tracy-Gene G. Durkin, Guest Post. What is Next for Design Patents for On-Screen Icons? PATENTLY-O (Mar. 6, 2013), http://patentlyocom/patent/2013/03/5-uest-post-what-is-next-in-desinpatents-for-on-screen-icons. html.

❷ Eric Setliff. Copyright and Industrial Design: An “Alternative Design” Alternative [J]. 30 Colum. J. L. & Arts, 2006: 49.

❸ 杨向荣，谭善明，李健. 西方美学与艺术 [M]. 南京：南京大学出版社，2013：75.

求，以满足使用者和消费者的其他追求。

随着计算机技术的不断进步，越来越多的信息实现数字化，信息的数字化传输需要以视觉形态予以呈现。屏幕媒介已经取代纸质媒介，成为人们获取信息的主要渠道。而图像呈现的屏幕媒介在人机交互的过程中有不可超越的直观性、简易性、美观性优势。20 世纪以来特别是 21 世纪以后，随着计算机技术的发展和信息革命的到来，图像凭借自身的优势开始取代文字，以图像为中心的文化形态逐渐得以确立。相较于文字的线性模式，图像作为非线性模式的“可视化”表达，直观、形象地给受众带来视觉冲击。在 20 世纪 30 年代，海德格尔曾宣布一个“世界图像时代”即将到来，越来越多的人开始以视觉化的方式了解世界。现如今，数字化信息在我们的生活中无处不在，大量数字信息通过视觉符号进行传输。当电子传播技术及其媒介不断发展，能够形成以视觉图像符号为主导的社会文化形态时，现代文化正在脱离以语言为中心的文化，逐渐转向以图像为中心的文化。[1]

二、市场的迫切要求

随着生产水平在技术发展的驱动下不断提升，在市场饱和促使竞争激烈的情况下，人们开始将注意力转移至外观设计等因素上。“好的设计带来好的商机”，英国外观设计协会主持的一项调研表明，在 1994—2004 年，那些曾在外观设计领域荣获数项荣誉的公司，不论在经济环境较好的年代，还是在恶劣经济状况中，都能够保持较强的竞争力。[2] 外观设计在产品中的作用性越来越明显，美国工业协会的一份统计数据表明，美国工业设计每投入 1 美元，其销售收入为 2500 美元。日本日立公司的另一份统计数据表明，每增加 1000 亿日元的销售额，工业设计的作用占 51%，而技术改造的作用仅占 12%。[3] 在英国，外观设计为其 2016 年的经济贡献了 71. 1 亿英镑的收益。[4]

产品在市场中进行交易，交易的主体是人，市场本质还是人与人的交易。

---

[1] 杨向荣，谭善明，李健. 西方美学与艺术［M］. 南京：南京大学出版社，2013：181.

[2] Design Council. The Impact of Design on Stock Market Performance［J］. Design Council，2005.

[3] 张广良. 外观设计的司法保护［M］. 北京：法律出版社，2008：1.

[4] http://www.wipo.int/wipo_magazine/en/2016/03/article_0002.html.

特别是在互联网时代，随着虚拟技术的发展，交易已经不用面对面发生，只需利用互联网即可实现一切交易活动。数字化时代使经济活动变成了“眼球经济”，围绕在我们身边的是数不尽的数字信息。虽然数字化信息技术增进了产品的便捷性，但同时也使我们变得“麻木”，生活充满了困扰。巨量信息充斥在我们周围，人们的精力和时间有限，无暇关注、辨认。市场中用户体验好的产品变得弥足珍贵，拥有好的用户体验的产品意味着拥有了市场。“工业4.0时代”就是一个“用户体验为王”的时代，交易变为以用户需求为导向、以用户体验为核心的市场活动。如果传统制造企业再以自我为中心，当自身劳动力、土地、资源等成本优势不再明显，即使规模化生产也难以适应新环境、新技术带来的冲击。[1] 与互联网技术有关的产品和服务，特别是智能终端设备，需要准确把握用户的个性化需求，使其能与用户实现情感共鸣，以获取广大的用户和市场。图形用户界面作为外观设计表达和人机交互的接口，好的设计能够在纷繁的产品中脱颖而出，吸引更多的消费者。好的图形用户界面能够为产品带来丰厚利润，甚至可以使企业起死回生。三星公司在其手机使用现在的外观之前，基本采用滑盖的外观设计，企业市场份额一度下滑，并岌岌可危。直至采用了与苹果手机相似的外观设计，并“尝到甜头”后，三星公司才起死回生。[2]

图形用户界面与计算机技术紧密相连，其源起就是用户体验。以图像的方式代替传统命令符的交互界面方式，图形用户界面的产生就是为了方便、直观、简便地实现人机交互。在图形用户界面的设计过程当中，设计师虚拟人物模型，体验用户感受，无不以市场角度去努力实现最优化的用户体验。图形用户界面具有稀缺性，技术在发展，用户感受也会发生变化。要实现好的用户体验，需要不断改进图形用户界面的设计，以期尽量实现图形用户界面与电子产品的完美结合。图形用户界面给人的用户体验直接影响企业产品的销售和发展。图形用户界面设计需要众人的参与和创作，越来越多的企业愿意投入巨大的成本开发图形用户界面，以换取尽可能大的市场。优秀的图形用户界面使产品容易在市场中被用户接受，用户的信赖和喜好越多，就越

---

[1] http://it.sohu.com/20150407/n410875051.shtml.

[2] http://www.aiweibang.com/yuedu/139395864.html.

可以形成一种稳定的产品风格。这种风格一旦形成，能够代表产品的理念和品牌定位，甚至可以成为企业的“代言”。企业以此可以掠夺式地占有市场份额，获取竞争优势。

因此，在技术的推动下，图形用户界面应运而生。在“用户体验为王”的时代，图形用户界面的作用是明显的，它可以帮助企业销售产品，获取利润，并占据巨大的市场份额。为迎合市场竞争，企业愿意投入巨大的人力、物力、财力去设计图形用户界面。不管是企业还是个人，有维护其成本投入的意愿，也有获取竞争优势的动力和目标。知识产权作为一种政策工具，在进行知识产权设计的过程中，应当根据市场导向和实践需求，通过制度配置和政策安排对知识资源的创造、归属、利用以及管理进行指导和规制。[1] 以此实现清晰的产权界定，引导竞争，规制市场秩序。

三、竞争的现实需要

随着云计算和智能终端时代的到来，外观设计逐渐从物理层面向虚拟世界转变，在这个过程中，电子屏幕界面显得日益重要。图形用户界面易利用生活中人们习惯的认知，达到快速识别的目的。若图形用户界面设计具有一致性，能形成统一风格，图标、布局都在一个整体思路和环境中设计，形成一种易于区别竞争产品的简洁、统一、美观的风格，久而久之，这种稳定的风格能形成品牌定位，使企业获得远远超过其设计投入成本的经济回报。

（一）国内竞争

优秀的图形用户界面不仅使产品的界面更加美观，让产品的操作更加便捷、简单、舒适，而且能够体现产品的定位，符合目标用户群的喜好，使用户感到易用、好用并乐于使用，还能够提升产品的整体风格和价值，有利于产品品牌价值的形成。好的图形用户界面可以使企业获得竞争优势，在激烈竞争中立于不败地位。在现阶段，手机及移动终端相关产品在功能和性能等方面逐渐完善，当性能提升的技术发展到一定阶段时，可改进或者突破的空间极其有限。当相应技术趋于成熟或稳定时，市场竞争主体为了争夺市场，

[1] 吴汉东. 知识产权基本问题研究：总论［M］. 北京：中国人民大学出版社，2009：130.

获得消费者的青睐，在系统及应用软件的操作界面美观、人性化等方面会进行大量的投入，以期自身产品具有独特吸引力，给用户形成一个良好的体验。❶

近年来，我国电子产品行业发展迅速，已经成为全球最大的电子产品制造基地。随着对技术专利的重视和提高，电子产品的相关技术得到了突飞猛进的发展，有的甚至可跻身世界领先水平。但是，就外观设计而言，由于重视不够，整体创意水平落后于技术专利的进步。与发达国家相比，习惯性的"山寨"现象导致"劣币"驱除"良币"，具有创新性的外观设计十分有限。整体而言，对于产品的局部外观设计及其图形用户界面设计的创意程度有限，灵活度有限。图形用户界面设计没有充分竞争，缺乏合理保护，许多设计千篇一律，相比于电子产品激烈的技术竞赛，图形用户界面的竞争没有得到应有的重视。然而，图形用户界面投入了设计师和企业巨大的智力劳动，是电子产品用户体验的首要印象，对企业竞争具有关键性的影响。因此，为了尊重图形用户界面的智力劳动，刺激企业对图形用户界面的创新和竞争，应当对图形用户界面予以足够的法律保护。

（二）国际竞争

全球化趋势无法逆转，我国企业参与国际竞争的机会也越来越多。欧盟、美国、日本、韩国对图形用户界面采取局部外观设计保护，我国图形用户界面局部外观设计保护的缺失，致使在国外授权的图形用户界面局部外观设计在我国无法获得保护，或者需要将照片或图片中产品的"虚线"改变为"实线"后才可以申请保护，但这种改变又可能因为"主题"的改变而不享有优先权。另外，我国连同产品的图形用户界面外观设计，在向国外申请外观设计保护时，也同样可能因为"主题不同"不享有优先权，并且还可能因为所附产品无新颖性而不予外观设计保护。外观设计不仅可以防止竞争对手的仿冒，而且可以增强一个国家产品在国际市场上的竞争力。❷ 电子产品的市场因为互联网技术受世界市场的影响更明显，若我国没有图形用户界面的局部外

❶ 林志峰．苹果和三星 GUI 外观设计专利分析［J］．中国发明与专利，2014（8）：43-47.

❷ David Goldenberg. The Long and Winding Road, A History of The Fight over Design Protection in The United States［J］. Journal of the Copyright Society of the U. S. A., 1997（45）：21-62.

观设计保护，致使电子产品图形用户界面的局部创新无法获得授权，也无法获得优先权的保护，我国企业在参与国际竞争中将会处于不利地位。

从整体的长远利益来看，知识产权还有激励创新的社会效果，给予图形用户界面局部外观设计保护，可以起到保护和鼓励的宣示作用，有利于形成一种图形用户界面竞争创新的氛围。而图形用户界面与计算机技术有关，与高、新、尖电子产品有关，图形用户界面创新氛围的形成有利于形成创新经济，促进我国企业提升国际竞争力。正是基于产业界的迫切需求，IT 产业比较发达的国家和地区，如美国、欧盟、澳大利亚、日本、韩国，为了更好地扶持本国或本地区图形用户界面的创新，继续保持 IT 产业的优势竞争资源，积极参与国际竞争，纷纷建立了图形用户界面局部外观设计保护制度。美国是最早明确保护图形用户界面的国家，非常重视图形用户界面的申请和保护，美国专利商标局每年准予大约五百个计算机生成图标的外观设计专利申请。❶基于此，微软公司、苹果公司成了世界上较早拥有图形用户界面外观设计专利最多的企业，产品销售遥遥领先于其他企业，苹果公司甚至已经引领了产品设计和图形用户界面设计一个时代的方向。21 世纪初，日本、韩国陆续颁布了图形用户界面的相关审查指南，加快了图形用户界面的外观设计制度建设。❷ 韩国对于显像设计的重点保护，倾向性地扶持电子产业，就是意欲把三星、LG 等韩国企业扶植为全球知名的跨国大公司。

互联网及其相关的企业成为如今市场竞争中最迅速扩张的一部分，图形用户界面已经成为各电子产品企业关键的竞争工具。在美国，图形用户界面外观设计专利居前五位的企业分别是微软、苹果、三星、施乐、索尼，占据美国图形用户界面外观设计申请总量的一半以上。❸ 雅虎、谷歌、Facebook、Amazon 在图形用户界面外观设计的保护上已经加紧追赶的步伐。❹ 我国企业的保护之路起步晚，更应该尽快摆脱抄袭的路径依赖，谋求图形用户界面的竞争优势与创新发展。随着我国科技进步和世界市场的形成，为扶持我国企业和相关产业的

❶ William J S，Andrew W T. Revolution in Design Patentable Subject Matter：The Shifting Meaning of Article of Manufacture [J]. 17 Stan. Tech. L. Rev.，2013 (183)：216.

❷ http://www.iolaw.org.cn/showarticle.asp?id=2739.

❸ Jason J Du Mont，Mark D Janis. Virtual Designs [J]. 17 Stan. Tech. L. Rev.，2013 (107)：136.

❹ Jason J Du Mont，Mark D Janis. Virtual Designs [J]. 17 Stan. Tech. L. Rev.，2013 (107)：137.

发展，保障企业更好地进行良性竞争，参与国际竞争，我国应当借鉴其他国家的一些做法，尽快建立适合我国国情的图形用户界面局部外观设计保护制度。

第二节 图形用户界面知识产权保护的法哲学依据

法律哲学是有关正义的学说。[1] 法哲学作为“关于法律的普遍本质的思考”[2]，能“从哲学角度研究法在指导人们正确生活方面的作用”[3]。法哲学为图形用户界面的知识产权法保护提供了合理的解读范式。

一、劳动说

劳动说从自然权利的角度为财产权提供了正当性基础。洛克的劳动说建立在“上帝将世界给予人类共有”的基础上，劳动属于人自己，人因自身劳动的理性支配，只要他使任何东西脱离自然所提供的和那个东西所处的状态，他对于掺进其劳动的某些东西拥有可支配的财产权，只不过这种据为己有的行为不能损及任何旁人的利益，需要剩余足够好的东西给他人。[4] 知识产权是无形财产权，同样建立在劳动基础之上，他人基于劳动创造了一个新物，他对于该物就享有权利。

图形用户界面的形成需要发现、设计、开发、运营四个步骤。发现阶段需要对产品需求进行分析，理解问题，根据预想的用户体验概念，确定大致的设计方向。在设计阶段，设计师选择模型，并在模型基础上剔除、美化保留的设计，制作出效果图，由程序员进行技术预研。最后在应用阶段，对初步获得的图形用户界面进行评测并上线。在后期的产品运营中，对发布的图形用户界面随时跟踪评测并迭代开发。图形用户界面设计，需要设计师运用

---

[1] 阿图尔·考夫曼. 法律哲学［M］. 刘幸义，译. 北京：法律出版社，2011：22.

[2] Paul Edwards. The Encyclopedia of Philosophy［M］. The Macmillan Publishing Company & the Free Press，1967：567.

[3] Ervin H. Pollack. Jurisprudence［M］. Ohio State University Press，1979：Preface.

[4] 洛克. 政府论：下篇［M］. 叶启芳，瞿菊农，译. 北京：商务印书馆，1964：18-32.

智慧，雕琢每一个设计元素，这不比任何的技术开发、小说创作、摄影简单。图形用户界面中形状、大小、色彩、方向、文理、位置、版面及层级都会因情境不同，产生不同的效果，每一个要素的最终确立需要经过多次、反复设计。例如，同一个意指的“邮件”图标，即使取自生活实物“信封”的原型，但在设计师的理念中，把它拉长、把它变胖变 Q、把它变得尖锐、使它倾斜、把它撕开、把它挖空……形式可千变万化（图 2-1）。[1] 形式变化可能细小甚微，但每一个样式的设计都有考究，是经过了设计师智力劳动的选择和判断而形成的。当然，设计师投入的智力劳动不同，每一个不同形式的图形用户界面在具体情境中最终形成的效果也完全不同。因此，图形用户界面汇集了设计师、软件工程师等人的劳动，是智力成果，对其进行知识产权保护有合理性的基础。

图 2-1　计算机“邮件”图标

二、人格说

康德是西方哲学史上具有划时代影响的哲学家。他创立了先验理性与实践理性二位一体的理性主义哲学，并将其引入人类社会行为的研究中。[2] 他强调人类理性的本质是“意志自由”，人通过个人的意志行为将自由意志外化于

---

[1] 常丽. UI 设计必修课［M］. 北京：人民邮电出版社，2015：30.

[2] 谷春德. 西方法律思想史［M］. 北京：中国人民大学出版社，2004：259-263.

某一物上，使该物脱离原始共有的自然状态，从而人成为该物的主体。

黑格尔效仿康德，把人类理性的最高命题定义为“自由意志”，他认为法确定的地位和出发点是意志，法的基地一般来说就是精神的东西，法就是自由意志的定在。[1] 物自身没有目的性，人将其意志体现于物中，物因融入人意志的灵魂，即成为人的财产。财产本身就是人意志的外在表现，是作为人格的组成部分。[2] 财产被作为人格的外化手段，也是人生产发展并借以实现自我价值的前提。财产权不仅表现为人对物的静态权利，而且表现为人积极采取行动、改进生存条件、追求幸福的权利。[3]

图形用户界面并非天然存在，即使照搬生活来源的事实符号，也有人为因素的参与和制作，会留下人格意志的印记。图形用户界面的设计，人是起主导型作用的。从筛选素材、拟制模型、美化元素到测试及市场运作，整个过程都是人主导的。以人为中心的创造设计活动，因投入的智力劳动不同，体现的个人意志也不相同，最终形成的图形用户界面相应不同。财产是人改善生存条件、追求幸福的权利，以用户体验为中心的图形用户界面是人自由意志的外化。在“财产即人格”的逻辑语系中，体现了人格意志的图形用户界面当然可以成为一种财产而受到保护。

三、功利主义说

卢梭作为18世纪法国著名的启蒙思想家，提出了“社会公意”理论，他将财产的依据归结为社会公意。人们在资源平等的基础上结合，以社会公意的方式享有自由，并尊重他人的自由。在社会公意的基础上，通过社会契约的方式建立国家，制定法律，以便保护每个人的天赋权利，包括自由、生命与财产。人类通过社会契约丧失的是他的天然的自有以及对他所企图的所能得到的一切东西的那种无限权利；而他获得的，乃是社会的自有以及对于他所享有的一切东西的所有权。[4] 卢梭区分了公意和众意，公意只着眼于公共的

---

[1] 黑格尔. 法哲学原理［M］. 范扬，张企泰，译. 北京：商务印书馆，1961：36.

[2] 张耕. 民间文学艺术的知识产权保护研究［M］. 北京：法律出版社，2007：57.

[3] 刘云生. 民法概要［M］. 北京：法律出版社，2009：55-56.

[4] 卢梭. 社会契约论［M］. 何兆武，译. 北京：商务印书馆，1963：30.

利益，而众意着眼于私人的利益，是个别意志的总和。当个别意志正负互相抵消的剩余部分，仍然是公意。财产的目的就是获得这种公共利益，使人类获得公共的幸福。

传统的功利主义学说认为，知识产权作为一种政策工具，通过赋予产权的方式，创造者可以获取一定期限的合法垄断权，在市场中赢得竞争优势。以此激励的方式，鼓励发明和创造，激发更多的发明创造。对图形用户界面授予局部外观设计权利，使创造者在一定期限内获得合法的垄断权，收回其创作投入的成本并获得利益。人们基于合理的预期，为了获得法律的垄断权利，愿意投入成本进行创作。越多人参与图形用户界面创作，在结果上可以产生越多的、丰富的图形用户界面。

就整体社会福利的角度而言，权利人通过申请、登记获得一定期限的合法垄断权，期限届满后需要将其创造捐献于社会。此刻公众让渡的一定期限的垄断权，是权利人绝对权与社会公众信息自由的契约对价，长远的目的是实现社会公众的共同利益，以维护人类共同福祉。虽然公益目的的达成，存在赞助、资助、奖励等其他替代性的选择方式，但也存在政治化的危险，并导致由政府而不是市场来决定知识财产的价格。[1] 从某种程度上说，知识产权成了谋求人类共同文明和进步公意的最佳方式。

图形用户界面应技术而生，起点和目标都是为了好的人机交互。对图形用户界面给予知识产权保护，权利人基于合法垄断权的经济动力，将会激发更多的创造热情，从而形成丰富多样的图形用户界面。就长远利益而言，图形用户界面的良态发展，可以更好地促进人与机器的对话，不仅方便人类的生活，还可以给人带来美的心灵感受，使人享受科技文明和社会进步，从而实现人的自我价值。所以，就长远的共享文明和社会福利的目的而言，对图形用户界面给予知识产权保护有其合理性基础。

四、市场利益分配说

法律是第二性的，市场有自我调节的功能，如田村善之先生所说：“在市

---

[1] 李雨峰. 权利是如何实现的［M］. 北京：法律出版社，2009：120.

场上事实存在的市场先占利益是开发新式商业行为的激励机制，对此没有必要通过法律对此种免费搭车行为进行特别规定……只有在例外的情况下，才可能存在法律规制的方法，即事实上的激励机制本身不能发挥自律性功能时，需要通过法律手段来恢复其自律性作用。”❶

李琛教授重解了知识产权的功能，认为鼓励创造只是知识产权保护制度的客观效果，并不是知识产权的正当性根据。❷ 创作是人的天性，是自发的、非有意的，即与生俱来的。没有鼓励，人也会创造，没有法律激励机制，人类自古也发明不断。只强调一方的“创造”权利是不应该的，鼓励创造激励机制不符合市场实践和知识产权本身的逻辑演绎，容易造成仅强调一方垄断而忽视自由信息表达的假象，而这种误解阻碍信息自由和资源共享。自然权利说和人格权说只能论证主体成为权利人具有正当性，但是无法论证“为何要在此外物之上设权”❸。财产权是社会关系的反映，自然权利说的劳动理论仅解释“人与作品”的关系，没有揭示“人与人”的关系，只有劳动者之外的其他人认可在劳动成果上设权时，财产关系才能成立。❹ 劳动说在独创性构成作品的要因判断时，显得苍白无力，且不说独创性判断的主观性，同样都投入劳动，何种情况才没有独创，为何就不保护无独创的劳动？劳动说都无法回答。人格权说起源于手工业者和农民经济活动领域理论，仅作为一种解读，无法在工业社会中形成社会共识。至少如职务作品、电影作品、受托作品，不完全体现作者本人的思想与情感。在后现代主义视角下，“作者已死”，作品中作者传达情感已经不重要，真正的作品是读者理解的作品。❺ 所以，基于与物权相同的秩序、安定等价值追求，知识产权的基本功能不是鼓励创作，而是合理分配、调节市场主体对创作或传播所付投资的利益。外观设计权利恰恰就是对设计师所付成本及市场利益进行分配的结果。

---

❶ 田村善之. 日本知识产权法［M］. 周超，李雨峰，李希同，译. 北京：知识产权出版社，2011：24-34.

❷ 李琛. 知识产权法基本功能之重解［J］. 知识产权，2014（7）：3-9.

❸ 李琛. 知识产权法基本功能之重解［J］. 知识产权，2014（7）：3-9.

❹ 李琛. 著作权基本理论批判［M］. 北京：知识产权出版社，2013：7.

❺ 张玉敏，曹博. 论作品的独创性——以滑稽模仿和后现代为视角［J］. 法学杂志，2011（4）：54-58.

Mazzoleni 和 Nelson 用四种理论概括了专利的目的，专利动机理论认为，专利对创作者产生一种对收益的预期，从而为其提供创新的动机；商业诱导理论认为，专利可以是权利人获得利益，从而诱使人们对其进一步开发和商业化利用；信息披露理论认为，专利给予权利人一定合法垄断，是社会基于其公开披露而给予的对价补偿；探索控制理论认为，专利促使人们对未来世界进行有序探索。这四种理论倡导促进专利的有序探索和创新，并进行商业化利用，促使权利人进行信息披露。[1] 可预期的收益是发明人最关注的，以此作为诱因专利权人偏离市场内在规制后，才需要专利规则通过权利调配这些利益。专利自始是市场主体对预期利益的追求，经由法律创制一种人为的规则来调节和稳定这种追求的秩序，调节的后果成就了激励创新的效果而已。或者说，鼓励创造、促进科技是违反直觉的，因为对于创造者来说，他们相信当我们自由享受科技成果时，科技提升才会最迅速。[2]

视觉文化的兴起，屏性媒介代替纸质媒介，图像成为信息传输和文化传播的快捷方式。为了促进更好地实现人机交互和用户体验，简洁、直观的图形用户界面应运而生，图形用户界面的产生本身就是信息传输的自然结果。“世界图像时代”的到来，图形用户界面将会被广泛运用，市场潜力巨大，图形用户界面设计将会为企业或者个人带来数不尽的财富和资源。为了可预期的利益，企业、设计师愿意不遗余力地投入成本进行开发或创作。市场是第一性的，当众人投入时间、精力、成本时，带来供求关系的变化，图形用户界面最终成为竞争市场争夺的稀缺资源。当其重要性越来越凸显，越来越多的人争先获取其竞争优势，给市场带来的变化已经超过其自治的能力时，为了维护一个安定、有序的秩序，需要有一个规则对其创作和市场利益进行规范化的安排。所以，对图形用户界面授予权利的方式，通过法律合理分配、调节其投资及其市场利益，是维护其投入与产出、维持正常市场秩序的必然要求。

---

[1] 贺宁馨. 我国专利侵权诉讼有效性的实证研究［D］. 武汉：华中科技大学，2012：17.

[2] Rebecca S Eisenberg. Patent and Progress of Science：Exclusive Rights and Experimental Use［J］. 56 U. Chi. L. Rev.，1989：1017.

五、小结

从外观设计的立法进程可以很明显地反映一个特点，外观设计因产业利益而产生，并因产业利益的变化而不断得到发展。或者可以说，市场上先产生了外观设计在实践中的产业利益，并在此基础上出现立法需求，并最终促成了外观设计立法。[1] 图形用户界面是技术进步的产物，随着技术不断提升，“形式决定一切”代替了传统的“内容决定一切”，[2] 图形用户界面的装饰设计越来越受到关注，其作用十分明显。优秀的图形用户界面代表了市场，成为产品得以适销的关键因素。图形用户界面外观设计可以防止竞争对手进行仿冒，促使平等主体在市场中公平竞争，有利于形成公平、诚信的商业环境，对外也可以增强一个国家产品在国际市场上的竞争力。[3] 市场是图形用户界面不断发展和丰富的重要原因，反过来图形用户界面对于产品及其企业的市场竞争举足轻重，市场及其产业利益成为图形用户界面获得法律保护的推动力。

传统的知识产权法哲学依据可以为图形用户界面局部外观设计法律保护提供正当性支持。图形用户界面的形成经过设计师精心的评估、挑选、设计、运营，汇集了设计师及其他人员的智力劳动。图形用户界面是一种智力成果，是设计师们自由意志的体现，其设计无处不在地焕发着设计师的人格意志。为了鼓励更多的人创作更加丰富的图形用户界面，应当对图形用户界面给予法律保护，以实现良好的人机交互体验，最终实现人类的自我价值。即便我国现在没有图形用户界面局部外观设计保护制度，图形用户界面作为一种先存于市场的预期利益，有足够的人进行图形用户界面创作，但是当创作的人越多，蕴含市场利益的图形用户界面秩序发生紊乱时，则需要有一个恰当的、有效的知识产权对其进行保护，以维持其秩序的稳定。因此，基于产业利益的内在要求和知识产权法哲学的正当性依据，今后对图形用户界面进行局部外观设计法律保护有其合理性。

---

[1] 芮松艳. 外观设计法体系化研究［D］. 北京：中国社会科学院研究生院，2015：87.

[2] 杨向荣，谭善明，李健. 西方美学与艺术［M］. 南京：南京大学出版社，2013：75.

[3] David Goldenberg. The Long and Winding Road，A History of The Fight over Design Protection in The United States［J］. Journal of the Copyright Society of the U. S. A.，1997（45）：21-62.

第三章 图形用户界面局部外观设计专利权保护的优越性

知识产权制度是一个社会政策的工具，是否保护知识产权，对哪些信息赋予知识产权，如何保护知识产权，是一个国家根据现实发展状况和未来发展需要所作出的制度安排和选择。❶ 数字化时代，越来越多的信息以图像方式通过屏性媒介进行直观、简便地传输。图形用户界面越来越重要，人们加大了对图形用户界面的创新投入，保护的需求也越来越多。在国际竞争中，跨国公司凭借其对图形用户界面保护的先发优势，创造出丰富多样的图形用户界面，以好的人机交互体验促进电子产品的销售。它们甚至可以掌握某些图形用户界面设计的话语权，通过强制性的使用，推广其标准化的电子产品，从而获得巨额的垄断利润。通过上文的分析，图形用户界面知识产权有合理性的基础，结合图形用户界面的特质和企业、国家的现实需求，图形用户界面的恰当保护成为其知识产权保护的努力方向。

第一节 传统知识产权制度保护图形用户界面的缺陷

法律应以类似“实验式”的方式来探究，对待新事物新制度，以经验作为基准❷，通过旧制度适用的不足发现新制度的可完善之处。知识产权法哲学的分析已经为图形用户界面的知识产权保护提供了合理性的基础。在实践中，图形用户界面曾在历史的车轮里通过其他知识产权制度进行保护，以试错的

❶ 吴汉东. 知识产权基本问题研究：总论［M］. 北京：中国人民大学出版社，2009：130.

❷ 阿图尔・考夫曼. 法律哲学［M］. 刘幸义，译. 北京：法律出版社，2011：22.

方式自我找寻合适的保护制度。

一、力不从心的著作权保护

图形用户界面的著作权保护是企业较早适用，也较多采用的保护路径。诉讼中，企业一般以图形作品、计算机软件等主张著作权的保护。1994年，在苹果诉微软一案❶中，原告苹果公司认为微软公司超越授权范围在其上市的“视窗2.03”和“视窗3.0”使用了其相关的图形用户界面，侵犯了其著作权。该案地方法院通过分解，排除了原告图形用户界面不受著作权保护的因素，认为剩余的受保护部分不符合独创性，或者属于思想观念与表达的合并范畴，或者某些特征属于思想的唯一表达，最终认定原告的图形用户界面不受著作权保护。上诉中，第九巡回法院进一步强调，经由分解和排除之后，图形用户界面作为整体只能获得有限的保护。当受保护的因素与未经授权而使用的因素都十分狭窄时，确定非法复制的标准只能是“基本相似”，而非通常使用的“实质性相似”。❷ 在莲花诉宝蓝德一案中，原告莲花公司主张基于“莲花1-2-3”的菜单程序享有菜单的著作权，地方法院裁定被告构成侵权，但第一巡回法院认定原告的菜单属于“操作方法”，不受著作权保护，从而改变了地方法院的判决，认定被告不侵权。原告上诉至美国联邦最高法院，因判决结果4∶4的僵局，使第一巡回法院的判决成为生效判决。

在我国，2004年5月，在北京久其软件股份有限公司诉上海天臣计算机软件有限公司著作权侵权纠纷一案❸中，原告北京久其软件股份有限公司是《财务部会计报表软件》的著作权人，该软件是根据财政部会计报表编制工作要求而设计的一套报表管理软件，可以实现企业财务数据的录入、装入、汇总、审核、打印、传出等功能。原告认为被告开发、销售的软件与其软件相同，抄袭了其图形用户界面，侵犯其著作权。该案一审、二审法院都认为原告图形用户界面的各构成要素本身不受著作权法的保护，各构成要素的选择、编排、布局仅仅是一种简单的排列组合，不具有独创性，也不受著作权保护。

---

❶ Apple Computer, Inc., vs. Microsoft Corporation, 35 F. 3d 1435 (9th Cir. 1994).

❷ 李明德. 美国知识产权法［M］. 北京：法律出版社，2014：922-923.

❸ 上海市高级人民法院〔2005〕沪高民三（知）终字第38号民事判决书。

2005年，在深圳市普联技术有限公司诉深圳市吉祥腾达科技有限公司侵犯著作权一案❶中，原告以其路由器的用户操作界面寻求著作权保护，认为被告生产的多功能极速宽带路由器侵犯了原告汇编作品的著作权。一审深圳市中级人民法院认为被告的操作界面在设计风格、内容布局、表格形式等方面与原告大部分内容相同，侵犯了原告汇编作品的著作权；但二审广东省高级人民法院认为深圳市普联技术有限公司用户界面不符合作品独创性的要求，不受著作权法的保护，从而撤销了原判，驳回了深圳市普联技术有限公司的全部诉讼请求。与上述案例结果不同的是，在广州网易计算机系统有限公司诉海南思拓达网络科技开发有限公司一案❷中，针对原告广州网易计算机系统有限公司主张保护的 www.163.com 和 www.126.com 网站网页上展示的电子邮件系统极速风格版本和 D 计划版本的界面网页著作权，该案二审广州市中级人民法院认为，该界面网页是以文字为主，汇集了表格、图标、色彩等美术和图形设计材料组成，在布局结构、按键编排、文字、线条、色彩等方面的组合上，采用了与其他邮箱界面有区别的表达方式，具有独创性，认定为汇编作品，据此支持了原告著作权保护的诉讼请求。

通过以上案例可知，图形用户界面的著作权保护路径，因作品不注册登记就可以获得法律保护，权利主体难证明，权利范围具有模糊性❸，在司法实践中难以形成统一的认识，结果具有不确定性。图形用户界面在抽象出思想、过滤了不受保护的因素之后，图形用户界面能够受到保护的因素少之又少，再接受法官独创性的内心评定，图形用户界面著作权保护的范围十分狭窄。著作权的“思想与表达”区分本身没有明确的界限，是一种隐喻的指涉❹，结果导向的方法，更多只是一种方法论的无奈选择。著作权将思想解释为表达存在两种可能性，其最后的决定因素只是“道德立场的策略选择，以及支持这些立场和选择的社会力量之对比、倾轧、聚散”。图形用户界面的著作权

---

❶ 广东省高级人民法院〔2005〕粤高法民三终字第 92 号民事判决书。

❷ 广东省广州市中级人民法院〔2010〕穗中法民三终字第 122 号民事判决书。

❸ Mat D Carlson. Intellectual Property Protection for Computer Icons: The Trademark Alternative［J］. 31 U. S. F. L. Rev., 1996（433）: 434-458.

❹ 李雨峰. 权利是如何实现的［M］. 北京：法律出版社，2009：169-172.

保护太过于薄弱❶，容易使图形用户界面的创意保护成为个别主体的臆断，结果难料。法律应当是一个可预期的结果，给人以行为指导。人按照既定规则可以评估风险，预测结果后才愿意实施行为。好的规范秩序，需要有一个明确的产权界定和规则指引，“理性人”据此才敢投入成本，赢取利润。图形用户界面的著作权保护，结果无法确定。又基于过去种种败诉的案例，拥有图形用户界面的企业无奈只能试图寻求其他知识产权制度的保护。根据 2008 年的一个调查，软件公司不再视著作权保护作为一个重要的市场优势了。❷ 为了在市场中获得更重要的竞争优势，作为先驱者，软件公司更多地倾向于利用商标权或者专利权来保护图形用户界面。

二、无奈之举的商标权保护

商标是指用于区别经营者所提供的商品或服务的识别性标记，其经济作用在于消费者可以通过商标识别商品或服务的来源，节约消费者的搜寻成本。❸ 图形用户界面以商标的方式进行保护，优势在于商标的注册程序简单，费用较低，通过续展可以达到“永久”保护的目的。❹ 著作权侵权比对通过“抽象”和“过滤”，只能保护图形用户界面的个别创新元素；而商标侵权比对能够以整体感官的方式（look and feel）对图形用户界面提供整体保护，保护的范围和强度大。

显著性是商标构成的积极要件，只有具备显著性，商标才能发挥识别来源和出处的本质功能。❺ 我国采取商标注册取得制度❻，商标注册作为一种设

❶ Rachel Stigler. Ooey GUI：The Messy Protection of Graphical User Interfaces ［J］. Northwestern Journal of Technology and Intellectual Property，2014，12（3）：235.

❷ Stuart J H Graham et al.. High Technology Entrepreneurs and the Patent System：Results of the 2008 Berkeley Patent Survey ［J］. Berkeley Tech. L. J，2009，24（4）：1255-1290.

❸ 威廉·M. 兰德斯，理查德·A. 波斯纳. 知识产权的经济结构 ［M］. 金海军，译. 北京：北京大学出版社，2005：216-217.

❹ Mat D Carlson. Intellectual Property Protection for Computer Icons：The Trademark Alternative ［J］. 31 U. S. F. L. Rev.，1996（433）：469-471.

❺ 张玉敏. 知识产权法学 ［M］. 北京：法律出版社，2010：283.

❻ 邓宏光. 商标法的理论基础——以商标显著性为中心 ［M］. 北京：法律出版社，2008：81-83.

权行为，[1] 申请人要获得注册商标专用权，必须通过申请行为为自己设定，通过申请获得的商标权才是法律授予和保护的权利类型。图形用户界面是一种可视性的视觉符号，与商标有关的主要是计算机生成图标。如果计算机生成图标没有通过商标申请注册，难以获得注册商标专用权。一般的计算机生成图标采用隐喻的方式进行设计，符号源来自于生活，与计算机生成图标软件的功能相关，是商品或服务的通用名称或者直接表示商品的功能、用途等，缺乏显著性，不能作为商标使用或者注册。但是，计算机生成图标经过使用后，产生了原属含义之外其他含义——“第二含义”时，可以获得显著性，可以用作商标，从而获得法律保护。[2] 不过，经过使用获得的“第二含义”只是一种法律上的利益，其保护范围远远小于通过注册取得的商标专用权。而被告对“第二含义”本来含义的使用，能够以先用权、正当使用进行侵权抗辩，或者撤销其商标。在实际使用中，“第二含义”的商标授权基础不稳定或者范围难明确，保护力度有限。在我国司法实践中，“第二含义”往往不能以商标权立案维权，一般只能通过反不正当竞争法的“知名商品的特有名称”获得补充性的保护。即便知名度较大的驰名商标，倘若没有注册，也不能像注册的驰名商标一样可以获得跨类保护，仅能在同类商品和服务上享有有限的禁用权。而这种有限保护也只有在诉讼中根据具体使用证据才能确定保护的范围，可预期性弱，有时候与企业原来的投入、商标的驰名度相差甚远。随着商业活动的变化，在互联网领域，经使用获得显著性的计算机生成图标的商标权，基于大众的共同使用和认识习惯，图形用户界面的显著性容易退化或者消失，最终变为通用名称，图形用户界面的商标权随时可能被无效或撤销，图形用户界面的商标保护十分有限。

一般而言，单个的计算机生成图标因隐喻手法的运用，如“垃圾桶”“文件夹”，无法识别商品或服务的来源和出处，难以获得商标保护。但是将其图

---

[1] 张玉敏. 商标注册与确权程序改革研究［M］. 北京：知识产权出版社，2016：64-65.

[2] 彭学龙. 商标法的符号学分析［M］. 北京：法律出版社，2007：147. “没有天生的商标，商标只有使用了才具有区别来源的本质功能，所以获得显著性才是真正的显著性，是在市场中实际发挥作用的显著性。”

标汇集作为一个整体，可以获得商业外观的保护。[1] 因此，图形用户界面的窗口或者菜单以及图形用户界面整体，经过使用获得显著性产生识别作用后，作为一个整体可以获得“商业外观权”的保护。[2] 但商业外观需要满足三个条件：（1）显著性或者获得“第二含义”；（2）商业外观不能具有功能性；（3）“消费者混淆”是侵权的构成要件。[3] 同样，即便各个要素的组合，图形用户界面设计隐喻手法的运用，使指示符、像似符的设计元素与功能性设计息息相关，致使其商业外观的保护难以获得支持。在苹果诉三星案[4]中，苹果公司以商业外观、外观设计、实用新型三种权利起诉三星公司侵权，美国联邦巡回上诉法院支持了地区法院关于三星公司侵犯苹果公司外观设计、实用新型的侵权认定，但对于苹果公司方形圆角排列的图形用户界面，不管是未注册商业外观（unregistered trade dress）还是第 983 号注册商业外观/商标（registered '983 trade dress）[5]，上诉法院撤销了地区法院的认定，改判三星公司没有侵犯苹果公司的商业外观权。上诉法院根据 Disc Golf Association vs. Champion Discs 案[6]对于商业外观功能性分析的四个因素：（1）外观是否保护实用优势；（2）是否存在可替代的外观；（3）广告是否宣传了外观的实用优势；（4）特别的外观是否来自于十分简单或简便的制造方法，认定苹果公司图形用户界面的商业外观具有功能性，没有支持其商业外观的侵权主张。不过，哪怕图形用户界面整体获得了商业外观，他人对某些结构的功能性所指进行使用，也可以构成正当使用的侵权抗辩。或者他人稍加变化组合的整体，当不引起消费者混淆时，图形用户界面仍然难以通过商业外观进行保护。在 Engineering Dynamics vs. Structural Software 一案[7]中，原告是 SACS 计算机程序的开发者，SACS 程序被用于解决工程师对于近海结构的分析，与其功能相

---

[1] Mat D Carlson. Intellectual Property Protection for Computer Icons: The Trademark Alternative [J]. 31 U. S. F. L. Rev., 1996 (433): 462.

[2] 叶若思. 商业外观权研究 [M]. 北京：法律出版社，2010：34-46.

[3] Rachel Stigler. Ooey GUI: The Messy Protection of Graphical User Interfaces [J]. Northwestern Journal of Technology and Intellectual Property, 2014, 12 (3): 236.

[4] Apple, Inc. vs. Samsung Electronics Co., Ltd, 786 F. 3d 983 (Fed. Cir. 2015).

[5] The '983 trade dress is a federally registered trademark.

[6] Disc Golf Association, Inc., vs. Champion Discs, Inc., 158 F. 3d 1002 (9th. Cir. 1998).

[7] Engineering Dynamics, Inc. vs. Structural Software Inc, 785 F Supp 576, 583-584 (E D La 1991).

似，被告开发了 StruCAD 程序，原告据此对被告提起了涉及著作权、商业外观及不正当竞争的诉讼。就商业外观设而言，法院认为即便 SACS 与 StruCAD 的图形用户界面具有实质性相似（substantially similar），但是该程序的消费者主要是工程师，对两个程序的产品并不会产生混淆，法院最后判定被告不构成商业外观侵权。

在我国，暂没有商业外观的权利类型，图形用户界面要寻求整体外观的标识保护，只能通过反不正当竞争法进行补充性的保护。以不正当竞争法所进行的补充性保护，权益基础不稳，证据要求较高，结果的预期性较弱，在侵权诉讼中被控侵权方也可以通过正当使用的抗辩而免于侵权责任。因此，图形用户界面的商标保护路径也是十分有限，难以到达权利主体最大保护力度的主观目的。

三、捉襟见肘的专利权保护

我国图形用户界面的专利权保护路径，2014 年以前主要以发明或者实用新型专利进行，即通过方法权利要求或者装置权利要求的方式保护图形用户界面，一般以“界面+方法”或者“界面+硬件”的方式间接保护图形用户界面。发明作为一种技术方案，主要还是针对具体的问题，通过方法、步骤及技术手段，解决问题，从而获得技术效果。图形用户界面在发明专利中，一般是技术手段的一个部分，或者是某一技术手段形成的阶段性结果，不是整个技术方案。技术方案一般通过文字描述，但图形用户界面毕竟还是由形状、图案、色彩构成，文字描述无法再现图形用户界面的完整含义。

在专利无效程序中，发明或者实用新型专利要满足“创造性”的要求，发明的技术方案与现有技术相比需要具有突出的实质性特点和显著的进步性，实用新型需要实质性特点和进步性，但图形用户界面不管是图标还是菜单、窗口，基本采用隐喻的方式进行创作，在实际案例中难达到实质特点或显著进步的要求。单独的图形用户界面容易因为不符合创造性而不被授予专利权或被宣告无效。在侵权比对时，即使图形用户界面对权利人而言，是至关重要的，但被控侵权人哪怕完整抄袭图形用户界面，只要其他技术方案不落入权利要求书的保护范围，也可以免于专利的侵权指控。如果图形用户界面是申请人或权利人本来的主要创新部分，这种保护方式显然是不充分的。所以，以发明或实用新型专利权的方式保护图形用户界面，无法保护静态界面视图，审查周期较长，授权难度较大，保护的力度有限。[1]

2014 年《专利审查指南》修改后，“产品通电后显示的图案”不予外观设计专利权的情形被删除，图形用户界面可以通过外观设计专利权来进行保护。许多企业在 2014 年后大量申请了图形用户界面的外观设计专利权，图形用户界面外观设计如雨后春笋般爆发式增长。自 2014 年 5 月 1 日给予图形用户界面外观设计专利保护以来，5 月份涉及图形用户界面的申请数量合计超过 2500 件，其中，仅 5 月 1 日当天提交的专利申请数量就超过 1400 件。[2] 如“带图形用户界面的表”（图 3-1，专利号为 ZL201430284426. 5）、“带图形用户界面的显示器”（图 3-2，专利号为 ZL201530024540. 9）、“手机的图形用户界面”（图 3-3，专利号为 ZL201530199716. 4），这些外观设计专利权申请将图形用户界面连同所附产品一起作为照片或图片提交专利的申请。但是，外观设计的保护范围以表示在图片或者照片中的该产品的外观设计为准，如果产品的创新之处是图形用户界面，外观设计中请时连带产品的照片或图片，会将产品也作为外观设计专利权的保护范围。在侵权诉讼中，被控侵权产品可能因为图形用户界面相同但所附的产品不同而不构成侵权，这不符合图形用户界面创新设计的初衷，与图形用户界面外观设计登记保护的重心相偏离，反而为意欲剽窃图形用户界面创意的被控侵权人提供了可乘之机。而且，连同图形用户界面的产品在专利申请或无效时可以影响新颖性的判断，若产品成为主要部分对整体视觉效果有显著影响，容易弱化图形用户界面的视觉作用；又因图形用户界面所附产品的相同或近似，图形用户界面的外观设计专利权容易基于无新颖性而不被授予专利权或被宣告无效，所以现行的图形用户界面申请方式和保护制度不科学、不合理。

---

[1] http://www.aiweibang.com/yuedu/98684036.html.

[2] http://www.nipso.cn/onews.asp?id=22162.

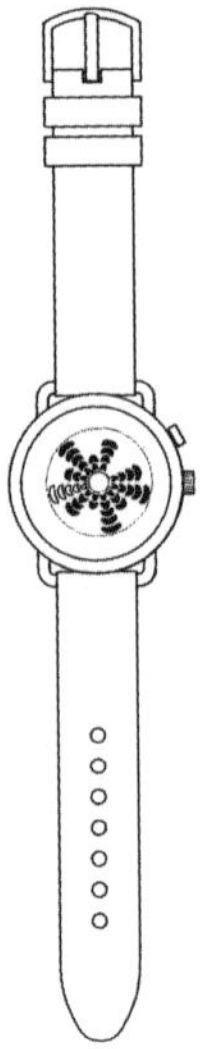

图 3-1　带图形用户界面的表

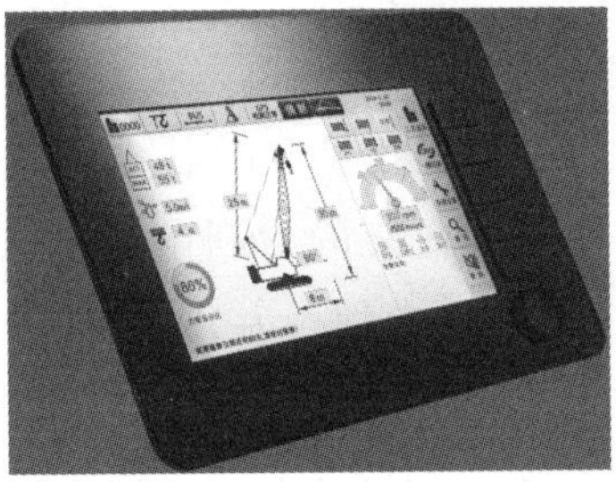

图 3-2　带图形用户界面的显示器

图 3-3　手机的图形用户界面

综上，著作权、商标权、传统专利权及其反不正当竞争法虽然为图形用户界面的保护提供了一些经验，但限于其制度本身的特点，都没有完全契合图形用户界面本身的特质，其保护的效果甚微。

第二节　图形用户界面与局部外观设计的契合

经历了对图形用户界面“授权、拒绝授权、严格限制授权”的几个时期，基于实用主义思考，美国于 1996 年修改《专利审查指南》，正式将图形用户界面纳入设计专利客体的范围。后经过修改，对包括计算机生成图标、GUI、UI 以及计算机字体都进行外观设计保护。[1] 但这种实用主义的做法，未经理论的充分论证，以外观设计专利的方式保护图形用户界面一直备受争议。

[1] 徐佳璐. 图形用户界面外观设计专利的实质授权条件研究［D］. 上海：华东政法大学，2015：13-14.

一、外观设计保护的本质

设计是一个历史的概念。当原始人笨拙地用石块互相砍削，试着找到一块合用的石器作为工具时，设计便产生了。这种出于实用的、功利性目的的选材和加工，恰是设计的原点。❶ 原始工具受当时的自然环境、社会条件及人力智力所限，其设计仅为实用的目的。随着生产力水平的提高，分工和等级观念的出现，设计中抽离了部分专为特定等级服务的纯粹艺术。在手工业时代，以农业与手工业的大分工为起点至工业革命为终点的这一历史时期，工匠和设计师是一体的，设计和制造并没有分离。即使此时的设计更多倾向于“版权”上的艺术作品，但工业设计的“工艺美术运动”❷ 未能阻挡社会发展的步伐。工业革命把世界带入了大工业制造时代，现代设计主要被运用于机械化、大规模地生产。即便“形式追随功能”的影响，外观设计仍以实用目的为根本，明确功能第一，形式第二；但是时至今日，现代设计受后现代主义的影响，设计不再仅仅为生产服务，还能创造需求，满足使用者和消费者的其他追求。

设计是一个历史概念，其内涵随所处时代的经济、技术和社会条件变化而变化，又因人们不同的主观认识和评价，设计的内涵不断丰富、发展。设计本身是第一性的，外观设计的法律规范是第二性的，在外观设计概念法律化的过程中，外观设计的内涵因社会、经济、技术等因素的变化而不断变化。从设计到工业设计，这个过程肢解了设计并将结构设计等予以排除，是限缩“设计”范围的第一步。从工业设计到外观设计，这个过程再一次的限缩或排除了设计的技术要素，完成了肢解设计的第二步。通过肢解的方式，法律规范对象的不断变化，设计逐渐排除内部结构、技术要素，外观设计本身通过限缩设计的范围，留存了可以保护的装饰性要素。就设计的历史演变来看，外观设计是一个动态的过程，经由设计、工业设计、外观设计的变化，每一次的概念限缩，无不在剥离实用性或技术性要素，意欲留存外观的装饰特征。

就外观设计的构成要素来看，外观设计由形状、图案、色彩要素组成，

❶ 应振芳. 外观设计研究［M］. 北京：知识产权出版社，2008：3.

❷ 应振芳. 外观设计研究［M］. 北京：知识产权出版社，2008：8.

而形状、图案、色彩所组成的要素，实质是装饰特征的表现形式。装饰特征的外观可以使消费者对外观设计的产品产生兴趣，吸引其关注并购买产品。这种吸引作用以外观设计通过引起人内心共鸣、情感体验等方式获得。美学作为生存的智慧和哲学思考❶，是引起人内心情绪变化的一种方式。形状、图案、色彩作为美学的形式，以一种具体的形式来表现外观设计内在抽象的思想。所以，外观设计的外观特征一般就是以美学表达来展现，以个性彰显的形式引起人心理的变化，使人产生对产品的兴趣。外观设计的核心要素是形状、图案和色彩，这些要素所体现的是一种美学设计，而非功能性或技术性要素的考虑。❷ 世界知识产权组织对外观设计进行定义，认为外观设计是对于产品装饰性及美学上的设计，其他二维或三维空间的组合特征仅为这种美学设计的表现形式。美学设计是形状、图案和色彩的上位概念，形状、图案、色彩只是美学设计表达的工具或手法。如果美学的概念和内容，可能基于其自身范畴的变化而变化。但形状、图案、色彩作为形式的外在构成要素，是人内心思想的外在表现，是客观的、具体的、一成不变的。

外观设计本质是一种表达，形状、图案、色彩是表达的工具，这三者均同时是作品的要素，而作品又是表达的下位概念，与作品一样，外观设计也一定处于“思想—表达”的关系结构之中。就本质而言，外观设计不考虑实用目的，它所解决的不是技术问题，而是美学上的问题❸，这种美学的价值与功能增加或效率提高没有必然联系，要在艺术性和实用性之间划出清晰的界限的尝试也是徒劳的❹，历史证明也是失败的。❺ 在英国，长久以来进行着作品和外观设计区分的试验。从工业应用，拟用于工业的创作目的主观标准，到实际运用于工业的客观标准，并且规定应用于工业的数量标准——50 件以上，这些方法都被尝试过，❻ 其结果是徒劳的。要明确区分同为表达本质的作

❶ 周宪. 美学是什么［M］. 北京：北京大学出版社，2008：27.

❷ 崔国斌. 专利法原理与案例［M］. 北京：法律出版社，2016：898.

❸ 刘春田. 知识产权法［M］. 北京：法律出版社，2003：162.

❹ 郑成思. WTO 知识产权协议逐条讲解［M］. 北京：中国方正出版社，2001：99.

❺ Michael Risch. Functionality and Graphical User Interface Design Patents［J］. 17 Stan. Tech. L. Rev.，2013（53）：55.

❻ 应振芳. 外观设计研究［M］. 北京：知识产权出版社，2008：89.

品和外观设计，是不可能也是没有必要的。在19世纪的英国，第一次出现这样的制度性理念，认为著作权法保护的是文学和艺术作品，但排除了外观设计：这个特征还在继续影响着当代知识产权法的形态。❶ 著作权作品应当以一种非商业性眼光视之，反之外观设计和实用发明一样，处于商业领域。从19世纪40年代因提议《英国—普鲁士著作权条约》所发生的意见交换中，就可以看到这种浪漫想法的制度表现。然而，这种浪漫主义的商业标准的区分，是一种无奈的主观臆想，对商业与非商业要素做出准确区分本就非常困难。在市场经济语境下，外观设计、作品、发明等信息均或多或少体现了市场利益，市场利益和产业驱动也是外观设计、作品及其法律制度不断变革、发展的重要原因和推动力。❷ 要剥离作品、外观设计、发明的商业利益已然很难办到，在市场的环境下不现实，也无必要。科学技术的发展，很早已经使文化领域与工商领域发生交叉，两个领域的界限逐渐模糊，两个领域中不同的精神创作成果必然发生交叉，工业版权的出现就是对商业标准判断、文化及工商领域划分的有利回击。有的国家已经直接把版权保护的实用艺术品与工业品外观设计视同一律的。❸ 所以，不能以商业标准对外观设计、作品、发明进行简单区分，将外观设计完全区别于作品，否定其表达性。我们应当正视外观设计客观的自然属性，其本质作为一种个性表达，同属版权“作品”的范畴。将外观设计列入“思想”的法律逻辑，以专利法保护的做法，都是浪漫主义者的“失误”，与外观设计本质和法律逻辑相悖。

二、图形用户界面的设计表达

设计是一门包含了各学科知识的综合科学，视觉因素不能脱离其他相关领域，例如历史、文学、科技以及实践。设计对身处不同设计领域的人来说有着不同的意义，设计一端关联着艺术，另一端又与科技相关。❹

---

❶ 布拉德·谢尔曼，莱昂内尔·本特利. 现代知识产权法的演进——英国的历程（1760—1911）[M]. 金海军，译. 北京：北京大学出版社，2012：147.

❷ 黄细江. 录音制品法定许可制度的困境与出路 [J]. 知识产权，2015（11）：97-114.

❸ 郑成思. 版权法 [M]. 北京：中国人民大学出版社，2009：73.

❹ 罗伯特·克雷. 设计之美 [M]. 尹弢，译. 济南：山东画报出版社，2010：前言.

（一）图形用户界面的符号学分析

所有的思想都是借助符号得以表达的。❶ 索绪尔从语言学角度阐述符号学，认为符号由“能指”和“所指”的二元结构构成。能指是实质可以被感知的形式，如单词的读音等；所指是由可感知的形式所代表的特定心理概念构成。❷ 索绪尔将符号比作一张纸，纸的一面是表达面，如能指；另一面是内容面，如所指。两者对立统一的，缺一不可。能指和所指都是心理的，符号是一种心理实体，能指和所指起初不存在任何内在的联系，也基于此能指和所指可以在心智中形成任意的联系。❸ 在符号指代之前，能指仅作为一种被感知的形式而客观存在，人内心没有智识的感知，能指没有任何意义。人基于经验或者智识在内心确定了能指的可确定含义后，能指才有所指的可能性。而所指的意义，是经由内心概念外化意义的过程，当人基于经验或者智识的感知形式符合内心模型时，就赋予了所指的意义。能指、所指本身并非是单一的，有时候彼此是关联的，这种联系建立在规约和传统的基础上，随知识、经验的增长而丰富。能指与所指的关系可能是唯一的，但因人主观心理的随意性大，符号意义容易变化，大多情况这种关联不是唯一的。能指因语境不同，会有不同的所指，相同的所指可能来自不同的能指。

皮尔斯从非语言符号角度阐释符号，使符号学扩展到语言学以外的哲学高度。他认为符号是由能指、对象和解释项组成的三元结构，二元结构与三元结构的符号并不冲突，解释项产生于心灵之中，需要解释心灵利用间接观察来理解符号的所有部分，属于“意义”的所指。对象是客观的实体，任何东西要成为符号，需要再现该实体的事物。❹ 皮尔斯将符号分为像似符（icon）、指示符（index）、规约符（symbol）。像似符仅仅借助自己的品格去指称它的对象，并且无论这种对象事实上存在与否，它都照样拥有相同的品格。指示符指示的对象是因为它真正地被那个对象所影响。规约符常常借助一般观念的联想去指示它的对象。品质即为现象的品质，是我们对诸如疼痛、

---

❶ 皮尔斯. 皮尔斯：论符号［M］. 赵星植，译. 成都：四川大学出版社，2014：3.

❷ 索绪尔. 普通语言学教程［M］. 高名凯，译. 北京：商务印书馆，1980：39.

❸ 张绍杰. 语言符号任意性研究［M］. 上海：上海外语教育出版社，2004：5.

❹ 皮尔斯. 皮尔斯：论符号［M］. 赵星植，译. 成都：四川大学出版社，2014：40-45.

红色等想象的部分，并非现实存在，只是当遇到真实的疼痛、红色时，当前曾有的品质可以与真实吻合，从而进行真实与内心的指代。像似符的品质与对象的品质自然类似，指示符与对象有种被影响的联系，规约符需要借用抽象的关联才能与对象相联系，规约符不指示任何个别的事物，它只能指称一类事物。❶

科学是人类指号过程的一种样态，符号既是经验存在本身的预设条件，也是展示任何对象的预设条件，后者靠符号的三价作用得到维持，这种作用编织起来的关系网络成为经验和客观性的真正内容，符号成为科学的新起点，也是哲学史新时代的开端。❷ 隐喻被惯用为语言学的一种修辞手法，实质是人类最初、最基本的思维方式，它不仅创造隐喻自身的新含义，而且为我们了解事物提供了新的视界。隐喻无处不在，包含在我们日常生活的语言、思维和行为中。其作为一种思维方式，以抽象的意象图式为基础，映射到人们不太熟悉、抽象的、较难理解的目标域，通过映射人们在源域与目标域之间创设联系，以达到认知的目的。❸ 能指、对象、所指的关系，就是运用隐喻方式的指号过程，也是探究科学、了解事物或对象的哲学范畴。隐喻是一种向着不知发展的过程的概念，形式的能指符号，在内心观念形成前没有任何意义。唯有人内心有相关品质的印象时，能指映射到对象上，当符合现象品质时，才能产生所指的意义。这个过程是人内心观念的外化，能指表达内心观念的品质时，其过程就是隐喻式的表达。整个符号表达的过程是能指、所指通过隐喻的观念品质进行连接，并外化成所指的“意义”的活动。

在计算机领域，隐喻的内涵就是将非计算机的客体和事件引入软件系统或设计中并加以应用的过程。图形用户界面设计是一种与计算机设计紧密相关的视觉设计。从某种意义上讲，图形用户界面几乎等同于计算机可视用户界面。❹ 为达到快速识别、简易、美观的目的，图形用户界面设计善用隐喻的设计方式，设计师有意识地从非计算机领域的客体中选择对象，经过挑选、

---

❶ 皮尔斯. 皮尔斯：论符号［M］. 赵星植，译. 成都：四川大学出版社，2014：63.
❷ 约翰·迪利. 符号学基础［M］. 张祖建，译. 北京：中国人民大学出版社，2012：178-183.
❸ 陈红琳. 莱考夫的隐喻理论和词汇的隐喻化［J］. 邢台学院学报，2008（3）：105-106.
❹ 朱必伟. 图形用户界面的知识产权保护模式研究［D］. 上海：华东政法大学，2013：3.

剔除、美化，达到有限约束的表达。图形用户界面的设计过程就是设计师对符号源摆脱实物、削弱物质性、增强精神性的过程。为达到统一、简洁、美观的图形用户界面，设计师需要高度概括，对符号源进行变形、再造，剔除其中不必要的信息，增强它所要表达的属性。符号源来源于我们原先生活的所指，也有可能是没有现实对照的任意形式，当能指的形式经过设计师的创造时，对符号源的设计与塑造约束在一定的认知范围内，逐渐成为一定范围内的社会约定，形成新的所指意义或者心理概念。久而久之，在图形用户界面被设计成一种整体风格，变成一种文化或者价值定位后，它可以代表广泛的社会认知所形成的社会约定。[1]

像似符在图形用户界面设计领域的运用，一类是根植于与我们利益和关切无关的物理环境的某些方面，另一类是并非根植于物理环境，只是通过我们的利益和关切的媒介才成为符号。[2] 两者都可以通过图形用户界面的隐喻方式进行联结，利用像似符本身具有的意义，转移至计算机，成为符号目标所指的意义。图形用户界面在隐喻表达的设计过程中，可以模仿与生活相似的符号源进行创作，也可以照搬生活事实进行表达，图形用户界面可能仅仅是一种发现活动或发觉活动，也可能是一种自己也不知发展方向的过程。[3] 像似符于图形用户界面的设计不排除形成一种新的独立意义。像似符在用户心中没有形成刻板印象，设计师可发挥的设计空间大，如风向标，可以被设计成网页界面指引、鼠标、图表升序、路标等。图形用户界面设计可以利用与设计理念有联系的像似符，根据符号源本身与对象的品质联系进行针对性的变化设计。指示符的符号源比像似符的符号源要具体，设计发挥的空间有限，指示符所指意义可以直接利用其本身，而像似符所指意义在图形用户界面设计方面更多是一个意义固定和彰显的过程。只不过，当图形用户界面因优秀的设计成为一种风格和品牌定位时，它代表一类观念的品质，因广泛的社会认知而成为一种规约符。此时，图形用户界面可能会变成一种功能性设计，

---

[1] 方敏. 文化传播视野下的图形用户界面设计研究［D］. 郑州：郑州大学，2009：28-29.

[2] 安娜·埃诺，安娜·贝雅埃. 视觉艺术符号学［M］. 怀宇，译. 成都：四川大学出版社，2014：104-105.

[3] 安娜·埃诺，安娜·贝雅埃. 视觉艺术符号学［M］. 怀宇，译. 成都：四川大学出版社，2014：104-105.

无法成为被据为己有的抽象概念，就像设计师不能垄断“时尚”“五彩”设计一样。

在现有文化背景下，每一个文字、符号，包括形状、色彩都蕴含特定的含义，不管是企业还是消费者，因日常生活养成了习惯和偏见，会偏爱本身就具备联想的符号或图案。设计师在进行图形用户界面设计的过程中，隐喻式的表达会选择共同的生活符号源，以此容易地形成共同的社会认同。单个的隐喻式符号，使人基于经验易于识别和关注像似符的图形用户界面设计。但同为相差不大的隐喻符号，只代表同一所指的意义，此时符号容易成为规约符而指代一类事物，指号的功能增强了，但人对个体符号的区别能力却减弱了，其识别力、关注度随之也会降低。抽象的设计风格、品牌定位不是具体的设计表达，基于整体识别风格可能获商标权、商业外观及反不正当竞争法的保护，但著作权或外观设计的保护力度却十分有限。当然，隐喻式表达又有不知发展方向的一面，能指的图形用户界面元素可以经过设计师的创造，在计算机领域，使人们心中形成新的符号所指，或者改变原有符号的意义，形成他指的图形用户界面设计。比如，能指的实物“玫瑰花”，经设计师修饰、创造用作计算机图标后，可能所指“鲜花订购”的计算机软件，也有可能形成其他丰富多样的图形用户界面，所指“美妆”“女士用品”“旅游”“星座”等内容。要如何使实物“玫瑰”变为所指的图形用户界面内容的“代名词”，设计师往往要付出巨大的智力劳动，该智力劳动不侧重于技术手段或者技术效果的创新，更重要的是对个性表达和彰显意义的创新。

（二）图形用户界面的美学范畴

美学是哲学的一个分支，它关注的是美和趣味的理解，以及对艺术、文学和风格的鉴赏。[1] 在美学上，审美对象是给人愉悦的，而这种愉悦来自审美对象悦人耳目的外观形式。就视觉艺术而言，这种视觉快感必不可少。在1917年，法国艺术家杜尚将陶瓷的小便池直接命题为“喷泉”，该“作品”是否含有美学价值，招致诸多争议，颠覆了人们对美学的传统看法。沃尔特认为“喷泉”作品本身就是“一种可爱的形式”，应有美学价值。无奈，随

---

[1] 周宪. 美学是什么［M］. 北京：北京大学出版社，2002：20.

着技术、工具和人的观念的变化，颠覆性境况增多，现代艺术不断向美学逼近，挑战传统美学观念，美学从探讨美转向探讨艺术，现代美学转向了艺术。艺术的概念比美学的概念广，美也不再是艺术的必要条件，消极的美或否定的美，也属于艺术的范畴。艺术是一个内容十分宽泛的含混概念，如普罗透斯似的脸，变幻无常，随时可呈现极其不同的样貌。要给艺术下一个准确的定义，十分困难。何为美？何为艺术？艺术水准到底如何才是高，如何才是低？仁者见仁，智者见智。有关精神、文化、社会内容的科学，无法像有关物质形式的科学那样接近科学的理想。艺术作为一种心灵的审美状态，是基于客观存在而具有感性的主观认识，其内涵随时代、技术、环境以及个人经历和崇拜的不同而千差万别。

艺术品的形成，是艺术家通过对现实世界的观察感悟，将形成于心的酝酿和构思，再诉诸表达的过程。这个过程由外至内，再由内至外，是“赋形”的过程。此形式如符号学中的“对象”，在美学中主要指艺术品的结构、要素关系和外在形态，是连接实物与意指的桥梁。形式是艺术的根基，艺术家想方设法地通过掩盖或淡化所再现或表现的物像，进而使观众注意到形式本身。形式主义要求人们看到“人脸”的素描时，忘记“人脸”，仅关注“素描”，❶以此留下纯粹的主观臆想，使“艺术”不受实物、现实环境、功能的任何影响。艺术品在独立、自我指涉、高雅可贵的世界里孤芳自赏。创作者不再是表达的中心，受众成为解读表达的主角，“有多少个观众就有多少个哈姆雷特”。受众不断解读表达，戏仿原作，使表达更趋丰富。艺术表达朝着未知的方向自由发展，随着工业化生产日趋生活化、普适化，波普艺术、装置艺术使艺术走下高贵典雅的神龛。后现代主义者认为，艺术走向生活和大众，艺术迎合消费；艺术不再以“美的形式”打动人，成为观念的载体；艺术不再是精雕细琢，而是现成物的复制和拼贴。❷

基于浪漫主义的时代局限性和偶然规律化现象，知识产权法律演绎模式难免产生错觉。一直强调创造性的知识产权，在要求“表达”的创新时，易于用艺术的准则去衡量“创”的水平。艺术本身模糊不清，会随着特定文化

---

❶ 周宪. 美学是什么［M］. 北京：北京大学出版社，2002：230-239.

❷ 杨向荣，谭善明，李健. 西方美学与艺术［M］. 南京：南京大学出版社，2013：130.

或个体思维变化而变化。著作权制度完全依赖美学或艺术为基础，势必产生逻辑难以自洽的危险。❶ 知识产权创造性若以艺术为逻辑展开，法律规范会是随意的，将使人无所适从。一个认识论具有何种科学的性质，本质上取决于它的形式客体。❷ 每个学科都有其自身的逻辑和话语体系，知识产权的"表达"涵盖了文学、戏剧、美术、影视、计算机程序等艺术门类，与艺术或美学紧密相关，但法学不能完全依赖美学。即使美学已转向艺术，使艺术的范畴如此之广，甚至可以包罗万象，法学制度也应结合自身的语系特征限定规范客体的"美学"或"艺术"含义。

艺术除了愉悦人，同样可以唤起其他情感，例如悲伤、愤怒甚至恐惧。❸只要能够使人产生情感的认知，如快乐、兴奋、惶恐、悲伤，就都是艺术的呈现结果。这种情感的结果有创作者思想的痕迹，体现和展示了一定的个性。个性的彰显和表现一定汇集了创作者独特的智力判断和选择，是一定程度的"智力创造"❹。个性的表达体现了创作者的思想，展现了表达过程的智力劳动，是艺术功能的体现，成为艺术与法学的连接点，弥合了人文艺术与法学规范的鸿沟。杜尚的"喷泉"可以是艺术，不管美的或者非美的，都有其艺术的功能意义。在知识产权法中，它与其说是一种艺术，倒不如说是"个性"。事物所处情境的变化，使其发生了与原有意义与众不同的效果，其情境的选择、设计的过程及结果都彰显了个性，这种个性的彰显恰是智力劳动的表现。个性的表达在结果上是明确的，相较于艺术的含糊、多变，"个性"无所谓水平高低，只要过程或呈现结果表达了思想，彰显了个性即可。个性强调的是原创性，并反映一定的"不可约减的东西"，即意味着一定程度的智力劳动。至于具体的"不可约减的东西"，借鉴美国实用主义的理念，可以留待法官在具体案件中进行考察。❺

与外观设计运用的表达方式一样，图形用户界面使用形状、图案、色彩装饰产品的外观。图形用户界面以形状、图案、色彩为组成要素，不是一种

---

❶ 李琛．"法与人文"的方法论意义［J］．中国社会科学，2007（3）：22-26.
❷ 阿图尔·考夫曼．法律哲学［M］．刘幸义，译．北京：法律出版社，2011：73.
❸ 罗伯特·克雷．设计之美［M］．尹弢，译．济南：山东画报出版社，2010：22.
❹ 王迁．著作权法［M］．北京：中国人民大学出版社，2015：27.
❺ 张玉敏，曹博．论作品的独创性［J］．法学杂志，2011（4）：54-58.

技术方案，不为解决技术问题，也没有任何技术的效果，它仅仅只是一种个性表达和彰显符号，起装饰作用。图形用户界面设计的目的是使人机交互更加简便，从而更好地服务于人。与外观设计一样，其目的通过装饰特征来实现，而非实用技术或者功能要素。再进一步讲，界面的图像显示由点、线、面、色彩组合构成，形成以形状、图案、色彩为主的要素。形状是由点、线、面移动变化而呈现的三维外表。图形用户界面附着于实体物品的表面，能够发挥装饰性的作用，吸引消费者的关注和兴趣。除此之外，随着光感技术、投影技术的不断发展，以虚拟三维形状呈现的图形用户界面越来越多，如投影键盘、虚拟鼠标的三维图形用户界面，都以虚拟三维形状实现人机交互，同样发挥着装饰性的作用。图案是在一定形状表面的线条排列和组合或由色彩组合形成的图形。电子产品上图形用户界面主要以线条排列组合形式呈现，图形和色彩成为图形用户界面的主要表现形式。电子产品的图形用户界面设计在计算机技术的支持下，比实体产品的外观设计更容易控制和组合。有的图案、色彩在屏性媒介中不受实体产品的限制，可以被大胆地运用，使装饰效果更佳。

由形、意、色构成的图形用户界面，能形成多种视觉刺激，传递大量的信息。能够形成视觉刺激的图形用户界面与外观设计形状、图案、色彩的表达一样，展示和体现了一定的个性。每一个构成要素本身，有其本身的艺术意指，如绿色代表青春、生命，红色代表热情、兴奋。来源于生活的这些要素经过修饰改变，给人带来不同的视觉体验，其过程和结果本身就是一种个性的张扬。哪怕这种改变只是情境的变化，无所谓美感，某种程度上也是原创的、个性的。毕竟，不同形状、图案、色彩的构成及布局可以模仿、再现自然界或者现存的事物，再创造新的概念，从而获得全新的意指。这些要素的构成除了美学的表达外，还有能够产生吸引力的非美学表达。图形用户界面表达不仅仅是审美选择，更是建立在对用户和认知原则的了解上。[1] 该表达的过程有智力劳动的投入，既装饰了外观，又彰显了个性。而这种个性彰显的智力劳动过程恰是“思想”的表达，也是外观设计可获知识产权保护的

---

[1] Alan Cooper，Robert Reimann，David Cronin，Christopher Noessel，Jason Ccizmadi，Doug LeMoine. 交互设计精髓［M］. 倪卫国，等，译. 北京：电子工业出版社，2015：9.

根源。

艺术表达的本质和发展在于通过形式的陌生化，使人们习而不察的事物变得新奇而富有魅力，因而唤起人们对事物敏锐的感受。将骷髅头用于服装设计或者男士戒指装饰，将马桶用于火锅、碗的设计，将生活实物进行转换性利用，即便是非美学的，也是属于艺术的，这个过程和结果彰显了设计师的个性和追求，本身就是一种有趣的思想表达。图形用户界面的设计大多来源于生活，但这些来源在屏性媒介上的利用形式发生了改变，产生了另一番新奇的视觉感受。物体的创造具有一定的目的，尽管未来时代可能不会知道这个目的确切的指代。如帕台农神庙、罗马圣彼得大教堂、协和式超音速飞机，时光不会磨灭它们的美，即使创造它们的技术可能已经过时。相同艺术手法会因时代的话语对不同的欣赏者产生不同的含义。❶ 图形用户界面设计有瞬时性，未来的图形用户界面设计是否如今日，无法预料，但图形用户界面的指代功能产生了个性，发挥了装饰的作用。在艺术历史长河里，图像呈现的设计艺术，可能如时装一般，冬天的雪没有融化，设计的美学性已经逝去，但个性表达却留下了创造的痕迹。哪怕原来图形用户界面设计的目的已经不存在了，但是至少它彰显了个性，表达个性的过程和成果是内心外在化的表现，其意义往往更加重要。这是知识产权保护智力劳动的初衷，也是外观设计表达的本质体现。

外观设计本质是一种个性表达，它并不是技术方案，不为解决技术问题，也没有产生技术效果，主要通过产品外观的装饰设计给人以心理的认知。美国的司法实践把外观设计看作如作品一样的美学表达，给人留下的是一种整体印象，而非为了解决一个技术问题或取得一个技术效果。对于外观设计与专利的区别，1871 年的 Gorham 案，作为美国联邦最高法院审理的外观设计专利侵权纠纷案，美国联邦最高法院明确了外观设计的重点不在于产品实用功能和不同设计特征组合，而在于整体外观给人留下的印象。❷ 1882 年的 Lehnbeuter案沿袭 Gorham 案的精神，认为外观设计不一定非要比在先设计更

❶ 罗伯特·克雷. 设计之美［M］. 尹弢，译. 济南：山东画报出版社，2010：7.

❷ Gorham Company vs. White. 81 U.S. 511 (1871).

优质、更漂亮，只需要新的、不同的即可。[1] 产品的功能性可能会影响外观设计的发挥，但外观设计追求的是个性的表达，而非产品的实用价值。外观设计受保护的缘由主要是激励人能够创造更多引人关注的装饰设计，思想的创新是发明专利或者实用新型专利保护的目的。

总之，图形用户界面和外观设计都是由形状、图案、色彩构成的装饰性特征，作为一种个性表达，两者的设计语言和表现形式完全一样。局部外观设计只是相对于产品而言，其装饰性特征是产品不可分割的局部，而局部外观设计所保护的是装饰性设计的创意，保护的本质依然是一种表达。即使它是产品的局部创新，但是其局部的创意同整体外观设计一样，以其装饰设计吸引消费者的关注和兴趣，带动产品的销售。因而，就图形用户界面设计与外观设计的本质而言，图形用户界面的内涵与局部外观设计可以达到高度的契合。

第三节　创设图形用户界面局部外观设计专利权的意义

在全球范围内，采用专利制度保护外观设计的国家或地区有美国、中国及中国台湾地区。虽然外观设计专利制度的保护模式本身存在诸多问题，但是在现阶段，图形用户界面局部外观设计专利权的保护有其独立的现实意义。至少，专利法一直受到重视，修改和讨论不断受到关注，图形用户界面局部外观设计专利权的确立或修改可以附随专利法的修改而免去许多烦琐的立法程序和步骤。现阶段，相较于外观设计单行法及图形用户界面局部外观设计专有权的模式，图形用户界面局部外观设计专利权是一种较为妥协的保护方式。

一、局部外观设计专利权的特别优势

随着外观设计申请的增加，有些产品的设计空间已经十分有限，大多都

[1] Lehnbeuter vs. Holthaus, 105 U. S. 94 (1882).

是改进型的外观设计，其创新部分也就恰好集中体现于产品可改进的局部。局部外观设计是产品局部的装饰设计，产品的设计空间往往有限，可创新的设计不多，导致局部外观设计的创新足够细微，局部外观设计专利权将权利的保护范围缩小至局部细微的创新，它成为保护局部细微创新的有效方式。局部外观设计既是创作者对细微的局部所作出的智力创作，也是申请人意欲申请权利保护的创新之处，照片或图片所载的局部的创新变化集中体现了权利人意欲获得保护的范围。对于集中体现创意的局部外观设计，申请者在申请外观设计时可以做到有的放矢，审查员可以目标明确地集中精力审查真正的局部创新处。最终局部外观设计专利权的授予，也不会因局部外的其他非创新外观而不被授予外观设计专利权。同时，公众也可以明确地知悉申请者的目的和创意保护之处，形成合理预期，免去多余的社会搜寻成本。在侵权判断时，法官也可以根据申请者申请时的意思表达来确定保护范围，在侵权比对中有针对性地对局部外观设计进行侵权判断。

相较于整体外观设计专利权，局部外观设计专利权具有两大优势。一是授权更加容易。若整体外观设计既包含现有设计又包含创意设计的，现有设计所占整体的比重较大，申请人在申请整体外观设计专利权时，整体外观设计获得授权的可能性很低。但是，局部外观设计实质上赋予申请人在申请外观设计时选择突出创新点的权利，申请人可以针对创新的局部申请局部外观设计专利权，可以剔除该创新局部以外的现有设计的影响，获得授权的可能性较高。二是保护的范围更大。在侵权判断中，整体外观设计以产品的整体视觉效果来进行比对，其整体所涉的装饰特征越多，限定越多，其保护范围越小。而局部外观设计只针对改变的创新局部，限定较小，保护范围更大。❶

图形用户界面必然依附一定的载体或者必须通电后才可以发挥作用，在物理世界中，图形用户界面只能是物品的局部，其正常使用与整体物品无法分割。图形用户界面的物理性质，直接决定了图形用户界面只能是产品的局部设计。若以整体外观设计保护图形用户界面，将会把物品的“其他部分”也纳入外观设计的保护范围，而该“其他部分”并不属于图形用户界面，也

❶ 聂宁乐. 日本专利审查指南［M］. 北京：知识产权出版社，2015：272.

并不是创意的核心体现。整体外观设计对局部外观设计的保护显然偏离图形用户界面的本质。因此，图形用户界面局部外观设计专利权的保护方式比现阶段整体外观设计专利权的保护方式具有明显的优势。

二、图形用户界面局部外观设计专利权的法经济学效益

图形用户界面如作品一样，都是一种表达，但图形用户界面的局部外观设计与著作权的保护完全不同。究其本质，对图形用户界面进行局部外观设计保护在于社会成本与社会收益的最优配置。寻租成本是人们为了获得纯利润而支出的成本，外观设计需要登记，符合装饰性、新颖性、区别性等条件才能获得授权。登记对社会个体而言会产生个体成本，但登记后可以有利于社会公众检索和查询。如果他人需要设计外观设计，避免侵权，无须去市场上艰难地查询或调研，在登记机关进行检索和查询便可知道类似的设计，登记制度减少了大多数人的社会成本。[1] 登记制度可以确定清晰的权利范围，其他人可以据此进行授权或者交易，交易成本明显地减少，最终社会成本也减低了。登记有利于审查标准的统一适用，基于过去“量多质低”的外观设计现状，新修改的专利法增加了“明显区别”，提高了授权的标准，使真正创新的外观设计得以授权。登记所带来的统一的授权标准，立法者可以结合政策的目标，根据社会发展的阶段和申请的现状适时做调整，从而促进规则的统一和适用。登记导致的授权标准提高，可以促使真正创新的外观设计得以授权，推动一批高质量的外观设计得以出现，其发挥的激励作用也可以促使外观设计加快产业化进程，带来丰厚利润，增加社会收益。相对于著作权而言，经登记授权的外观设计，排他性强，非经许可只要落入其保护范围，即使偶然创作相同的外观设计表达也构成侵权，需承担停止侵权、赔偿损失等民事责任。所以，经登记的外观设计虽然付出了个体成本，但却减少了社会总成本，垄断性较强的激励机制，给权利人带来收益，给社会带来好的效益。

作品和外观设计虽然同为智力成果的表达，但作品主要是针对文学、艺

[1] 芮松艳. 外观设计法体系化研究［D］. 北京：中国社会科学院研究生院，2015：12-18.

术领域的智力创造❶，其智力成果侧重引起人纯粹的主观审美，即使实用艺术作品因为工业化生产，其也是侧重于艺术上的个性特征和给人的主观审美状态。如果对美感较低的实用品都给予著作权保护，设计者将不再有动力去申请外观设计专利权，导致外观设计专利权的制度设计落空。❷ 实用艺术作品应当达到较高水准的艺术创作高度。在瑞士英特莱格公司诉可高（天津）玩具有限公司一案❸中，法院即指出："（实用艺术作品）艺术性则要求该物品具有一定的艺术创作程度，这种创作程度至少应使一般公众以将其看作艺术品。"艺术的丰富在于个性解放和思想自由，作者创作作品即使基于同一主题，也可以因为个性不同而形成不一样的作品。不限制地鼓励原创是艺术得以繁荣、作品得以丰富的原因。从某种程度上说，著作权鼓励作者进行天马行空、无拘无束地创作。所以，作品无须可供查询或借鉴的限制，反而是对作品创作、丰富的另一种激励。不过，只具有较低的成本，其为受惠成本所必需的垄断受到的限制更多。❹ 作品著作权自创作之日起自动取得，登记只是一种初步证明证据，允许反证予以推翻，不登记的作品同样可以享有著作权。他人基于同一思想创作出相同的作品，各自当然地享有其创作成果的权利，对于各自原创的作品，任何人不得干涉权利人对该作品的正常使用。但外观设计不同，因其所附载体的性质，外观设计的表达始终要考虑其与产品的结合，其表达甚至会夹杂着无法分离的产品实用性。外观设计与大规模、重复性的产业化利用紧密相关，作品的创作可以是个体的或者是少数人的，而外观设计创作所付出的个体成本和社会成本要大得多。为避免浪费社会资源，以防设计师重复性地进行与他人相同或类似的外观设计，通过外观设计的登记制度给社会公众提供一种合理预期的途径，使社会公众可以预判哪些设计已经获得了垄断，哪些还有可以发挥创作的余地，以此节省个体和社会的成本。符合授权标准的外观设计，具有较强的垄断性和排他性，是制度给予外观设计成本投入的对价补偿，也是法律制度设计的平衡技巧。图形用户界面

❶ 但不应以文学艺术领域和工业领域简单区分作品和专利。

❷ 王迁. 著作权法［M］. 北京：中国人民大学出版社，2015：98.

❸ 北京市高级人民法院民事判决书〔2002〕高民终字第 279 号。

❹ 威廉·M. 兰德斯，理查德·A. 波斯纳. 知识产权的经济结构［M］. 金海军，译. 北京：北京大学出版社，2005：424.

多半以电子产品为载体，天生具有产业的可利用性。随着产品的更新，同样的图形用户界面需要升级或者迭代开发。图形用户界面只有登记才方便查询和检索，供公众参考、借鉴和再创作。更重要的是，外观设计登记制度提供的公开信息，使企业可以在明确的权利状态下放心进行大规模创作或生产，有利于减少侵权的风险，避免未登记的权利模糊状态或侵权带来不必要的损失。图形用户界面虽然和作品一样同为个性表达，即便外观设计登记制度增加了个人检索、查询、申请的成本，却方便了公众查阅和再创作，使交易成本减小，社会总成本降低，增加了社会总收益，有利于实现社会成本和社会收益的“帕累托最优”。

三、小结

史尚宽先生认为“权利云者，依法律之担保，得贯彻主张某利益之可能性也”❶。民事权利是由特定利益和法律上之力两要素构成的。❷ 知识产权具有法定性，法律没有规定的，我们无法徒增一个新的知识产权客体。作为一个新事物，图形用户界面有十足的理由对其进行局部外观设计的法律保护。

由于著作权在剥离图形用户界面的思想、不受保护的因素后，再经独创性和相似的判断，其保护的力度难以符合图形用户界面真正的创新投入，难以满足企业的保护需求；商标权不能对没有显著性的图形用户界面给予保护，对于本身是像似符、指示符的图形用户界面而言，商标保护的思路仅仅只是一种补充性的有限保护；技术专利主要以“方法+界面”或者“硬件+界面”的形式保护图形用户界面，倘若图形用户界面相同，他人的产品与权利人权利要求书中的其他技术特征不相同或不等同，都会因为不落入权利的保护范围而免于侵权指控，最终使真正的图形用户界面创新无法得到有效保护。当其他知识产权制度对图形用户界面的保护存在缺陷时，图形用户界面与局部外观设计能够达到本质的契合，对图形用户界面予以局部外观设计保护具有特别的优势和经济效益。相对于版权、商标、商业外观、发明专利等保护方

❶ 史尚宽. 民法总论［M］. 北京：中国政法大学出版社，2000：12.

❷ 梁慧星. 民法总论［M］. 北京：法律出版社，2007：70.

式，局部外观设计专利权更适合图形用户界面的保护。❶ 因此，图形用户界面局部外观设计专利权作为一种合乎理性和正当性的社会制度，能被广泛接受，并易被人们遵从和执行❷，我国应当尽快接受图形用户界面局部外观设计保护制度。

❶ Jason J Du Mont, Mark D Janis. Virtual Designs [J]. 17 Stan. Tech. L. Rev., 2013 (107): 112.

❷ 冯晓青. 知识产权法哲学 [M]. 北京：中国人民公安大学出版社，2003：1.

第四章　图形用户界面局部外观设计授权条件的特殊性

外观设计与作品、发明专利、实用新型专利存在交叉，是一种边缘客体。外观设计在知识产权保护史上备受冷眼，成为“拖油瓶”而不受重视。当产品技术已经达到一定程度且发展空间有限时，实用功能已经不完全是人类解决生存的重点，丰富美好生活成为人类实现自我价值的追求。外观设计连接技术和艺术，自然成为物质世界和精神生活的一个重要桥梁。外观设计权利的重要性越来越明显，但每一种权利类型的保护，都有其类型化要求和法律特征，并非任何的设计都可以成为外观设计保护的客体。根据我国专利法的规定，一般而言外观设计的实质授权条件为新颖性、创造性、实用性和富有美感。[1] 我国用专利法保护外观设计，与外观设计立法保护模式存在的争议一样，外观设计授权条件与技术专利的授权条件并不相同，具有特殊性。相较于传统的整体外观设计，局部外观设计的授权条件更具特殊性。图形用户界面是在新技术促进下产生的新事物，其作为一种表达，兼具作品的性质，可受著作权、专利权、商标权甚至反不正当竞争法的保护。图形用户界面要获得局部外观设计的专利权保护，需要满足局部外观设计特殊的实质授权要件和特殊的形式授权要件。

第一节　实质要件的特殊性

实质要件是图形用户界面获得局部外观设计保护的根本性要件，既是图形

---

[1] 张玉敏. 知识产权法学［M］. 北京：法律出版社，2011：213.

用户界面获得局部外观设计保护的逻辑起点，也是局部外观设计对其进行保护的合理性根据。实质要件为图形用户界面私人领域和公共领域划定界限，使图形用户界面局部外观设计的法律保护能够维持私人利益与公共利益的平衡。

一、装饰性的本质回应

装饰性并非一直就存在于外观设计之中，1842 年美国专利法并没有要求装饰性的实质要件。但随着理论和判例的发展，外观设计的本质特征逐层拨开后，装饰性特征成为外观设计的实质要件。1902 年，美国专利专员要求国会剔除法律中“实用性”的要件，理由是外观设计从来都不是保护功能性要素。因此，取而代之的“装饰性”才被引入法律中并沿用至今。❶ 在随后的司法实践中，美国法院的法官们总结，如果一个外观设计主要是装饰性的，即使有某些功能性的要素也应当予以外观设计保护。❷ 外观设计保护的是装饰性特征，而非技术方案或技术功能。

根据“需求说”的观点，外观设计通过形状、图案、色彩要素所形成的装饰特征，吸引购买者的兴趣，形成其心理的认知，从而达到促进销量的功能。❸ 外观设计本质是一种创作表达，从来都不为解决一个技术问题而存在，并非为了实现技术功能。In re Zahn 案揭示，外观设计保护的是设计本身，而非产品。装饰性的本质含义是通过形状、图案、色彩所形成的装饰特征，吸引购买者的目光，引起他们的注意，或者形成心理的变化或认知，以达到促进其购买的目的。装饰性通过可视化的素材刺激人的心理认知，该素材以形状、图案、色彩为要素构成，可以是一种美学的方式，也可以是一种非美学的艺术方式，其核心在于通过个性的表达引起人心理的认知，吸引其兴趣和关注。所以，外观设计不再局限于装饰性的美学阐释，而应朝着非功能性方向去解释装饰性。“美与不美的判断”会随着个人心理及时代发展等因素影响而变化，存在不确定性。装饰性可以直观地表明外观设计的本质属性和保护

❶ U. S. Senate, Committee on Patents, Amending section 4929, Revised Statutes (S. Rep. No. 1139). Apr. 15, 1902.

❷ Mygatt vs. Zalinski, 138 F. 88, 89 (C. C. D. N. Y. 1905).

❸ 田村善之. 日本知识产权法［M］. 周超，李雨峰，李希同，译. 北京：知识产权出版社，353.

核心，清楚地表明外观设计所保护的不是技术方案，而是给个人带来视觉感受的装饰性特征或者设计。[1]

装饰性作为外观设计授权的实质要件，有其独特的含义。首先，装饰性要求可视化，即构成装饰性特征的要素或结合能够被人所观察。[2] 只有通过可视化的观察，给人以视觉感受，外观设计的装饰性特征才可以传输至人脑，并形成一定的心理认知，人们才能对产品感兴趣或购买该产品。可视化侧重于结果的可视觉感受，因而实现其可视化结果的手段多种多样，并非仅仅局限于用肉眼观察，借助其他工具的肉眼观察也是可视化的应有含义。例如珠宝、首饰及电子元器件的外观设计足够微小，只有在借助放大镜时才可以看清楚，但他们同样是产品的装饰性特征，具有吸引购买者兴趣和购买欲望的市场价值。因而，装饰性的可视化手段可以多样，可以借助其他设备进行观察，只要结果是呈现的可视化感受即可。可视化的关键是给人以视觉感受，不管是购买过程中还是产品的使用状态下，只要能够呈现可视化，都应当符合可视化的要求。可视化的认定阶段重在与市场的接触，而并不局限于其中的某一个阶段。从产品的生产、装配、销售、维修及使用，可视化的装饰特征在不同的阶段都会与市场主体接触。一般消费者作为外观设计的拟制主体，可以是生产商、装配商、销售商、维修商，他们在不同阶段基于装饰性特征都会形成不同的心理认知，可视化的装饰特征对他们都能够达到吸引力的效果。图形用户界面即使在购买时无法用肉眼观察其装饰性特征，但通电后或者通过其他辅助设备，能够为消费者可见。2014 年新修改的《专利审查指南》第三章 7.4（5）规定不授予外观设计的情形时，前句“不能作用于视觉或者肉眼难以确定”是对外观设计装饰性特征的可视化要求的，但是后句“需要借助特定的工具才能分辨其形状、图案、色彩的物品”限缩了可视化的范围，不符合外观设计与技术的发展。如下文所述，因《专利审查指南》只是部门规章而非法律或行政法规，根据《中华人民共和国立法法》的规定，不可以减损

---

[1] 尹新天. 中国专利法详解［M］. 北京：知识产权出版社，2011：29.

[2] William J S，Andrew W T. Revolution in Design Patentable Subject Matter：The Shifting Meaning of Article of Manufacture［J］. 17 Stan. Tech. L. Rev.，2013-2014（183）：p. 189. Bonito Boats，Inc. vs. Thunder Craft Boats，Inc.，489 U. S. 141，148（1989）. The U. S. Supreme Court forcefully asserted that，to be patentable，designs must be visually attractive.

他人权利或增加义务，对于需要借助特定工具才可以分辨的装饰特征是否属于外观设计的授权客体，仍应以外观设计的法律定义进行基础的考察。❶

其次，装饰性要求着重于装饰性特征的整体性印象（overall impression）。外观设计是由线、面及结合构成的装饰特征，这些特征并非是单个的（individual），而是作为一个整体留存于观察者心中。外观设计的本质不在于个别的要素，也不在于安排的方法，而在于作为一个整体的、较为模糊的整体印象唤醒观察者心中的认知。整体印象可以是复杂的或者简洁的，可以是给人以优雅、高贵的感受，也可以是随意、低廉的感受。但是无论以何种印象，在观察者心中，被观察的客体是给人以独特的、有个性的整体感觉。❷

设计空间、材料替换、产品的内部结构或技术性能的变化、产品功能或尺寸的改变都会带来不同的视觉感受，有时候细节的变化可以带来完全不同的整体视觉感受，有时候细节的变化对于整体视觉感受没有任何影响。尽管建立在消费者的判断主体基础上，依然难免排除具体判断者的主观性，但是这种主观性“度”的把握只能在具体判断整体视觉感受时，根据装饰特征的设计空间、组合方式、环境等进行综合考虑。❸ 以茶蜡台为例，如图 4-1 所示，两图排布方式相同，仅数量的简单重复，两者差异很小，给人以基本相同的整体视觉感受，是相同的外观设计；图 4-2 的排布方式相同，数量上的增加却导致整体视觉效果差异明显，是不同的外观设计；图 4-3 的排布方式不同，导致不同的整体视觉效果，是不同的外观设计。❹ 在图 4-4 中，插座开关按钮与面板的衔接处都围绕有双边的矩形，只是左图的矩形四角有弧度，且增加了一个指示灯，图案仅有极其细微的区别，却给人不同的整体视觉感受，两者是不同的外观设计。

图 4-1 排布方式相同，整体视觉差异很小

❶ 石必胜. 专利权有效性司法判断［M］. 北京：知识产权出版社，2016：329.

❷ Gorham Company vs. White. 81 U.S. 511（1871）.

❸ 吴太章. 外观设计专利实质审查标准新讲［M］. 北京：知识产权出版社，2013：84.

❹ 杨波. 新授权标准下外观设计审查实务初探［D］. 北京：北京大学，2012：34-35.

图 4-2　排布方式相同，整体视觉差异明显

图 4-3　排布方式不同，整体视觉差异明显

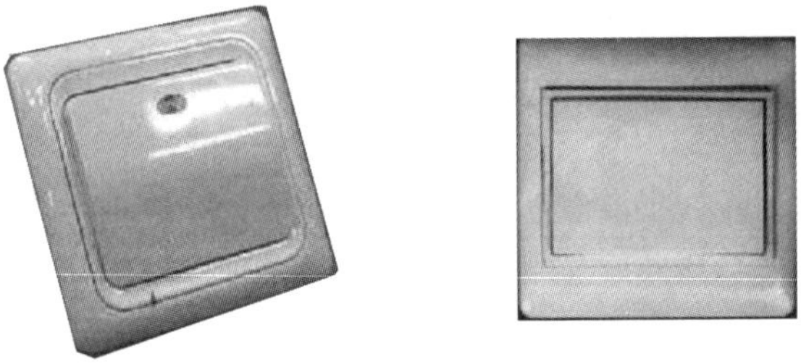

图 4-4　图案极其细微的区别，指示灯和四边形

圆形、三角形、方形呈现的图形用户界面在不同使用状态下，呈现的方向、位置、动态都有可能不同，在一般消费者的视觉观察中可以形成不同的整体印象。图案变换包括题材、构图方法、表现方法及花样大小几个要素的改变，色彩的改变当然可以使图案发生改变。题材相同，而构图方法、表现方式、花样大小不同的，也会使图案不相近似，从而使外观设计不相近似。[1]在图形用户界面中，不管是图标、菜单还是视窗，构成要素的数量差异或者

[1] 李扬. 知识产权法基本原理［M］. 北京：中国社会科学出版社，2010：624.

布局方式是外观设计的组成要素，但关键的还是这些要素作为一个整体，给人带来的整体视觉感受，而非个别的、单独的。不管是授权还是侵权的判断中，都应该是以整体的视觉印象为逻辑起点。

最后，装饰性要求并不局限于美学感受，侧重于结果上对一般消费者的吸引力。❶ 在观察者心中，被观察的客体是给人以独特的、有个性的整体感觉。❷ 基于这种独特的、个性的感觉，一般消费者得以关注产品或购买该产品，其关注的动因并不局限于美学的感受。如前所述，美学的概念在后现代的今天已经不再局限于美的、积极的表达，那种不美的、消极的已经成为艺术的广泛内涵。在眼球经济下，个性彰显、给人以独特感觉的艺术形式已成为具有吸引力的表达方式。以骷髅头为例，在过去它可能代表鬼怪、妖魔、毒品等，没有任何美感，但如今它已经成为一种极具个性的，且能够产生吸引力的装饰性特征，并被广泛用于服装、饰品、手工艺品上。因而，富有美感已经无法涵盖外观设计的时代内容，装饰性才能彰显其外观设计对产品的真正价值。

二、新颖性的特质体现

对于新颖性的规定，我国在 1984 年《专利法》规定：“授予专利权的外观设计，应当同申请日之前在国内外出版物上公开发表过或者国内公开使用过的外观设计不相同或不相近似。” 1992 年《专利法》修改将其“不相同或不相近似”修改为“不相同和不相近似”。现行《专利法》第二十三条规定：“外观设计的新颖性是指授予专利权的外观设计不属于现有设计。”同时该条第四款又规定：“现有设计是指申请日以前在国内外为公众所知的设计。”很明显，现行外观设计专利权的新颖性是指申请的外观设计不能是在申请日之前在国内外为公众所知的设计。新颖性标准从过去的相对性标准变为绝对性标准，不管是出版物公开还是使用公开，丧失新颖性的地域可以扩展至全世

❶ William J S, Andrew W T. Revolution in Design Patentable Subject Matter: The Shifting Meaning of Article of Manufacture [J]. 17 Stan. Tech. L. Rev., 2013-2014 (183): 190. Empirical evidence has also noted a trend in U. S. design patent law away from an aesthetics interpretation of “ornamental” and towards an interpretation of non-functionality.

❷ Gorham Company vs. White. 81 U. S. 511 (1871).

界的范围。

对于新颖性的具体内容，1992 年《专利法》修改将 1984 年的“不相同或者不相近似”改为“不相同和不相近似”，而现今专利法却没有出现“不相同和不相近似”的表述，仅以“不属于现有设计”的表述，实则是以新颖性的方式将原来规定“相同”的情形全部涵盖。同时将“相似性”的情形一分为二，对于与一份现有设计相比仅是不重要细节不相同的情形，归入到新颖性的范畴，将与一份现有设计相比并非仅仅在于不重要的细节上的不相同的情形，以及与两份以上现有设计的特征组合相比不具有明显区别的情形归入区别性的范畴。❶

（一）判断主体

不同的新颖性判断主体将直接导致不同的判断结论，外观设计新颖性的判断首先需要明确其判断主体。外观设计相同和相近似的判断主体与判断主体标准是完全两个不同的概念，前者是指实际判断相关外观设计是否相同和相近似的主体，而后者是指判断时所采用的主体标准。

在美国，1871 年联邦最高法院的 Gorham 案❷，采用的是“普通观察者”（ordinary observer）标准，认为普通观察者是外观设计授权和侵权的判断主体。在欧洲，新颖性判断标准是“知情使用者”标准。欧盟理事会认为对于相关公众而言，外观设计的不同点是很难被觉察出来的，他们指出外观设计的理性保护应当是在市场水平上被觉察的不同点，该不同点在产品的竞争中发挥了重要作用，而非专家世界中的富有经验的水准。❸ 知情使用者（informed user）不同于商标法上的普通消费者，他们比仅知道一般信息的普通消费者具有更广的知识。他们也不是最终的“消费者”，其知识水平和认知能力依据的不是“购买行为”，而是其“使用行为”。❹

---

❶ 尹新天. 中国专利法详解［M］. 北京：知识产权出版社，2011：297-298.

❷ Gorham Company vs. White. 81 U. S. 511 (1871).

❸ Alina Mihaela CONEA. The requirements for protection of the Computer Design［J］. Lesij NO XVIII, 2011 (1)：130-131.

❹ 张帆. 中国专利法注释［M］. 北京：知识产权出版社，2014：169.

在宝洁公司诉利洁时公司一案[1]中，Jacob 法官对知情使用者和专利法中的技术人员进行了区分，他认为后者的标准要求相当于一个专家的程度，已经超过为了评估外观设计侵权的目的。评估外观设计是否具有独特性，应该基于知情使用者观察外观设计时，是否存在不同于他以往观察所有设计的整体印象，并考虑外观设计呈现其上的产品的自身属性，特别是它属于的工业部门以及形成外观设计的设计空间。商标法上普通消费者将标识作为一个整体来看待，不会分析它的各种细节。但是，外观设计却不同，即使是其他相类似的产品，但凡存在能形成不同整体印象的细节特征，知情使用者也可以进行辨认。Jacob 法官认为知情使用者不仅意识到既存外观设计，而且可以认识到外观设计包含功能性的问题。知情使用者被假设可以了解哪些外观设计的因素是由功能单独决定，从而确定外观设计保护的范围，哪怕发现的细小的区别也能够足够形成不同的整体印象。对于不同的整体印象的区分方法，知情使用者是固有的、不精确的。即使必须得承认它的模糊性，但 Jacob 法官总结了几个指导规则，知情使用者十分熟知外观设计的相关问题，突出保护新颖性较强的外观设计，如果存在能够引起实质性不同的整体印象的较大设计空间，法官们拟作知情使用者容易去评估外观设计的整体印象。如果设计空间较小，法官们需要谨慎地使用自由裁量权确定了每个外观设计呈现的整体印象，最后来确定各个整体印象是否不同。

判断主体的设定实际上是一种政策导向，其意义在于号召实际判断者采用一种适中的判断立场，将判断主体定位为一种假象的人，其水准是可调的。各国可以根据自己所处的发展阶段和产业政策，通过适当调整判断主体的知识水平和认知能力来调整授予外观设计的门槛高低。[2] 我国采用的是“一般消费者”的判断标准。在“路灯（白玉兰）外观设计专利无效行政纠纷案”[3]中，法院认为在确定路灯类外观设计产品的一般消费者，应当以一般消费者的知识水平和认知能力进行评价，不同种类的产品有不同的消费群体。路灯

---

[1] Procter & Gamble Co. vs. Reckitt Benckiser (U.K.) Ltd.,〔2007〕EWCA (Civ) 936,［15］-［32］(Eng).

[2] 尹新天. 中国专利法详解［M］. 北京：知识产权出版社，2011：297-298.

[3] 北京市高级人民法院〔2008〕高行终字第 684 号行政判决书。

类产品是公共服务设施，在界定其一般消费者时，应当注重该类产品的使用状态，毕竟路灯可以分为地面路灯、与人体高度接近的路灯和远高于通常人高度的路灯。因而一般消费者既包括不特定的过往行人，也包括专门从事路灯制造、销售、购买、安装及维修行业的人员。

我国一般消费者的判断标准接近欧盟“知情使用者”的标准，不同于商标法上的普通消费者，需要具备一定的知识水平和认知能力，但没有达到发明专利要求的本领域中的技术人员要求。图形用户界面局部外观设计专利权新颖性的判断主体自然也是一般消费者，是抽象的拟制主体。只是在进行具体的新颖性判断时，必须结合所要判断的外观设计产品，将一般消费者这个抽象的概念具体化为与该产品相关的人群，而不能完全进行抽象判断。就知识水平的角度而言，一般消费者对于外观设计产品具有常识性的了解，并不要求对图形用户界面所应用的具体物品有了解，而是对以显示屏、显示面板为核心的媒介产品有常识性的知识。一般消费者应当通晓申请日之前相关产品的外观设计状况，熟悉惯常设计，通晓和熟悉的对象主要围绕以屏性媒介为对象的外观设计状况。就认知能力的角度而言，一般消费者对于形状、色彩、图案等设计要素的变化具有一般的注意力和分辨力，会关注外观设计的整体视觉效果，不会关注外观设计与对比设计之间的局部细微差别。❶

（二）判断方式

图形用户界面可能跨越一切电子产品，其局部外观设计新颖性的判断方式主要围绕其外观设计进行比对，而非物品，其现有设计可涵盖显示屏、显示面板等屏性媒介上的所有设计。因此，在进行图形用户界面新颖性判断时，只对图形用户界面进行判断，无须考虑与具体硬件物品的整体构成。但是，对于“某物的图形用户界面”，图形用户界面具体指定了实体硬件物品，如“手机的图形用户界面”“电饭煲的图像”，其新颖性判断的现有设计就只能限于该具体的“某物”，而不能跨越到其他物品上。

在具体对比时，采用单独对比、隔离比对、综合观察的方式❷，以一份现

❶ 林笑跃. 中国专利典型案例启示录——外观设计篇［M］. 北京：知识产权出版社，2015：45.

❷ 李扬. 知识产权法基本原理［M］. 北京：中国社会科学出版社，2010：622-623.

有设计进行对比，不能将两份或两份以上的现有设计组合起来进行对比。且在对比时，将图形用户界面与现有设计置于不同空间，间隔一定的时间和空间，进而对其两者的整体印象进行综合的观察，最终以形成的整体印象为依据判断新颖性。如果图形用户界面已经在先申请了该产品的外观设计或者申请过发明、实用新型专利，被涵盖于整体硬件物品中的图形用户界面已经被外观设计或发明、实用新型公开，成为现有设计，则申请的图形用户界面外观设计丧失了新颖性，不能获得局部外观设计专利权。同理，作为整体的视窗、布局已经获得了局部外观设计，其中包含的计算机图标、菜单作为组成单元的个体已经被公开，成为现有设计，单个的计算机图标、菜单丧失了新颖性，不能获得局部外观设计专利权。

若单个个体的图形用户界面在先申请了局部外观设计专利权，如计算机图标、菜单，包含了其个体设计的视窗或布局在后申请外观设计专利权，原则上，前者是单个的视觉设计，注重个体设计本身，后者是以组合为核心的视觉印象，两者侧重不同，前者不构成现有设计，后者没有丧失新颖性，可以获得外观设计专利权。不过，前者对后者构成现有设计的情形也有可能出现，此时需要根据先申请的图形用户界面个体在后申请的图形用户界面整体中所占的位置及视觉比重，来决定前者是否构成现有设计，后者是否丧失新颖性。如果前者占据重要位置，在后者的整体视觉印象中所占比重较大，一般消费者观察后认为前者与后者相同或相近似，在后申请的图形用户界面外观设计基于在先申请的图形用户界面的公开而丧失新颖性，不能获得外观设计专利权。如果在先申请的图形用户界面只是在后申请的图形用户界面的一小部分，在视觉上不起作用，在后申请的图形用户界面外观设计不会因为在先申请的图形用户界面丧失新颖性，可以获得外观设计专利权。

三、创造性到区别性的矫正

区别性是指授予专利权的外观设计与现有设计或者现有设计特征的组合相比，应当具有明显区别。该要件是授予外观设计实质要件中备受争议的要件，也是世界各国对外观设计的授权标准存在最大差别的地方。

(一) 创造性之争

我国外观设计专利申请的数量已经排名世界第一，但是设计水平和国际竞争力远远没有达到世界先进水平。针对这一现状，2008 年我国对《专利法》进行修改时，增加“授予专利权的外观设计与现有设计或者现有设计特征的组合相比，应当具有明显区别”的条款，部分学者认为该条款是“创造性”的实质要件，即通过提高外观设计授权门槛的方式，以提高我国产品的设计水平和国际竞争力。

事实上，Trips 协议第二十五条规定：“……成员可以规定，如果外观设计与已知的外观设计或者已知的外观设计特征的组合没有足够的区别，即为非新的或者非原创的外观设计……”国际条约的规定很明确地陈述外观设计授权的实质要件并不要求具有“创造性”，仅具有区别性即可。在欧盟，其外观设计要获得保护需要具备新颖性和独特性，并没有对外观设计要求具有“创造性”。欧盟《外观设计保护条例》第五条规定：“新颖性是指在未注册共同体外观设计在向公众提供之前或者注册共同外观设计在申请注册日之前，没有相同的外观设计被用于向公众提供，如果要求了优先权，则在优先权之前。当然如果某些不同特征仅仅只是不重要的细节，外观设计依然认为相同。”欧盟《外观设计保护条例》第六条规定了“个性特征”或“独特性”，[1] 即在外观设计被用于向公众提供之前，对于知情使用者而言，如果申请权利的外观设计的整体印象与申请日之前出现的外观设计的整体印象存在不同，则该外观设计被认为具有个性特点，一般又可以称为区别性。[2]

美国以专利法保护外观设计并没有多少理性的思考，主要在于当时产业利益和实用目的考虑，径直将外观设计纳入专利法进行保护。因外观设计的忽视，多次技术专利的修改，最终将技术专利的许多内容直接套用到外观设计上。1842 年美国专利法，立法机关对任何“发明或制造”(invented or produced) 的新颖性的、原创的产品设计提供保护，其使用“or”连接“发明”

---

[1] Council Regulation (EC) No 6/2002 of 12 December 2001 on Community designs (OJ EC No L 3 of 5. 1. 2002: 1).

[2] 崔国斌. 专利法原理与案例 [M]. 北京: 北京大学出版社, 2016: 933.

"制造"❶，以示区别技术专利和外观设计。美国专利法立法之初，外观设计直接被纳入到专利法的框架内，虽然没有经过多少理性的论证，但在法条具体陈述之初还是有意区分两者。而在1874年专利法修改中，国会将"or"改为"and"，国会可能是无意的排字错误，却导致1902年国会直接删除了"and produced"。国会后来认为在"发明"（invents）之后赘述"制造"（produces）没有必要，将其删除，国会是否有意还是无意现在并不清楚，但立法历程直接导致的结果就是外观设计专利化。❷ 技术专利的相关制度潜移默化地影响或者直接适用于外观设计，技术专利的创造性要求通过专利法的一般规定径直成为外观设计的实质授权要件。

专利法保护外观设计的模式，误将技术专利的创造性要求直接转移至外观设计，这不符合外观设计的本质要求。与新颖性相比，创造性制度的历史比较短。创造性并非自专利制度起初就有，美国司法实践直至1893年最高法院的Smith vs. Whiteman Saddle Co案❸才引入"非显而易见性"要求，到1952年专利法修改才将"创造性"纳入专利的构成要件中。❹ 创造性的要求仅针对技术性专利而提出，并不适用于外观设计。美国专利法的多次修改中，侧重对技术专利的关注，外观设计容易被忽视，创造性要件只能一并囊括了原本并不适用的外观设计。按照美国现行专利法第一百七十一条规定："任何做出的新的、原创的和具有装饰性的制造品外观设计符合本法规定的条件和要求的，可以获得对该外观设计的专利权"，就法条本身而言，该条款并没有对外观设计的构成要件提出"创造性"的要求。

创造性的判断主体是本领域内的技术人员，是由本领域内的技术人员才

---

❶ Janice M，Mueller，Daniel Harris Brean. Overcoming the "Impossible Issue" of Nonobviousness in Design Patents [J]. 99 Ky. L. J.，2010-2011（419），Congress enacted the first U. S. design patent legislation on August 29，1842. The statute provided that "any citizen or citizens，or alien or aliens，having resided one year in the United States and taken the oath of his or their intention to become a citizen or citizens who by his，her，or their own industry，genius，efforts，and expense，may have invented or produced any new and original design for a manufacture，whether of metal or other material or materials，or any…"

❷ Janice M，Mueller，Daniel Harris Brean. Overcoming the "Impossible Issue" of Nonobviousness in Design Patents [J]. 99 Ky. L. J.，2010（419）：448-460.

❸ Smith vs. Whitman Saddle Co.，148 U. S. 674（1893）.

❹ 石必胜. 专利创造性判断比较研究 [D]. 北京：中国政法大学，2011：42.

能够对申请专利的技术进步性予以认知和判断。对于发明或实用新型专利这类技术专利，其创造性的判断是指在技术上是否具有显著进步或者实质性特点，该判断必然需要特定领域中的专门技术人员才能进行，一般消费者显然胜任不了。但外观设计则不同，其价值理应在市场上由一般消费者来决定，而非本领域内的设计人员。❶ 它是装饰性的特征，以吸引消费者兴趣和关注作为逻辑起点，并不要求技术或者外观的进步性，只需要有明显的个性，以达到吸引消费者的关注即可，所以消费者一直是外观设计的授权判断主体。申请的外观设计得以授权在于消费者的视角和判断，并非设计人员。因此，技术专利要求的创造性，于判断主体而言，与外观设计的本质和判断主体完全不符。进一步说，审查员和法官的立场是本领域技术人员水平的决定因素，有时候个别审查员或者法院径行代表本领域的技术人员，他们成为专利创造性高度的决定因素。❷ 审查员和法院在进行判断时，拟制地考虑本领域技术人员的创造能力，实际上不得不隐含着他们对利益平衡和价值选择的立场。影响这种立场的真正因素往往并不在法律之内，而在法律之外，诸如政治的、经济的甚至判断者个人的各种因素都可能成为创造性判断的影响因素。这种创造性的考虑因素，与技术有关，涉及人类技术问题的突破，事关人类生活或生产基本技能的提高。外观设计却不同，它仅仅是装饰性特征，涉及的是装饰特征是否具有吸引力及吸引力的大小如何，无关人类技术问题的突破或生存技能的提高。拟制的消费者恰恰是要排除政治的、经济的、个人因素等各种因素的影响，为使装饰特征贴近市场、还原市场，判断主体需要尽量还原消费者的一般状态，若夹杂过多的考虑因素，容易扭曲外观设计整体视觉与一般消费者的关系，拉大外观设计与市场的距离。

相对于技术专利的现有技术范围，外观设计在设计过程中所面对现有设计的范围也有显著不同。外观设计保护和对比的是装饰性特征本身，而非产品。创意贡献大小的区分在于设计本身，设计领域或者产品类别只是作为设计整体视觉的影响因子，不同领域或者不同产品的设计在整体上视觉效果相同，依然构成现有设计。现有技术限于某一技术领域或者技术问题，创造性

---

❶ 崔国斌. 专利法原理与案例［M］. 北京：北京大学出版社，2016：935.

❷ 石必胜. 专利创造性判断比较研究［D］. 北京：中国政法大学，2011：97.

的评价规则也仅针对特定的领域或者可实现的特定技术效果。技术专利本身已经暗含解决该技术领域内的某个技术问题，如果将现有技术用于其他领域可获得其他技术效果，该现有技术已经获得新的创造性，成为另一个新的技术专利了。所以，现有设计和现有设计的范围不同，技术专利的创造性判断规则不能适用于现有设计的评价。

外观设计授权实质要件的“创造性”，是我国对美国外观设计专利立法的误解或者盲从，不仅没有提高外观设计的专利授权门槛，反而阻碍创新。我国外观设计的水平还落后于美国、欧盟，没有必要采取比他们更高的授权标准。不同的判断主体对外观设计可以得出完全不一样的结论，相对于现有设计而言，显而易见的外观设计，同样可能有明显区别的。❶ 普通设计人员基于对现有设计和公知常识的了解，认为设计方案可能就是显而易见的，但是对消费者而言却存在明显区别。创造性的适用可能导致外观设计在执法和司法实践中暴露出“只关注细节”，偏离外观设计的“整体印象”的情况出现。❷因此，外观设计授权的实质要件不是创造性，而是区别性。

(二) 判断方式

对于区别性的判断方式，美国曾提出两种判断方法。❸ 一种是“两步检测法”(two-step test)，即第一步是汇集尽可能多的与申请外观设计基本相同的现有设计，第二步是仅允许具有明确启示的结构和装饰特征才可以认为符合区别性。❹ 该方法将实用专利（发明、实用新型）创造性的判断规则适用于外观设计的区别性判断上，但两者判断主体、判断水准和要求都不相同。另一种方法是“指导—启示—改进测试法”（teaching-suggestion-motivation test)，该方法要求现有设计作为参照物应当给予明确的启示。❺ 但它对于图形描绘的外

---

❶ 崔国斌. 专利法原理与判例［M］. 北京：北京大学出版社，2016：935-936.

❷ 张爱国. 我国外观设计保护创造性要求之检讨与重设［J］. 法商研究，2014（3）：108-115.

❸ 美国更倾向于将区别性认为是创造性，鉴于上文的论述，为了方便介绍和阐述，其创造性的判断方法视为本文区别性的判断方法。

❹ Jason J Du Mont，Mark D Janis. Virtual Designs［J］. 17 Stan. Tech. L. Rev.，2013（107）：167-171.

❺ Michael Risch. Functionality and Graphical User Interface Design Patents［J］. 17 Stan. Tech. L. Rev.，2013（53）：53-106.

观设计而言，图案的整体视觉类似可意会不可言传的东西，无法像学术论文或者发明一样给予明确指导或者启示。在 KSR vs. Teleflex 一案中，美国联邦最高法院一致地否决了该两种判断方法的适用。❶

外观设计的整体印象可能是复杂的或者简单的，可能是给人以优雅的或强势的混合印象，或者以强势的单独的印象。但是无论以何种印象，在观察者心中，被观察的客体是给人以独特的、有个性的整体感觉。❷ RCD 426895-0002（图 4-5）是欧共体注册外观设计，涉及早先公开的共同体第 1312651 号商标（图 4-6），因缺乏独特性而被拒绝注册。最后法院认为，对于知情使用者而言，该案两个竞争设计的特征是存在不同的表面表达，从而形成了不同的整体印象，该外观设计有必要的独特性，得以被注册。Bently 和 Sherman 认为，独特性的精准定义不是要求外观设计本身的个性，而是在于它的整体印象的区别性。❸ 图形用户界面的区别性判断，若仅在于局部细微变化，当它对整体视觉效果不足以产生显著影响时，二者其实不具有明显区别。若局部足够细微或者情境变化，对整体视觉效果产生显著影响，仍然可以认为两者不相同或者不相近似。

图 4-5 RCD 426895-0002

图 4-6 CTM 1312651

2010 年 11 月 2 日，欧共体内部市场协调局（OHIM）上诉委员会的一个关于 Erich Kastenholz 的决定，就涉及一个有争议的“表盘”RCD 装置（图 4-7）。虽

❶ KSR int'l Co. vs. Teleflex Inc., 550 U. S. 398 (2007).

❷ Gorham Company vs. White. 81 U. S. 511 (1871).

❸ Alina Mihaela CONEA. The requirements for protection of the Computer Design [J]. Lesij NO XVIII, 2011 (1): 135-136.

然颜色重叠贴附的技巧已经被一个艺术家于2000年与2005年之间在展览中公开了，“表盘”设计与使用该技巧的“钟面”设计相同，没有新颖性，而不得予以有效的外观设计申请。但是，委员会在该案中认为RCD装置“表盘”颜色的亮度不会随着时间变化而变化，但相反，“钟面”却具备一个很广的颜色范围。这个不同的特征对整体印象产生重要的影响，在知情使用者眼中是不同的认知，最后RCD表盘据此获得了区别性。所以，如果两个外观设计对知情使用者可以形成不同的整体印象，则它们是不同的。❶

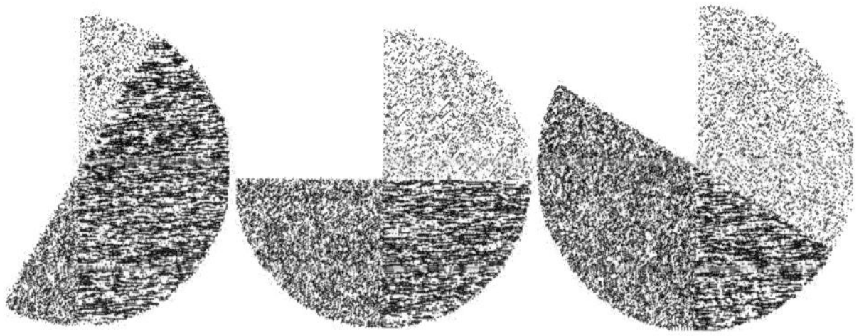

图4-7 RCD“表盘”

图形用户界面的构成可能是相同，但是在整体呈现时，可能根据时间不同以不同色彩、明暗的方式呈现，若这种呈现结果给人的整体视觉感受是不同的，它即具有区别性，是不同的外观设计。因而，图形用户界面的要素及构成需要在具体案件当中，根据要素本身特点、构成的方式等因素综合认定。在KSR案中，美国最高法院认为明显性的决定因素是综合的，设计者并非机械地掌控普通的创造力。创造力由于各种因素组合影响，这些因素包含市场因素、获取解决众所周知问题的有限选择等。❷ 只是图形用户界面功能唯一限定的特定布局、排列或者惯常设计属于公有领域的内容，对整体视觉效果通常不具有显著的区别影响。当现有设计或者现有设计特征的组合与申请的涉案外观设计专利相同或者仅存在细微差别时，外观设计的区别性判断，需要结合与申请的涉案外观设计专利相同或者相近屏性媒介的现有设计进行综合判断，看看是否存在具体的转用和/或组合手法的启示。如果存在这种设计启

❶ Kastenholz vs. Qwatchme (Watch dials), Case T-68/11 (1), 2013 ECJ EUR-Lex LEXIS 2591.

❷ KSR int'l Co. vs. Teleflex Inc., 550 U.S. 398 (2007).

示，则二者不具有明显区别，申请的涉案外观设计不应当被授予外观设计专利权。

二维设计通常不受产品使用功能的限制，设计者在进行图形用户界面设计时，并不会考虑设计与使用功能的结合，因此电子产品作为一个整体的物品，对设计师所付出的智力劳动没有实质影响。❶ 只要将可吸引兴趣的装饰特征置于显示屏上，显示屏上的图形用户界面都可以在通电后呈现，并不局限于显示屏是否运用于手机、计算机还是起重机。一般消费者都是通过屏性媒介进行人机交互，其视觉感受是一样的，特别是在技术互融互通的语境下，手机、计算机、电视机都已经成为一类“产品”。中国台湾地区专利相关规定对于图形用户界面外观设计的保护，物品载体不同，但图形用户界面相同，新颖性不会丧失。在进行“创造性/区别性”判断时，在手机上和洗衣机上的相同图标，会被认为没有区别性，而不予外观设计。因为同为电子产品，都需要利用显示屏等屏性媒介展示图形用户界面，所带来的设计启示明显，有创新的图形用户界面设计都在屏性媒介上呈现，一般消费者容易认为图形用户界面的设计只是停留在屏性媒介上，并不会认为是“手机”和“洗衣机”上的图形用户界面有差别。所以，以屏性媒介为载体的产品实质没有区别，即便物品跨度很大，其图形用户界面没有区别，则不应授予局部外观设计。但是，申请人在申请时指定某物品为图形用户界面载体的情况除外，因申请人依据其意思自治将图形用户界面的产品范围缩小至物品时，根据诚实信用原则和禁止反悔原则，其区别性就只能以该物品作为判断依据。

图形用户界面即使应用的电子产品不同，亦不妨碍设计师从在先设计中得到启示。电饭煲显示屏上的图标与计算机屏幕上的图标没有区别性，不应授予外观设计（图 4-8）。但是，从其他媒介，如将纸、门、衣服或者陶器上的装饰特征置于屏性媒介上用于人机交互，或者与部分屏性媒介上的装饰特征组合用于人机交互，所需投入的设计智力劳动相对较大。若该装饰特征已经被改变了用途，增加了人机交互的功能，属于具有较大的设计启示，一般消费者于此功能上的整体印象与原来媒介上的功能具有显著差别，符合区别

❶ 芮松艳. 外观设计法体系化研究［D］. 北京：中国社会科学院，2015：52.

性，可授予局部外观设计。所以，超越屏性媒介，将其他媒介上的图案、色彩等要素用于图形用户界面设计，原则上具有区别性，可授予局部外观设计。但是，如果利用原来媒介产品的功能，将其图形外观不加修饰的用于屏性媒介上，且指代原产品的功能意义，图形用户界面没有区别性（图 4-9）。当其他媒介上的装饰性特征与屏性媒介结合，跨越了原装饰特征的功能，则需要考虑跨越媒介的程度、图形用户界面设计的整体印象，综合认定其区别性。

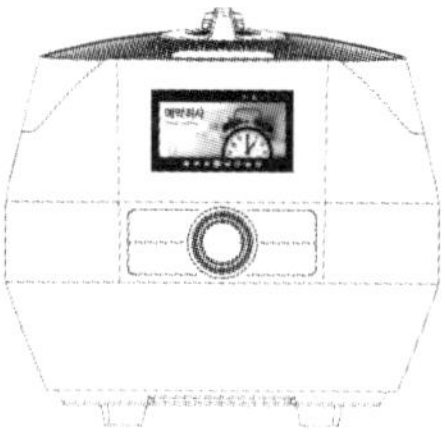

图 4-8　相同媒介产品上的图形用户界面

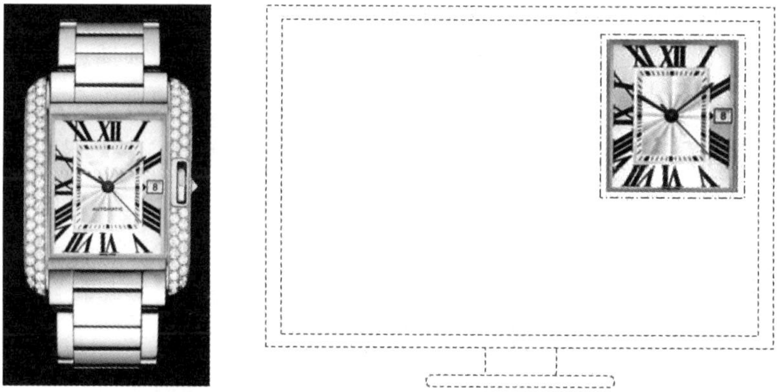

图 4-9　不同媒介产品上的图形用户界面

（三）辅助考虑因素

设计空间是指设计者在创作特定产品外观设计时的自由度。英国 1949 年的注册外观设计法在对新颖性和独特性要求中规定，独特性的适用，设计师的设计空间也应当予以考虑。欧盟《外观设计保护条例》第六条规定：“在评价独特性时，应当考虑开发设计时所享有的自由度。”外观设计与工业产品密切相关，设计师在设计工业产品的外观时，通常会受到产品功能、技术现状、消费者使用习惯等因素的限制。图形用户界面设计，设计师一般采用隐喻的手法进行设计，虽然产品功能对图形用户界面的限制较小，但是设计师的知识背景、技术的限制、消费者使用习惯以及原指符号的意义等对图形用户界面的创作空间都会产生影响。不同的图形用户界面，其设计空间具有差异性。对于设计空间较大的产品，设计者的创作自由度较高，可设计的图形用户界面更加丰富，风格甚至可以迥异，一般消费者不容易注意到比较细小的差别设计，此时区别性较大。相反，若设计空间小，设计者的创作自由度较小，图形用户界面的设计容易存在相同或相似之处，一般消费者容易注意到不同设计之间的较小区别。[1] 在欧盟“Grupo Promer Mon Graphic vs. OHIM-Pepsico案”[2] 中，欧盟初审法院不仅仅排除了设计空间有限而导致的相同设计特征对整体视觉效果的影响，还甄别了非由设计空间限制所导致的相同设计特征，为涉案外观设计和对比设计的非受设计空间所限制的区别性判断奠定了基础。在“浙江今飞机械集团有限公司与国家知识产权局专利复审委员会关于外观设计无效”案[3]中，最高人民法院认为设计空间的大小是一个相对的概念，在设计空间极大的产品领域和设计空间受到极大限制的产品领域这两个极端之间，存在变化的过渡状态，在这个过渡状态中，设计空间可以由大到小。同时，对于相同产品的设计空间而言，设计空间的大小并非一成不变。由于现有设计增多、技术进步、法律变迁以及观念变化等因素的影响，设计空间既可能由大变小，也可能由小变大。设计空间作为一个相对概念，不断变化，因而在对图形用户界面区别性的进行判断时，若要考虑外观设计的设计空间所带来的影响，应当以图形用户界面申请日时的状态为准。

1891 年美国最高法院在 Magowan 案[4]中承认发明的商业成功是一件不应当被忽略的事实，在专利性判断中具有重要作用，所以该案中的专利产品销售取得巨大成功。但是，在 1891 年的 McClain 案[5]中，布朗（Brown）法官在

---

[1] 毛翃，钱亦俊. 外观设计专利判断中引入设计空间要素的思考［J］. 中国专利与商标，2012（4）：27-35.

[2] C-281/10 P-Pepsico vs. Grupo Promer Mon Graphic（2011）.

[3] 最高人民法院〔2010〕行提字第 5 号行政判决书。

[4] Magowan vs. New York Belting & Packing Co.，141 U. S. 332（1891）.

[5] McClain vs. Ortmayer，141 U. S. 419（1891）.

判决中表示，如果没有证据表明大量的销售是归功于发明本身的优点，而是因为大量的广告或市场推广的话，则不能作为考虑因素。一些案件都进行了商业成功辅助要件的尝试，但都因证据不足而没能获得法院支持。❶ 专利产品使用的情况并不是其具有实质性特点的可靠标准，因为存在一些明显事实，即产品的大量销售往往因为受到大量吸引人的广告的影响，或者受产品投放市场活动的影响，或者受产品本身固有特点的影响。但是，法院并没有否定商业成功不能作为外观设计区别性判断的参考因素。美国判例认为，取得商业成功的产品并不能直接证明专利的实质性特点，可专利申请的权利要求范围与其商业成功的证据必须相当。如欧洲专利局上诉委员会认为，商业成功原则上并不被认为是发明或外观设计的标志，但在授权的实质要件中可以考虑商业成功的要素，只不过它必须满足两个条件：长期存在的需求被满足；商业成功必须归功于真正的创新特征而不是其他因素，如销售技巧或者广告。在我国外观设计审查和司法实践中，商业上的成功往往会因为证据不足，或者因为商业上的成功与创意设计之间因果关系无法确认，而不予考虑商业成功因素。图形用户界面可以与硬件产品分离，如果一个硬件产品有无图形用户界面或者存在有差别的图形用户界面，但在结果上各自销量和市场的接受度存在差别，商业成功原则上能够作为其区别性的考量因素。毕竟，当技术发展成熟的今天，各个产品在技术上的实质性区别有的并不太大，一般消费者在没有熟知产品前，图形用户界面是第一个映入眼帘的直接视觉感受。好的视觉感受或者用户体验的图形用户界面，可以成为一般消费者立即购买的关键因素。因而，有足够的证据证明，商业性的成功可以作为评估图形用户界面局部外观设计区别性的一个考虑因素，辅助区别性判断。图形用户界面直接接触市场，其设计的好坏，市场上的消费者可以直接给出反馈。好的图形用户界面能够为产品带来巨大的销量，为企业获得竞争优势，带动企业的进步和发展。图形用户界面的局部外观设计甚至可以形成一种风格，成为企业的代名词或企业品牌定位。苹果公司的产品除了优秀的实用技术外，其简约、时尚、人性的图形用户界面迎合了市场，使用户有一个较好的体验感受，

---

❶ Litton Systems, Inc., vs. Whirlpool Corporation, 728 F. 2d 1423 (Fed. Cir. 1984).

有的图形用户界面更彰显了苹果公司的文化定位和企业价值追求，其产品的商业成功与图形用户界面息息相关。

总之，对于同是显示屏幕呈现的图形用户界面，因为它们在电子产品之间具有通用性，即便是不同电子产品的图形用户界面，也可以成为新颖性判断的现有设计。若申请的外观设计与其他不同电子产品都以显示屏为载体，其图形用户界面与一个现有设计相同或相近似，此时申请的图形用户界面因没有新颖性而不予外观设计。图形用户界面的外观设计申请除了接受新颖性的判断外，还要接受区别性审查，即把多个现有设计组合判断其是否具有区别性。区别性的判断可以结合设计的特点和跨度，以一般消费者的整体印象为视角，观察外观设计与对比视觉之间是否存在显著区别。区别性对于图形用户界面设计的要求高于新颖性但低于创造性。区别性判断不需要考虑具体硬件物品的跨度，但对来源于非屏性媒介的图形用户界面，需要结合硬件产品属性、设计本身的难度及跨度来判断。设计空间以及商业成功要素，可以作为区别性判断的辅助要素。

法律大厦中的材料具有如此多种的能力，通过不同的理由，可以根据正义的不同形式进行组合和重组。❶ 在理解事物或者制度的本质及相互关系时，我们需要善于发掘法条之间的体系关系，在法律适用中甚至需要对法律条款的具体含义进行再理解和再发掘。❷ 对局部外观设计授权条件的实质构成要件的理解，需要结合正义原则及法条的逻辑关系进行体系化解读。装饰性、新颖性、区别性是图形用户界面的授予局部外观设计的实质要件，缺一不可，装饰性要件是前提和基础，不符合装饰性要件的图形用户界面无须再对新颖性、区别性进行判断。装饰性要求可视化、人机交互，是图形用户界面本身与外观设计契合的自我审查。图形用户界面要获得局部外观设计专利权，必须是以形状、图案、色彩构成的可视化要素，并能够发挥人机交互的功能，纯美学意义的开关机画面、屏保只是一种装饰特征或者影像，没有人机交互的功能，不符合图形用户界面人机交互的本质，无法获得局部外观设计专利

❶ 本杰明·N. 卡多佐. 法律的成长：法律科学的悖论 [M]. 董炯，等，译. 北京：中国法制出版社，2002：129.

❷ 孔祥俊. 论商标法的体系性适用 [J]. 知识产权，2015 (6)：3-17.

权。当图形用户界面符合装饰性的实质要件之后，才能够接受新颖性的判断。新颖性以显示屏上的一份现有设计进行判断。当图形用户界面符合新颖性的实质要件后，再进行区别性判断。区别性判断可以跨越屏性媒介及物品的分类，通过两份以上现有设计的组合，以整体印象的视角进行综合判断，设计空间、商业成功要素可以作为其辅助的判断因素。

第二节 形式要件的特殊性

美国、日本、我国台湾地区对外观设计采取的是实质审查标准，不仅要判断外观设计申请人的主体是否适格、是否满足实质性要件、是否存在法定除外事由、是否存在抵触申请等情形外，还要审查申请人提交的所有材料。如果符合规定要件，才予以注册外观设计。不能满足者，将无法通过审查获得外观设计。但是，外观设计具有时尚的特点，有的设计因社会审美和技术发展，容易过时或者被淘汰。实质审查的期限过长，诸如快消产品还没有经过实质审查程序，其设计可能已经过时了。外观设计形式审查具有一定的优势，外观设计曾经采用实质审查的韩国，1998 年也引入了形式审查，对使用寿命短、流行性较广的商品采取形式审查。❶

我国现行专利法对外观设计采取的是形式审查标准，申请人按照专利局及法律的要求提交相关的文件材料后，专利局受理和审查外观设计的专利申请，经初步审查没有发现驳回理由的，即可做出授予外观设计专利权的决定，并发给相应的证书。形式审查只是初步审查提交的材料及其格式，符合一般条件就可以获得注册。虽然形式审查不像实质审查对外观设计的实质要件和法定排除事由及材料格式等都要一一进行仔细审查，但是也需要符合一定的形式要件才可以获得外观设计专利权。

一、名称的确定

美国《专利审查指南》指出，如果外观设计申请是在计算机屏幕、显示

❶ 李宗基. 浅析韩国外观设计专利审查制度［N］. 中国知识产权报，2011-11-23（4）.

屏、其他显示面板或者及其部分时，其要求是符合《专利法》第一百七十一条规定的“产品”要求。毕竟一个外观设计专利与应用于其上的客体是不可分割的，也不能仅作为一个表面装饰特征独立存在，计算机生成图标必须体现于计算机屏幕、显示屏、其他显示面板或者及其部分。美国图形用户界面外观设计的名称必须指定所实施的物品，而且物品的名称应当是一般公众熟知或者已经公开使用的名称，仅以计算机图像或者图像作为设计名称的，不符合其《专利法》第一百七十一条的规定。美国一般表述为“带图标的计算机显示屏”“计算机屏幕的图形”“显示面板上的图像”“手机屏幕的图形用户界面”等。❶

日本严格限定产品的范围为有体物，图形用户界面必须限于实现实体物品的相关功能，且与物品共同使用。在申请图形用户界面的局部外观设计时，往往在产品分类栏既写明图形用户界面的类别，将“图像”“图形用户界面”的局部外观设计产品标注于H7的相关图像产品类别上，同时又需写明所附产品的实际硬件物品，如43W、725W。日本的图形用户界面局部外观设计限制严格，目前还是局限于实体物品，所以带图形用户界面的电子产品在申请图形用户界面的局部外观设计保护时，虽然要保护的是图形用户界面的创新，但是名称必须是图形用户界面所附的硬件实体物品。如“便携式电话”(D1395884)、“便携式终端”（D140488）等，虽然保护范围指向的是图形用户界面的创意，但名称依然是实体硬件物品。❷

英国图形用户界面的外观设计不限载体，其外观设计保护的对象与核心都集中于图形用户界面本身，图形用户界面外观设计可以不固定于物品，其申请名称以及程序类似于版权。在申请图形用户界面时，申请人可以不限定其物品，而该图形用户界面物品或者产品的划分仅仅是管理、归类的职能，

---

❶ See MPEP 1504.01 (a). “Thus, if an application claims a computer-generated icon shown on a computer screen, monitor, other display panel, or a portion thereof, the claim complies with the ‘article of manufacture’ requirement of 35 U.S.C. 171.” … On the other hand, the following titles do adequately describe a design for an article of manufacture under 35 U.S.C. 171: “computer screen with an icon”; “display panel with a computer icon”; “portion of a computer screen with an icon image”; “portion of a display panel with a computer icon image”; or “portion of a monitor displayed with a computer icon image.”

❷ 李小武，马云鹏，连冠. 电子产品图形用户界面的外观设计保护［M］. 北京：知识产权出版社，2014：125-129.

无须申请人写明物品类别，仅由审查人员依据职责划分。不像日本，需要标注图像和硬件的两个类别的产品，英国只需象征性地在洛迦诺分类法的相关类别中标识图形用户界面的类别，其名称可以直接显示为“网页用户界面的图标”“计算机软件的图标”。同样的，欧盟和澳大利亚对外观设计的名称没有限制，“实施于某物品的图像”或“图像”均可。根据欧盟设计规则第三十六条规定：“申请人必须在申请书中指明所想要实施或应用的物品，申请人可在申请书中指定设计可实施的数种不同物品。”外观设计的名称在欧盟没有强制性要求，只是要在申请书中表明将要实施的物品。据此，在欧盟和澳大利亚，诸如“计算机的显示屏” “图形用户界面”的名称，都是符合要求的。❶

中国台湾地区明确要求图形用户界面需要固定于显示屏的产品上，在申请外观设计时，名称应当以“何物品的图像”或者“何物品的图形用户界面”为准，不能仅记载为“图像”或“何物品本身”。申请的图形用户界面既要将图像、图形用户界面按照洛迦诺分类法列入第 14 类中，又要将图形用户界面实际所载的硬件产品分类至具体的产品类别中。如同时指定类别为 14-04 G0172（图形用户界面）及 15-05 W0046（洗衣机）的“洗衣机的图形用户界面”。❷

图形用户界面的局部外观设计兼具艺术性和实用性的特点，我国图形用户界面需要固定于产品上。根据图形用户界面的本质特点，屏性媒介上的图形用户界面设计可以跨越不同的实体硬件物品，其所载产品是显示屏、显示面板、计算机屏幕等屏性媒介。图形用户界面局部外观设计保护的本质在于图形用户界面设计本身，而非产品。在申请图形用户界面局部外观设计时，应当着重显示“图形用户界面”“图像”设计本身。鉴于我国现阶段既没有局部外观设计的立法，又没有图形用户界面的外观设计保护的实务经验，“前无来者”的境况使我们应当谨慎借鉴国外的申请制度。欧盟和英国模式：使图形用户界面与作品一样脱离产品而单独存在，但现阶段我国没有类似的外

❶ 吴婷. 图形用户界面的外观设计专利法律保护研究［D］. 长沙：中南大学，2013：24-25.

❷ 李小武，马云鹏，连冠. 电子产品图形用户界面的外观设计保护［M］. 北京：知识产权出版社，2014：160.

观设计保护历史，立法和司法争议比较大，在缺乏图形用户界面局部外观设计保护理论和实务经验的情况下，我国暂时难以达到欧盟的保护水平。欧盟模式可能会使图形用户界面偏离外观设计“登记—审查”的保护制度，成为著作权变种的强保护，现阶段建议不采纳。日本模式：名称和产品的限制太多，只限于硬件物品的模式，不符合图形用户界面的表达本质和跨产品特征，日本近年来多次会议意欲扩大图形用户界面的范围，说明立法的限制给实务发展带来了掣肘或困境。日本图形用户界面的保护范围在屡次修法中不断扩大，但历程曲折而艰难，不建议我国再重蹈覆辙。

中国台湾地区的模式值得借鉴，在申请图形用户界面局部外观设计时，名称表述为“×××的图形用户界面”。若为了获得更大范围的保护，虚化硬件物品，以显示屏、显示面板、计算机屏幕为定语，命名“显示屏幕的图标”“显示面板的视窗”“显示屏的图形用户界面”等。其图形用户界面的固定性产品为屏性媒介产品，因屏性媒介可以通用于各类电子产品，因此根据申请人在申请时设定的名称，其图形用户界面的保护范围可以涵盖计算机、电视、手机、家电产品等利用屏性媒介的所有物品。若申请人申请时仅限定某物品，命名“某物品的图形用户界面”，如“计算机的用户界面”“手机的图标”“电视的用户界面”等，申请人限定的产品为实体硬件物品，如计算机、手机、电视，依据申请人申请时的意愿，其保护范围限于实体硬件物品，不得扩展至其他物品。

图形用户界面保护的重点是图形用户界面外观设计本身，产品种类并非局限于现行专利法严格的类别，有的电子产品并不在既有分类表的类别中。在“三网融合”的背景下，手机、电视、计算机的产品界限越来越小，手机上的“乐视网界面”，可以在电视、计算机、iPad 甚至室外 LED 墙上体现。因此，在图形用户界面申请局部外观设计保护时，名称的设定十分重要，“某物品的图形用户界面”可以指定于某一物品，也可以在简要说明中指定多个相关物品。

“显示屏的图形用户界面”可以扩展至所有各类电子产品，且图形用户界面在具体物品上的位置并不受限制。图形用户界面名称的设定决定了图形用户界面局部外观设计的保护范围。若申请时名称没有限定具体物品，图形用户界面可以附着于显示屏在物品的各个位置显示。若申请时限定了具体物品，图形用户界面在某物品上的布局和位置没有特别的限定要求，需要在简要说明中载明，否则按照提交申请时的照片和图片的内容，图形用户界面在物品中的位置和大小也是权利的保护范围，影响授权或侵权的判断。当然，也有申请图形用户界面整体外观设计的情况，只是整体物品附着图形用户界面，在申请时其设计名称应当为“带有图形用户界面的某物”，该名称落脚于名词“某物”，“带有图形用户界面”只是定语，修饰其实体硬件物品。“某物”将于整体外观设计中按照传统方式进行形式审查。

总之，申请图形用户界面局部外观设计的名称核心是“图形用户界面”，为了满足产品的固定性要求，“显示屏、显示面板及部分”是最低要求，也是最大的保护范围。在具体申请时，名称表述采用“物品”或者“显示屏、显示面板产品”，由申请人自行确定。根据诚实信用原则，申请人申请时名称的确定直接决定了图形用户界面局部外观设计的实质要件审查及其保护范围。

二、特别的申请方式

发明和实用新型专利权的保护范围是以权利要求书的内容为准，说明书和附图用于解释权利要求的内容。技术方案和技术问题比较专业，容易产生不同的理解或者歧义。文字可以简单明了地说明技术方案的要点，清楚、明确、完整地划定技术方案的界限，使技术人员和公众都能够通过文字了解其保护范围。所以，权利要求书及其说明书成为技术方案的表述方式。但外观设计不同，作为一种可视化的表达，一般消费者通过观察获得的整体印象，本身具有模糊性和不明确性，有时甚至“只可意会不可言传”。文字的说明反倒不如照片或者图片直观、简单，后者可以直接地再现所要传达的可视化信息。因此，外观设计的保护范围以表示在图片或照片中该产品的外观设计为准，简要说明用于解释图片或照片的外观设计。根据我国 2014 年《专利审查指南》的规定，在具体申请外观设计时，申请人应当提交请求书、外观设计的图片或者照片以及简要说明等文件，并且申请人提交的有关图片或者照片应当清楚地显示要求保护的产品的外观设计。图形用户界面局部外观设计的保护范围以申请人提交的图片或者照片为准，但它有其独特的申请方式。

（一）虚实线结合

虚实线相结合的申请方式起源于局部外观设计，实线表明要保护的产品局部，虚线表明局部外观设计产品不可分割但又不在申请保护内的其余产品部分。美国、德国、日本、韩国、中国台湾地区都采用虚线和实线相结合的方式，该方式可以很鲜明地集中关注要保护的实线部分，而实现部分恰恰是产品局部的真正创新之处。中国台湾地区“专利审查基准”第九章“图像设计”规定，以图形用户界面申请专利的，其图式通常按照局部设计的表示方式，以可明确的表示方式呈现“主张设计部分”与“不主张设计部分”，如以实线表示主张设计的图像，以虚线/等断线方式表示其所应用的物品。以照片形式提交的申请，则可以通过以半透明填色方式表示不主张保护的设计部分。

有的产品设计空间不大，仅仅是对产品的局部所做的改进，在申请外观设计时以实线标明要保护的内容，能够有针对性地将保护集中于创新的设计要点，这是知识产权保护创意的本意，也可以减少因产品近似而丧失新颖性，避免外观设计不予授权或被无效。以虚线表示所载产品，弱化限定性的硬件物品，回归图形用户界面设计的本身，可以最大限度地保护屏性媒介上不在一类物品中的外观设计。比如现有设计冰箱的图形用户界面与计算机的图形用户界面相同或者相近似，只要实线的图形用户界面相同，虚线产品即使并不相同或近似，电脑的图形用户界面局部外观设计仍然可能因无新颖性或区别性而不予授权或被无效。对于设计空间较小的外观设计，虚实线相结合的申请方式可以直接反映设计者和申请者想保护的设计要点，公众也可以一目了然地关注到要保护的实线部分。在无效程序和侵权诉讼中，裁判者能够根据虚实结合的方式，探究申请人在申请外观设计时的真实意图，从而容易做出符合事实的判断。

如果图形用户界面中图标、菜单等部分图像设计与“不主张保护设计部分”的位置、大小、布局无关，其图像设计可以仅以虚线或断线绘制图像的边界，无须绘制完整的屏幕、显示器或显示面板及物品，但在简要说明时需要说明虚线部分为屏性媒介产品。以虚线表示的屏性媒介使图形用户界面的位置、大小及布局没有限定，图形用户界面在产品中的位置、大小及布局不是局部外观设计的权利保护范围，整体视觉观察时无须考虑其位置、大小及布局的影响。若以实线表示显示屏产品，图形用户界面在该产品上的位置、大小及布局将作为权利保护范围，在整体视觉观察中将被予以考虑。

虚线的表示并不仅仅局限于所载产品的部分，其意义在于不主张设计保护的内容。除了产品外，申请人欲排除保护的文字、数字及其他不欲保护的部分，都可以通过虚线的方式予以呈现。一般而言，外观设计不保护文字，但是文字的表示方式已经构成图像，一般消费者观察图形用户界面时除了获得文字所传输的信息本身外，文字的表示方式还发挥了装饰性的作用，文字依然可以作为图案的构成，成为图形用户界面的构成要素，影响其授权和侵权的判断。在申请图形用户界面局部外观设计时，实线表示的文字部分也将作为图形用户界面的组成部分，被涵盖于局部外观设计专利权的保护范围。在比对时，若文字在整体视觉中占据主要地位，影响整体视觉，可以形成“不相同、不近似”的结论。如果文字除了传输其本身信息的意义之外，目的是显示排列、布局，申请人认为图文结合的方式是创意所在且必不可少，申请人可以以实线表示该文字，以使其成为局部外观设计的保护范围，但在简要说明时应当载明不保护文字的具体含义，只保护图文结合或者排列的方式；或者申请人直接通过虚线的方式描绘文字，但在简要说明时载明意欲保护的是文字的结合或排列方式。

2009 年谷歌公司申请的互联网 home 屏幕（图 4-10），“Google”文字就只是通过虚线表示，除了边框是虚线表示显示屏产品外，图像内的虚线文字或者其他图像并不申请为该图形用户界面的局部外观设计。[1] 这样实际上扩大了图形用户界面的保护范围，减小了基于虚线文字、图像部分所带来的不予授权的风险。假设虚线文字或图像变为实线，成为图形用户界面局部外观设计的保护范围，意味着如果他人复制了整个布局或实质创新部分，却以其他的文字代替了“Google”，给人不同的整体印象，反倒不构成侵权。但相反，如果用虚线的方式标识不予保护的文字、图像，保护范围不仅得以扩大，而

---

[1] Rachel Stigler. Ooey GUI：The Messy Protection of Graphical User Interfaces［J］. Northwestern Journal of Technology and Intellectual Property，2014，12（3）：239-242.

且还将外观设计保护集中于实质创新的部分，能够为图形用户界面的设计创新提供一个完整的外观设计保护。

图 4-10 谷歌 home 屏幕

（二）保密申请

日本《外观设计法》第十四条规定："外观设计登记申请人可指定自外观设计权的设定登记之日起三年以内的期限，请求在该期间对其外观设计保密。"日本外观设计的保密申请事由没有具体约定，权利人基于国家利益或者商业利益的考虑，均可提出外观设计的保密申请。外观设计的保密期限由申请人在三年内自行确定，在提出申请或者缴纳登记费的同时提交书面文件予以明确。假设事前确定保密期限为一年，外观设计申请人或者权利人事后觉得有必要延长或者缩短，可以请求延长或缩短保密期限，但保密期限最长不能超过三年。韩国也有类似日本的外观设计保密申请制度，同时对于允许查阅的保密外观设计的情形也较多，比如外观设计权利人同意，无效或诉讼程序当事人提出，明确表明申请人的保密外观设计侵犯其外观设计的等。

1949 年英国《注册外观设计法》第五条规定："如果注册主任认为某外观设计注册申请，无论其是在本法实施之前或之后提交，属于国务大臣向其通告的涉及国防利益的类别，注册主任均可做出决定，禁止或限制公布该外观设计的相关信息。”❶ 显然，英国外观设计的保密制度仅限于国防利益的保护，并不涉及商业利益。我国《专利法》第四条规定了“保密申请制度”❷，该条只有涉及国家安全和重大利益时才须进行保密申请，其立法本意是维护国防安全等国家重大利益，并不包括商业利益的保密申请。结合《中华人民共和国专利法实施细则》（以下简称《专利法实施细则》）和我国《国防专利条例》的规定来看，“发明创造”仅包括发明和实用新型，而外观设计是被排除在外的。❸ 据此，在我国，即便是基于国家的重大利益，现行专利法并没有外观设计的保密申请制度。

现在电子产品竞争激烈，苹果公司、三星公司为争抢市场，上演了知识产权“全球大战”。一方面，作为一种营销策略，这些企业直到将新产品投入市场的那一刻才真正公开其外观设计的“神秘面纱”。这种营销策略无疑是成功的，苹果公司每一次新品发布会，既是产品的发布会，也是新产品广而告之的推销会。有时候新产品的上市只是某些局部的变化或创新，消费者基于猎奇心理会对新产品的新设计给予更多的兴趣和关注。因而，新产品局部的变化或创新的保密十分重要，可能直接决定了新产品未来的销售数量。另一方面，图形用户界面容易被抄袭，电子产品属于“快消”产品，其更新非常快。假设没有外观设计保密申请制度，申请人在申请图形用户界面局部外观设计时即公开全部创意，给竞争者提供了抄袭的机会和条件。待申请人经过审查获得权利时，其图形用户界面可能已经过时，不再有市场价值，而他人通过抄袭捷径已经获取了丰厚的利润。申请人真正的创意没有发挥作用，企业无法挽回投入的成本，将挫伤设计师和企业创作的热情，终将造成“劣币”驱逐“良币”。所以，图形用户界面局部外观设计的保密申请有存在的必要，除了国家利益之外，基于商业利益，图形用户界面局部外观设计申请人也可以进行保密申请。借鉴日本外观设计保密申请制度，图形用户界面局部外观设计的保密期限为自申请之日起，最长为 3 年。❹ 具体期限由申请人在申请时

---

❶ 国家知识产权局条法司．外国专利法选择：中［M］．北京：知识产权出版社，2015：1055.

❷ 申请专利的发明创造涉及国家安全或者重大利益需要保密的，按照国家有关规定办理。

❸ 尹新天．中国专利法详解［M］．北京：知识产权出版社，2011：40.

❹ 钱亦俊．日本、韩国及我国台湾外观设计专利保护制度介析［J］．知识产权，2005（2）：52-57.

或者缴纳申请费时确定一个具体期限，以后可以延长或缩短该保密期限。在保密期限内，若外观设计权利人同意或许可或者法院明确提出请求的，可以查阅保密的图形用户界面设计。在我国，查阅保密的图形用户界面的情形应当作限缩解释，因为不排除竞争者为了获知保密的图形用户界面而故意引发诉讼，若不作限定的一般人就可查阅保密的图形用户界面，将使外观设计保密申请制度的作用落空。因而，只有通过法院程序提出请求或者申请人、权利人同意或许可的，才可以请求查阅保密的图形用户界面局部外观设计。

鉴于“公开换保护”的规则，图形用户界面局部外观设计只有经审查公开，公众才得以查阅并共享智慧。为了弥补和挽回图形用户界面设计者的成本投入，法律对其给予一定的合法垄断权，这种垄断权具有绝对性、支配性和排他性。一般而言，他人基于耦合创作的相同图形用户界面，虽不至于如著作权一样，双方可以各自使用，但外观设计基于审查登记制度具有较强的排他性，即便他人基于耦合创作相同或近似的图形用户界面，也应当被禁止使用。但是，申请人选择在一定期限内不公开其图形用户界面设计，保密期限内公众无法获知其设计，基于权利义务的对等关系，图形用户界面局部外观设计的专用权需要受到一定限制。当在保密申请期内发现侵权情形的，权利人需要先将图形用户界面的相关申请证明文件向相对方进行提示，并发出侵权警告后，才可以经过法院诉讼要求相对方停止侵权。[1] 在保密期内，当发出侵权警告后，他人依然实施侵害外观设计的行为，按过错推定原则，可以要求相对方停止侵权并赔偿损失。

三、相似图形用户界面局部外观设计专利申请

中国（包括台湾地区）、美国、韩国、日本实行“一设计一申请”制度。我国现行《专利法》第三十一条规定：“一件外观设计专利申请应当限于一项外观设计。”“一设计一申请”制度容易导致同一创作概念的外观设计也需要分案申请，浪费审查资源，不符合设计者的整体创意设计思路，获得的权利无法有效保护其创意的初衷。为了弥补“一设计一申请”制度的缺陷，相似

[1] 李扬. 知识产权法基本原理［M］. 北京：中国社会科学出版社，2010：631.

外观设计得以产生。

相似外观设计在日本被称为“关联外观设计”，在中国台湾地区被称为“衍生外观设计”❶。在一个创作观念下同时创作的类似外观设计可以申请关联外观设计，这样既可以节省申请成本，维持和扩大保护范围，一并保护同一创作观念下的智力成果，又有利于权利人的权利利用和保护。在美国，一个外观设计专利申请案只能主张单一的权利要求项（claim）。但是，如果是属于单一设计概念（a single design conception）下所发展的数个具体实施例，或是因略作修饰而稍有差异的设计，且在彼此之间可专利性无法区别（patentably indistinct）的情况下，申请人可在单一外观设计专利申请案中同时揭露该等具体实施例或是稍有差异的设计。换言之，这些实施例是基于单一的设计概念，且在彼此之间可专利性无法区别的情况下，可以在一个设计申请中表现多个实施例，申请相似外观设计。欧盟、德国、英国外观设计的“合案申请”❷，申请人可以通过声明，将合案申请再进行分案申请。在同一产品上❸，可以存在多个不同的外观设计，而这些外观设计本可以单独分案申请。

中国大陆虽然采取了“一设计一申请”的外观设计制度，但是同一产品两项以上的相似外观设计，或者用于同一类别并且成套出售或者使用产品的两项以上外观设计，可以作为一件申请提出。相似外观设计必须是有关联的外观设计，要求同一申请人在同一类产品上于同一申请日申请的关联外观设计。相似外观设计的申请日不得早于原外观设计的申请日，且在原外观设计专利公告后不得再申请相似外观设计。这些相似外观设计是在同一设计概念下形成的相似的外观设计，中国大陆目前数量限制为不得超过 10 项。欧盟、

---

❶ 我国台湾地区“专利法”第一百二十七条规定：“同一人有二个以上近似之设计，得申请设计专利及其衍生设计专利。”

❷ 合案申请是指在一项申请中可以一并提起不超过一定数量的外观设计。在同一产品分类中，德国规定合案申请的外观设计数量不超过 100 项。

❸ 国家知识产权局条法司. 外国专利法选择：中［M］. 北京：知识产权出版社，2015：950-955；鉴于欧盟外观设计“产品”固定性无严格要求，《关于共同体设计的第〔2002〕6 号欧共体理事会条例》第三十七条规定产品可限于“设计意图结合或者意图应用的产品”，该意图使用的产品是工业品设计国际分类表中的同一个类别的产品。

日本、美国、中国台湾地区都没有数量的限制。❶ 对于图形用户界面而言，同一概念下的变化情况多样，因此不建议对其数量进行限制，具体的相似外观设计由申请人根据实际情况和意愿提交照片或图片。虽然对于相似外观设计的“同一概念”无法给出一个明确定义，但随着实践的发展，同一概念的外延逐渐扩大，相似外观设计即使差异明显，若一般消费者不至于混淆，仍然觉得外观设计为基本一致的整体思路创造的，可以作为相似外观设计。也就是说，消费者整体视觉并未发生区别性的变化，有差异的图形用户界面仍然可以视为同一概念思路下的外观设计。尽管“同一概念”的主观性较强，但是“同一权利人、同一类产品、同一申请日”的限定，可以客观化地还原设计师创作时的创作意图，并确保申请人创作意图与保护范围的一致性。只有在相同申请日、相同申请人、在相同类别产品上提出的相似外观设计才可以获得相似外观设计，三个“相同”的限定，客观地限定“同一概念”，防止将相似图形用户界面的保护扩大到其他的非关联外观设计上去。

例如，日本二极管透光部分的局部外观设计及其相似外观设计（图 4-11），基本外观设计是两个并排椭圆形的设计，但其他外观设计是在基本外观设计的基础上的变动而形成的六个相似局部外观设计，如 D1232545-546 是两排矩形，D1232547 是菱形，D1232549 是三个并排椭圆形。❷ 所有的局部外观设计都是同一申请人在相同的设计概念下所形成的不同构成要素的组合，申请人在同一申请日申请图形用户界面局部外观设计保护，这样才可以获得相似图形用户界面局部外观设计的保护。如果相似外观设计仍旧按照“一设计一申请”进行，图形用户界面千变万化，数量众多，申请人将陷入申请的泥泞，浪费申请和审查的社会成本。申请的负累太多也会使设计师在同一创作思路下较少地创新其他相似外观设计，这不仅与鼓励创作的目的相违背，而且给侵权判断带来不必要的困扰。因为若他人无须付出智力劳动开发出构成要素

❶ 叶雪美. 解析同一设计概念的设计保护（下）——中国、中国台湾地区及美、日、欧盟相似外观设计制度的比较［EB/OL］.［2016-10-02］. http://www.naipo.com/Portals/11/web_cn/CN/Publications_cn_18.htm.

❷ 叶雪美. 解析同一设计概念的设计保护（上）——由最高人民法院对科万公司外观设计的行政判决谈起［EB/OL］.［2016-10-02］. http://www.naipo.com/Portals/11/web_cn/CN/Publications_cn_16.htm.

有细微变化的图形用户界面，是建立在剽窃设计师的设计思路基础之上，与基本外观设计具有相似性却又有差异，是否侵权就难以判断。如果申请人事先已经呈现了构成要素有变化或者创作思路一样的相似图形用户界面，这种情况将会被避免或者减少，因为在侵权时以其中一个最相似的图形用户界面作为权利基础，容易确定权利的保护范围，也容易进行侵权判断。

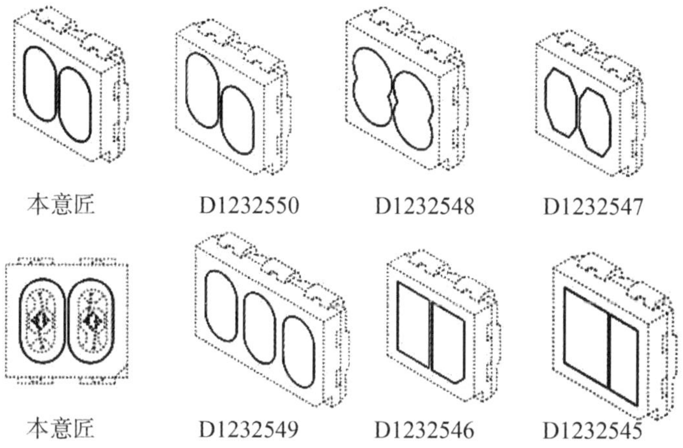

图 4-11 日本 D1231974 二极管透光部分局部外观设计及相似外观设计

图形用户界面相似外观设计与基本外观设计具有附随性，在权利转移或许可时，其基本外观设计与相似外观设计应当一并进行转移或者许可。申请人在申请相似外观设计时，应当指定其中一项作为基本设计。如果相似外观设计之间存在区别性，则属于不同的外观设计，必须进行单独分案申请。[1] 如果图形用户界面的基本外观设计被宣告无效了，其余相似外观设计应当一并无效。同一产品具有两项以上的图形用户界面相似外观设计的，如果请求人无效了其中部分相似外观设计，该部分相似外观设计无效，其余有效的相似外观设计继续有效。

---

[1] 我国现行《专利法》第三十一条第二款规定："用于同一类别并且成套出售或者使用的产品的两项以上外观设计，可以作为一件申请提出。"该同一类别并且成套出售或者使用的产品的两项以上外观设计，是指各产品属于分类表中同一大类，习惯上同时出售或者同时使用，而且各产品的外观设计具有相同的设计构思。

四、动态图形用户界面局部外观设计专利申请

2004年6月23日，Verizon公司首次了申请动态图标，开创性地提出动态图形用户界面的外观设计保护。Verizon公司申请的动态图标的名称为“手机交互电子设备的动态图标”（animated icon for a cellularly communicative electronic device），其专利号为USD530339，是一种运用于手机接打电话时可呈现的三种不同图像的状态图标（图4-12）。[1] 起初，基于“一设计一申请”原则，审查人员认为Verizon公司申请的动态图标属于单一设计，因实施例彼此之间的可专利性是可区别的，属于不同的外观设计，不得并入同一外观设计申请中。美国专利商标局要求Verizon公司选出一个实施例并删除其他的实施例。Verizon公司选择了其中一种状态图标保留申请，但同时“不同意分割”并据理力争。Verizon公司以工业产品作为比喻，当对实体产品进行外观设计申请时，因产品设计要点涉及六个面，需要提交“主视图、后视图、左视图、右视图、俯视图、仰视图”（六面图），六面图是立体产品在空间上的不同呈现，假设立体产品是三维的虚拟图像，同样需要提供六面图。而动态图标只是在不同时间上所呈现的不同状态的图标，其性质都是为了揭示图像的全面外观状态，三种变化状态都是手机接打时必须出现的多元化状态。美国专利商标局认为立体形态（3D）的物品，以多个图面来呈现其空间的状态，动态图标则是以不同图面来呈现不同时间的状态，计算机生成图标在不同时间有可变化的表征，呈现一种或多种的可视化状态，可以获得外观设计。最后，专利商标局在2005年5月13日撤回了对Verizon公司外观设计申请的限制，对动态图标准予注册外观设计。同时指出因影像之间变化的程序或时间不构成动态图标外观设计的部分。因为这些图标被认为是有顺序的，在一个图标变为另一个图标的期间或过程中，装饰性特征并没有体现。而计算机图标最主要的就是装饰性的表征，其本身就有易变化性，不像喷泉的外观设计可存百年

[1] 徐佳璐. 图形用户界面外观设计专利的实质授权条件研究［D］. 上海：华东政法大学，2015：39-42；U. S. Application Serial No. 29/208，172。

时间，动态图标只有使用者在操控页面或菜单时才会存留片刻。❶

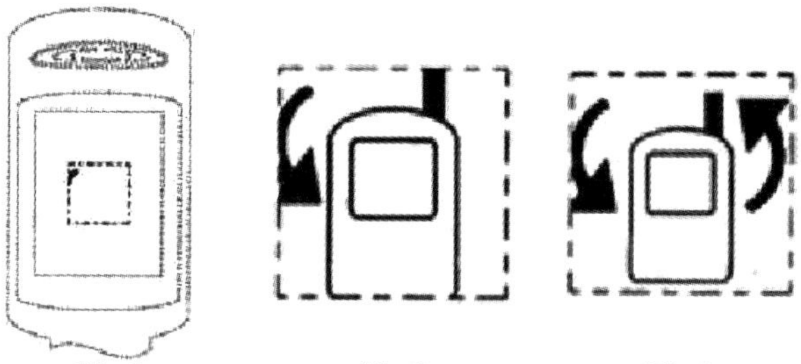

图 4-12 Verizon 公司申请的动态图标

在 Verizon 公司的推动下，美国接受了动态图形用户界面，并于 2006 年 7 月修订审查指南，将外观设计的保护客体由静态的计算机生成图标扩展到了“可变的计算机生成图标”。美国《专利审查指南》规定：“在观察过程中包含图像的可变化的计算机生成图标可以成为外观设计申请的主题。这些变化的图像被理解为有顺序的观察，图像变化的过程和期限不是装饰性特征的原因。一个描述性的陈述必须被包含于描述可变化的外观设计本身的说明书中，以使申请保护的范围不包括没有显示的内容，从而使外观设计保护范围清晰、明确。”❷ 自 2006 年美国第一次授予动态图形用户界面外观设计之后，其外观设计专利申请每年呈 14% 增长，比例每年都在不断增长中。❸

我国台湾地区“专利审查基准”规定：具变化的图形用户界面是指图形用户界面在使用过程中，该设计的外观能产生一个以上的变化，例如，该图形用户界面设计在使用时会产生连续动态变化的外观，如图形用户界面在鼠标经过、点击、使用时会产生动态的变化（图 4-13）。动态的计算机图标包

❶ William J S, Andrew W T. Revolution in Design Patentable Subject Matter: The Shifting Meaning of Article of Manufacture [J]. 17 Stan. Tech. L. Rev., 2013: 183-218.

❷ MPEP 1504. 01 (a) IV. “Computer generated icons including images that change in appearance during viewing may be the subject of a design claim. Such a claim may be shown in two or more views. The images are understood as viewed sequentially, no ornamental aspects are attributed to the process or period in which one image changes into another. A descriptive statement must be included in the specification describing the transitional nature of the design and making it clear that the scope of the claim does not include anything that is not shown.”

❸ Jason J Du Mont, Mark D Janis. Virtual Designs [J]. 17 Stan. Tech. L. Rev., 2013 (107): 132.

括诸如通话状态的通话键图像（图 4-14）、依次序变化的电量状态图像（图 4-15）等。

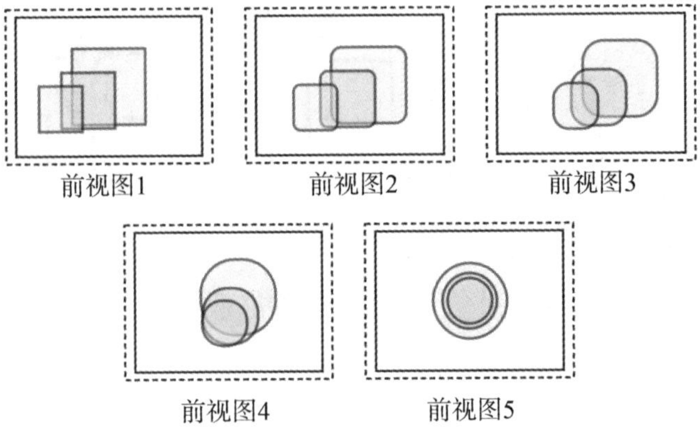

图 4-13　使用中的动态图形用户界面

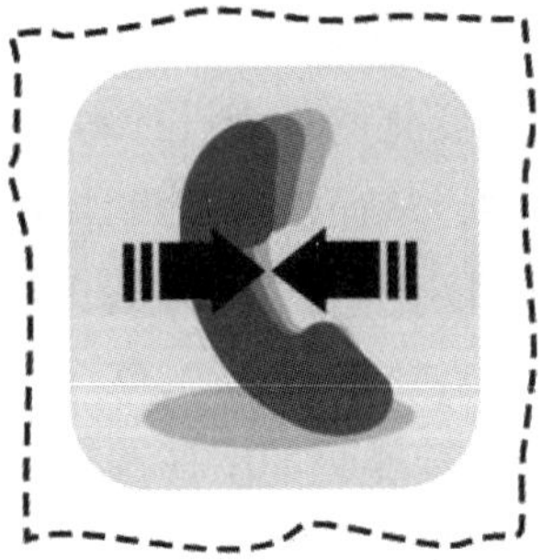

图 4-14　通话状态的通话键图像

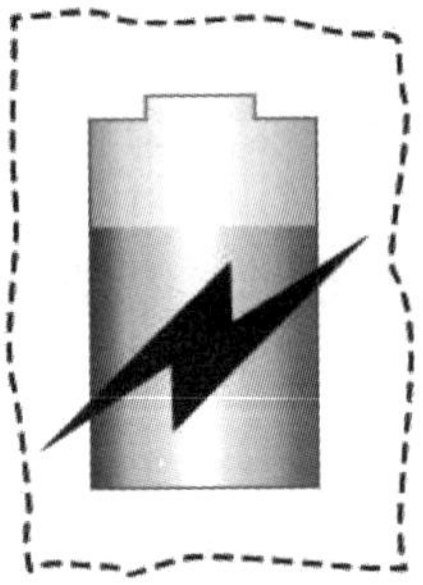

图 4-15　电量状图图像

动态图形用户界面是图形用户界面在不同时间所呈现的不同状态。动态图形用户界面由多个静态界面组成，每一个静态界面之间需要有相同的操作目的，并且变化的界面之间必须具备关联性。[1] 如苹果公司 iBook 的移动应用（图 4-16），电子书的前页翻开即指向下页的展现。如果不同状态的界面没有连贯性，是两个有区别的静态图形用户界面，属于不同的图形用户界面，需

---

[1] 何莹，范莉，孙淼. 浅谈中日关于产品图形用户界面的外观专利保护［J］. 法制与社会，2016（8）：273-275.

要分别申请图形用户界面局部外观设计。在申请动态图形用户界面时，需要显示动态前和动态后的不同视图，完整展示不同时间下的不同状态，清晰、完整地展现每个状态下图形用户界面的全部特征。若现有设计公开了动态图形用户界面其中的一个界面，在后申请的动态图形用户界面因整体有区别依然可以获得注册。但相反，若现有设计是动态的图形用户界面，在后申请的是其中的一个静态图形用户界面时，在后申请的图形用户界面因缺乏新颖性不能获得注册。

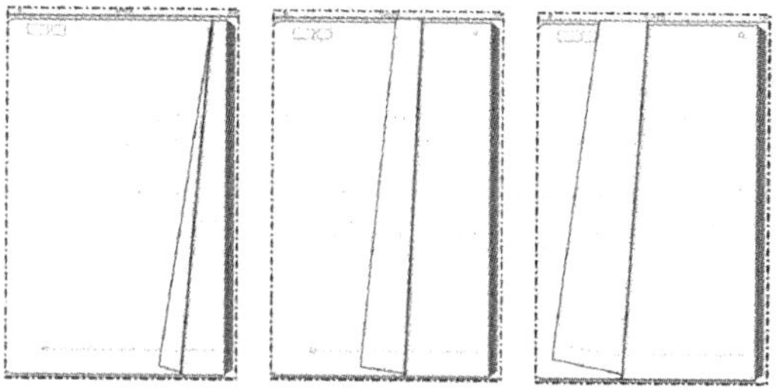

FIG.1 FIG.2 FIG.3

图 4-16 苹果公司 iBook“翻页”外观设计

在现实中，很多申请人将多个图形用户界面设计在一件外观设计申请中，按照界面变化状态图的方式提交外观设计申请。这种方式可以节省成本，保护具有动态视觉吸引力的装饰特征。但这种方式的弊端在于，由多个变化状态的产品外观设计最终组成的外观设计专利权，其权利范围由多个变化状态共同确定，实际的保护范围被限缩了，往往不利于权利人最大范围地主张权利。申请人要想获得较大范围的权利保护，可以按照相似外观设计进行合案申请；若存在区别，应当分开进行单独申请。[1] 动态图形用户界面的外观设计涵盖动态的变化视觉一起限定权利的保护范围，其保护范围比单个的静态图形用户界面狭窄。所以，不同时间状态下的图形用户界面的切换效果，并非一律不能在动态图形用户界面的保护范围之内。首先，外观设计的实质性要件为装饰性，只要其装饰特征能够带来视觉印象，引起一般消费者的兴趣和关注即可，对时间性并没有要求。事实上，装饰性特征的可视化印象往往就

[1] http://www.nipso.cn/onews.asp?id=22162.

是瞬间性的，外观设计的个性特征为人所观察，留下视觉印象即产生效果，时间的长短并没有实质性的作用。其次，动态图形用户界面的切换时间难以计算，何为长，何为短？没有一个统一的标准，不利于审查实践的统一。再次，切换效果有时候极具创新性，具有吸引性，其本身就是在较短的时间单元里由不同瞬间的视觉特征组成的，只是由于人眼的视觉能力仅能观察一种"瞬间"的切换效果，然而将时间线拉长，其瞬间性也是另一种"动态"的图形用户界面。最后，切换效果配合不同状态的图形用户界面，可以增强多个静态图形用户界面简单组合的整体视觉效果，具有装饰性。所以，申请人在申请动态图形用户界面的局部外观设计时，申请人可以根据实际情况和权利范围选择是否保护切换效果。但是，在申请中必须以完整、清晰的图片或者照片体现其切换效果的不同状态，并在简要说明中载明相关内容。如果不能在申请中完整呈现切换效果的状态，不能保护其动态的视觉印象。如果条件和技术允许，专利审查局可以借鉴商标局对声音商标的实践，准予申请人在申请动态图形用户界面的局部外观设计时，除了提交照片或图片之外，还可以提交动态的视图、影像等，以更直观的方式准确界定动态图形用户界面局部外观设计的保护范围。

第三节 要件冲突的协调

我国采取专利法模式保护外观设计，专利法涵盖发明、实用新型、外观设计三个客体。外观设计作为一种设计表达，不是技术方案，在以发明创造为中心的技术保护法中，难免会受到"冷落"。外观设计的有些规定在专利法中只作了原则性、概括性的规定，法条冲突的情况在所难免，因而需要对法条或者各个要件进行协调、解释。于是，相关部门担负起制定实施细则或者审查指南的责任，有时候相关部门的有限理性、法出多门背后的立场、立法技术的缺陷等原因❶，导致有的规章存在纰漏，有的规章与规章、规章与法条

❶ 雷磊. 融贯性与法律体系的建构——兼论当代中国法律体系的融贯化［J］. 法学家，2012（2）：1-16.

之间存在矛盾与冲突。

一、形式要件与实质要件的冲突案例

苹果公司与国家专利复审委员会的行政诉讼案被评为“2014 年中国法院十大创新性知识产权案件”,[1][2] 该案因通电产品而起，涉及图形用户界面的要件冲突问题。

2010 年 7 月 26 日，苹果公司向国家知识产权局提出了名称为“便携式显示设备（带图形用户界面）”外观设计专利申请，申请号为 201030255255.5，其申请的简要说明载明其便携式显示设备（带图形用户界面）可用于显示信息（例如书本），也可用作媒体装置或者通信工具，分类号为 14-01、14-02、14-03。2011 年 6 月 16 日，国家知识产权局驳回了苹果公司的申请，理由在于其申请视图表达的内容包含了“产品通电后显示的图案”，不符合现行《专利法》第二条第四款的规定。2011 年 8 月 31 日，苹果公司不服驳回决定，向专利复审委员会提交了复审请求，认为通电状态是电子产品的使用状态，使用状态对于产品具有价值，且显示设备是固定的、确定的，其设计应属于外观设计的客体。2013 年 5 月 2 日，专利复审委员会认为苹果公司申请的外观设计属于中间设计，对图标和界面内的图案未作限定，不属于最终使用状态；根据 2014 年《专利审查指南》第一部分第三章 7.4 小节规定“对产品通电后显示的图案不授予外观设计专利权”，最终决定维持国家知识产权局的驳回决定。

苹果公司不服专利复审委员会的复审决定，向北京市第一中级人民法院提起行政诉讼。北京市第一中级人民法院认为：2014 年《专利审查指南》第一部分第三章第 7.4 节的规定是对现行《专利法》第二条第四款规定的具体化，故在适用《专利审查指南》上述规定判断外观设计申请是否属于我国外观设计专利权的客体时，仍应以《专利法》第二条第四款的规定为基础进行考察。产品使用时所具有的状态是相关外观设计专利权纠纷中应当予以考察的重要方面，通电产品呈现的是产品使用状态的装饰特征，蕴含设计师的智

---

[1] http://rmfyb.chinacourt.org/paper/html/2015-04/21/content_96931.htm?div=-1.

[2] 北京市高级人民法院〔2014〕高行（知）终字第 2815 号行政判决书。

力劳动，能够成为吸引消费者并影响其购买决策的重要因素，产品通电后才能显示的图形用户界面不应当排除于外观设计保护之外。而且，苹果公司所呈现的整体图标布局设计并不涉及具体的图标样式，但其布局设计能够在使用状态下稳定、可见地呈现给消费者，不会因使用者或者使用方式的不同而发生变化，外观设计可以保护其产品通电后的图标布局设计。据此法院判决撤销专利复审委员会的决定，要求其重新做出决定。之后，苹果公司服从一审判决，专利复审委员会提起上诉。北京市高级人民法院认为，产品正常使用时容易被直接观察到的部位相对于其他部位，通常对外观设计的整体视觉效果更具有影响，[1] 所以产品使用时所具有的状态也是相关外观设计专利权纠纷中应当予以考察的重要方面。产品通电后的图形用户界面蕴含智力劳动，符合外观设计具有装饰性、新颖性、区别性的实质要求，符合现行《专利法》第二条第四款的规定，应当授予外观设计，据此北京市高级人民法院驳回上诉，维持原判。

但是，北京市高级人民法院同时也指出：苹果公司申请的若干图标作横竖排列，并非申请人首创。本案只讨论包括图形用户界面的产品外观设计是否能够成为我国外观设计专利权的客体，在将本申请纳入外观设计专利权授权客体之后，对于其是否能被授予外观设计专利权，还应由专利审查部门根据专利法规定的相关授权条件做进一步审查。所有包含通电后才能显示的图案的外观设计要获得外观设计专利授权，应当以恰当的方式明确指出图片或照片中哪些部分是通电后才能显示的图案。苹果公司的申请在这个方面存在问题，专利审查部门在重新进行审查时应当注意此问题。

苹果公司与国家专利复审委员会的行政诉讼案，发生于2014年《专利审查指南》修改之前。按照2010年《专利审查指南》的规定，应当排除对产品通电后显示图案的外观设计保护，此案两级法院创新性地根据专利法的规定，认为图形用户界面符合外观设计的客体要求，可以获得外观设计保护。只是

---

[1] 《最高人民法院关于审理侵犯专利权纠纷案件应用法律若干问题的解释》第十一条第二款规定：“下列情形，通常对外观设计的整体视觉效果更具有影响：（一）产品正常使用时容易被直接观察到的部位相对于其他部位；（二）授权外观设计区别于现有设计的技术特征相对于授权外观设计的其他设计特征。”

在具体审查上，其实质要件和形式要件有待进一步明确。当一个新的事物出现，需要寻求保护时，新事物本质上符合其法律保护的实质要件，可当相关实施细则等形式要件没有跟上时代、技术的步伐时，则需要我们智慧地对待新事物的授权和保护。

二、以产业驱动为导向的协调方法

民法调整的社会关系是商品关系，是商品经济和市场经济的基本法。[1] 知识产权法作为私法，是调整市场经济中知识信息的归属、转移及保护的法律。外观设计保护产品的装饰性特征，该装饰性特征并非为了纯主观的艺术审美，其最终目的是实用性，通过吸引消费者的关注，引导消费者购买产品。外观设计蕴含市场利益，企业为了提高产品的关注度，争夺市场份额，必然会加强对外观设计的保护。换言之，企业外观设计的保护主要还是基于产业利益的需要，其战略保护的主体是企业，而非政府。[2] 外观设计法律规范的制定或者完善应当关注产业利益，以产业驱动为主导，对原则性的、根本性的实质性要件做出一般性的规定。对于不甚了解或者暂时无法显现的细节形式要件或者客体，不宜“一刀切”地限制或者排除，应留有企业和实践发展的空间。

在日新月异的技术推动下，不管产品也好，外观设计也罢，都会因技术的提高而发生变化，外观设计的法律保护需要跟随时代和利益需求的变化不断完善。法律具有滞后性，实践具有前瞻性。外观设计实践发展往往会超越法律法规或部门规章的规定。当既有的外观设计法律与规章制度发生冲突时，或者外观设计实质要件与形式要件发生冲突时，需要以产业驱动的态度来协调矛盾的统一，在实质要件不违反的前提下，允许申请人与审查员、法官充分辩论，在博弈中改革形式要件，留待形式要件的自我完善和发展，从而促进外观设计与时俱进。

我国现行《专利法》第二条第四款对外观设计进行定义，做了原则性的规定，第二十三条规定了授予外观设计权的实质要件，第二十七条、第三十一条对申请的形式要件做出了一般性规定。2014 年《专利法实施细则》第四

---

[1] 魏振瀛. 市场经济与民法观念［J］. 中外法学，1994（5）：1-8.

[2] 李琛. 知识产权基本功能之重解［J］. 知识产权，2014（7）：3-9.

十四条详细规定了《专利法》第二十七条的具体实施细则[1]，对外观设计的初步审查和形式要件进行了具体规定。但是，《专利审查指南》第一部分第三章7.4规定了许多“不授予外观设计专利权的情形”，如取决于特定地理条件、不能重复再现的固定建筑物、桥梁等，因其包含气体、液体及粉末状等无固定形状的物质而导致其形状、图案、色彩不固定的产品，纯属美术、书法、摄影范畴的作品，等等。诚然，不符合外观设计本质特征和实质要件的客体不能授予外观设计保护。如无固定形状的产品、不可重复再现的不动产，因不符合外观设计产品固定性和装饰性要求，不应授予外观设计。但是，图形用户界面本质与外观设计具有契合性，并不违反其实质性要件，应当留有其发展的空间，而非“一棒子”打死，排除其外观设计保护。图形用户作为一种新事物，受社会审美和技术的影响，时代特征明显，其呈现方式、手段可能不断变化，或许现在不符合既有审查制度的形式要件，在符合实质要件的前提下，不能作简单的否定，完全排除其外观设计保护。一味否定或排除扼杀新事物新制度呈现的可能性，悖逆了市场驱动的方向。在市场需求和企业要求下，若这种完全排除保护的方式不符合外观设计保护的内在要求，其规定也迟早需要被修改。

2010年《专利审查指南》对于产品通电后显示的图案是不授予外观设计保护的，2014年《专利审查指南》虽删除了该条款，但仍对此做出了限制性规定，排除“游戏界面以及与人机交互无关或者与实现产品功能无关的产品显示装置所显示的图案”的外观设计保护。若“游戏界面”本质上是人机交互的图形用户界面，符合外观设计的实质性要件，排除保护就不合法。如果说，因我国专利法暂时没有接受局部外观设计，在成文法国家，《专利审查指南》规定排除局部外观设计具有法律依据。但是，不违反实质要件的“游戏界面”却没有排除整体外观设计保护的理由。就本质而言，非人机交互的图案因不符合图形用户界面“人机交互”的特质，不能获得局部外观设计的保

[1] 我国《专利法实施细则》第四十四条第（三）项规定了对外观设计的初步审查，“外观设计专利申请是否明显属于专利法第五条、第二十五条第一款第（六）项规定的情形，是否不符合专利法第十八条、第十九条第一款或者本细则第十六条、第二十七条、第二十八条的规定，是否明显不符合专利法第二条第四款、第二十三条第一款、第二十七条第二款、第三十一条第二款、第三十三条或者本细则第四十三条第一款的规定，是否依照专利法第九条规定不能取得专利权。”

护。但游戏界面、网页布局排列若符合图形用户界面的本质特征，没有理由唯独将它们排除出局部外观设计的保护范围。《专利审查指南》2010 年修改后，仅隔四年再修改，修改的内容全部围绕图形用户界面外观设计。可以想象，随着图形用户界面的发展和企业的需求，特别是即将修改的专利法对局部外观设计的成功采纳，《专利审查指南》又将进行修改，并接受游戏界面、网页布局的局部外观设计保护。如此周折反复，浪费修法的成本和资源。形式要件自我限制过多，容易形成刻板印象，挫伤设计师对图形用户界面设计的热情，与保护和增加图形用户界面外观设计保护的初衷相违背。当过多的限制性规定导致规章的频繁修改，不仅造成规章修改的成本浪费，也不利于一般公众的普法及其相关人员的适法。日本对图形用户界面产品过于严格的限制，导致近年来修改法律的呼声越来越高，多次会议要求扩大图形用户界面的保护范围，但效果甚微。众所周知，法律一旦确定并形成稳定的利益格局或秩序后，修改法律的困难和所花费的努力或许比立法更加艰难。它需要改变既有的定式思维，打破现有的利益格局，必将损害一部分相关的既得利益者。美国外观设计保护改革即使多次提案依旧收效甚微，日本图形用户界面局部外观设计在法律保护的道路上所取得的进展没有韩国显著，都是最好的例证。

诚如苹果公司“便携式显示设备（带图形用户界面）”涉及的通电产品问题一样，游戏界面、网页布局等图形用户界面的外观设计被部门规章排除，减损了公民的权利，显然违反了立法法的规定。根据立法法，哪些客体能授予权利，应当由全国人民代表大会及其常委会制定的法律来规定。国家知识产权局制定的《专利审查指南》不得减损公民、法人和其他组织权利或者增加其义务。外观设计授权客体的法律依据是《专利法》而不是《专利审查指南》[1]，因此，在游戏界面、网页布局等图形用户界面外观设计的确权纠纷中，法院可以按照法律规定认可其合法性，而非仅依据《专利审查指南》排除其外观设计保护。

立法科学性的内涵是对经验立法、工程立法、政绩立法、封闭立法、主

[1] 石必胜. 专利权有效性司法判断［M］. 北京：知识产权出版社，2016：327-332.

观立法的否定，是指立法活动要从实际出发，实事求是，积极探索和掌握立法规律，善于运用合理的立法技术，提高立法的质量和效益。❶ 知识产权保护是对创新利益的分配，创新利益于市场中被创造和传播，只有市场驱动的立法，才可以紧密结合不同利益主体的不同需求，反映市场规律，及时反馈和满足市场主体的需求。相较于过去政府驱动的立法模式，市场驱动的立法方式对图形用户界面及其外观设计显得尤为重要。如美国的立法经验，其动态图标（Animated Icon）就是 Verizon 公司专利代理人 Mr. David Leason 成功说服审查人员后，接受动态图标的局部外观设计保护，并最终影响 MPEP 的修改，实践促进 MPEP 接纳动态图标，❷ 且其成功经验推广至全球，引领图形用户界面的潮流。如果一开始由政府部门自上而下明令排除某些客体，远离市场的政府部门可能基于部门利益限制审查，易偏离市场需求和该客体保护的本质，挫伤设计师和企业的积极性。这样很难在市场的自由引导和促进下形成丰富多样的图形用户界面，整体上不利于市场活力的提高。所以，我国的立法或者修法应当转变观念，由自上而下政府驱动的立法模式转向产业驱动的立法模式。❸ 当出现新的客体时，不宜一味限制或者排除，可作一些原则性的规定，防守法律保护的底线，留存市场和实践自我发展的空间。如今，当图形用户界面诸如游戏界面、网站网页的图文排版确实被部门规章被排除时，其实质要件符合局部外观设计保护的要件，在确权纠纷中，我们应当立足于图形用户界面和外观设计的本质特征，以法律为基准，协调实质要件与形式要件的冲突，而非如《专利审查指南》的列举，一味地排除、减损公民的权利。为防止游戏界面、网站网页获得的权利过大，损害公共利益，如下文所述，可以于侵权判断及权利限制中具体把握。

因而，《专利审查指南》应当“开放立法”，进行前瞻性“立法”，对图形用户界面应当以与时俱进的眼观来看待，以产业驱动为导向，在法律的框架范围内，尽量贴近市场，寻求合适的图形用户界面局部外观设计的法律保

---

❶ 崔英楠. 从立法科学化到科学立法［J］. 新视野，2010（2）：61-63.

❷ 叶雪美. 解析动态与动画计算机图像的外观设计专利保护（上）［EB/OL］.［2016-10-01］. http://www.naipo.com/Portals/11/web_cn/patentScope/patent_Publications-48.htm.

❸ 黄细江. 录音制品法定许可的困境和出路［J］. 知识产权，2015（11）：97-114.

护。在同一个法律体系中，为达到图形用户界面外观设计法律保护与审查的融贯性，协调实质要件和形式要件的冲突，应当减少完全的否定或排除。在不甚了解图形用户界面及其相关制度的情况下，《专利审查指南》不宜作过多限制，开放性、概括性的审查形式，或许可以留存人机交互界面发展的空间，让法律和实践自我沉淀和发展，以助于达到法律的融贯性。这种融贯性不仅代表着形式的法律美学，而且代表着法律的内在道德品质。❶ 当图形用户界面与局部外观设计的实质要件与形式要件形成一致性时，我们可以摆脱频繁修改规章所带来的困扰，也可以使图形用户界面及其法律保护利用市场的优越性不断发展、完善。

三、小结

法律是社会关系的调节器，分配、平衡社会中的各方利益。知识产权内涵公共利益和私人利益，通过确定知识信息的归属、转移和保护，分配、调节因知识信息创新、利用而产生的市场利益。知识信息只有符合相应的构成要件，才可以成为作品、发明创作抑或外观设计，才可以获得相应的法律保护。

对图形用户界面授予局部外观设计，其实质要件为装饰性、新颖性、区别性。装饰性要求图形用户界面具有可视化的特征，能够以整体印象为一般消费者所观察，通过吸引一般消费者的关注，促使消费者购买其产品。装饰性整体印象的形成不限于“富有美感”，通过个性的特征或者艺术的形式，产生吸引性的效果即可。新颖性要求图形用户界面以一般消费者为判断主体，以一份屏性媒介的现有设计作对比，判断图形用户界面局部外观设计是否与对比的现有设计相同或相近似。如果不相同也不近似，则符合新颖性；否则，丧失新颖性，不得授予局部外观设计专利权。区别性，与发明、实用新型的创造性并不相同，图形用户界面局部外观设计的区别性是指将屏性媒介上的两份或者两份以上的现有设计组合作对比，如果存在明显区别，则构成区别性，可以授予局部外观设计专利权。如果没有明显区别，则不构成区别性，

❶ 雷磊. 融贯性与法律体系的建构——兼论当代中国法律体系的融贯化［J］. 法学家，2012（2）：1-16.

不应授予局部外观设计。原则上，若图形用户界面设计将其他媒介上的设计用于显示屏、显示面板等屏性媒介，因改变设计媒介及设计的用途，符合区别性，可以授予局部外观设计专利权。但是，若现有设计已经限定了图形用户界面应用的硬件物品，对比的图形用户界面局部外观设计在非硬件物品上的相同图形用户界面依然可以获得区别性。

知识信息具有非物质性的特点，相同信息可以获得不同类型的知识产权保护。知识产权不排除重叠保护，实质要件成为知识产权客体得以区分的关键要素。符合不同实质要件的知识信息，可以获得不同的知识产权。形式要件是审查注册制度的规范化或程序性规定，其作用在于方便申请，统一审查和管理。图形用户界面局部外观设计的实质要件是根本性要件，形式要件是探究申请人真实意思，划定图形用户界面局部外观设计保护范围的重要方式。图形用户界面局部外观设计的名称可以由申请人自行选择“某物的图形用户界面”或者“显示屏、显示面板的图形用户界面”。前者的保护范围仅限于“某物品”上的图形用户界面，后者的保护范围可以扩大到所有以显示屏、显示面板等屏性媒介为局部的物品。图形用户界面局部外观设计专利权的申请一般采用虚实线结合的特别申请方式，实线表示主张保护的设计，虚线表示不主张保护的设计。鉴于图形用户界面更新换代快，其外观设计的作用对产品的销售至关重要，而他人剽窃和传播的成本十分低，为弥补图形用户界面的智力投入，鼓励更多的图形用户界面创造，基于国家利益和商业秘密，申请人可以对图形用户界面局部外观设计进行保密申请。考虑权利义务对等，图形用户界面局部外观设计的保密申请导致其禁用权受到限制，权利人只有提供保密申请的相关证明文件并发出侵权警告后，才可以通过诉讼要求侵权方停止侵权。图形用户界面设计千变万化，有的区别性不大，为节省申请人和审查员的负累，在同一创作概念下，同一申请人在同一申请日申请的关联外观设计可以一并申请相似外观设计。在不同时间阶段呈现的有关联的图形用户界面，申请人可以申请动态图形用户界面，其保护范围涵盖产生了整体视觉印象的切换效果。

知识产权具有分配符号表达所产生市场利益的基本功能，[1] 知识产权是市场经济发展到一定阶段的产物。外观设计因市场和产业而生，在产业利益推动下不断发展、革新。外观设计的立法和修法应当以产业驱动为导向，倾听企业的需求，紧密联系市场。图形用户界面的具体实施细则应杜绝政府自上而下的限制或排除，当新事物新制度出现时，或者图形用户界面局部外观设计的实质要件与相关形式要件出现冲突时，应当以产业驱动的态度来对待，新事物未违反实质要件，应当由企业与审查员、法官进行充分辩论，于博弈中留存实践发展的机会和空间。

---

[1] 李琛. 知识产权基本功能之重解［J］. 知识产权，2014（7）：3-9.

第五章　图形用户界面局部外观设计依附产品的特殊性

知识产权的客体是信息，载体是客体的承载物。非物质化的知识信息与传输介质确不可分，并以一定的载体呈现，载体可以变换，同一知识信息可以在不同载体上同时呈现，知识信息本身与载体并无必然联系。[1] 作品以文字、图片、雕塑等载体表现知识信息，商标通过文字、图片、声音、气味呈现知识信息，技术专利通过技术方案体现技术思想和知识信息。外观设计的知识信息体现于形状、图案、色彩构成要素之中，这些构成要素是外观设计知识信息的表达形式。外观设计和作品作为知识产权表达的一种方式，从广义上说，形状、图案、色彩本身及其构成既可以是外观设计的载体，也可以是作品的载体。不过作品和外观设计各有侧重，作品主要是为了引发人内心纯粹主观的审美状态，作品的市场价值和适销性不是其创作和保护最关心的。外观设计因设计本身与产业联系紧密，它产生的目的不是在于引起人的主观感受，而是通过人的主观感受形成吸引力，从而带动产品的销售。外观设计产生的动力是产业的可利用性，外观设计与载体的联系更倾向于实用性。

作品对载体的要求则没有那么严格，诸如口述作品，其本身并没有有形载体，作为作品客体的信息仅仅在口口相传的过程中进行复制和传播。其他作品也呈现于载体之上，但只要能使作品固定，不管载体的有体物是物理的或化学的，都可以使之成为作品的载体。很明显，著作权法上的载体的范畴非常广。传统意义上的外观设计主要集中于工业领域，要求外观设计必须适用于工业化、机械化批量生产，必须呈现于工业载体之上，而工业载体又多

[1] 张玉敏，易健雄. 主观与客观之间——知识产权“信息说”的重新审视 [J]. 现代法学，2009 (1)：171-181.

以产品为产出，进而外观设计必须以产品为载体。外观设计的载体一般比作品狭窄，外观设计只能依附特定的产品，离开了特定载体的产品，外观设计将不复存在，转而成为作品了。❶

第一节 产品的一般定义

产品，在英美法上称为Product，在德国法上称为Produkt，在日本法称为制造物。在市场经济条件下，产品并非为满足生产者自身的消费需要，而是为了满足他人的需要而生产，产品应具有使用价值和价值。外观设计与产品密切相关，图形用户界面的产品如何界定，成为其获得局部外观设计法律保护要解决的问题。

一、概念模糊的产品范围

在经济学上，产品的概念有广义和狭义之分。狭义的产品是指生产出来的有形物质商品。广义的产品是指可以满足人们需求的载体，包含服务产品、软件、硬件、流程性材料。服务产品通常是无形的，一方提供劳务、另一方获得劳务，诸如医疗、运输、咨询等。软件是由信息组成的，通常是无形的，以方法、记录或程序的形式存在。硬件是有形载体，诸如电视机、元器件等，具有计数的特征。流程性材料，通常是有形产品，是将原材料转化为某一特定状态的有形载体，其状态可能是流体、气体、粒状，具有计量的特征。❷ 在产品责任法中，产品通常是具有使用价值的物质载体，产品通常是物品，可以用于消费。产品必须是为了进入市场而生产或者是为了商业渠道投入流通领域而生产，包含了人类的劳动价值，经过人的加工和制造形成的物品，最终在市场上含有一定的价值。❸《中华人民共和国产品质量法》对产品的定义

❶ 郭禾. 外观设计与专利法的分野［J］. 知识产权，2015（4）：9-13.

❷ 科特勒，阿姆斯特朗. 市场营销原理［M］. 郭国庆，译. 北京：清华大学出版社，2007：232-233.

❸ 冉克平. 产品责任理论与判例研究［M］. 北京：北京大学出版社，2014：40-41.

十分概括，该法第二条规定产品是指经过加工、制作，用于销售的产品，但建设工程不是产品，建设工程使用的建筑材料、建筑配件却属于产品的范围。

美国对产品的要求更多地强调人工性，只要付出了人的劳动价值，将原始材料或天然物品加工成为可利用的物品，就属于产品的范畴。美国传统的外观设计产品，可以是产品的整体，也可以是产品的部分，产品应当是有形的、物理的、人造的物体，其对产品载体的要求相对宽松。我国专利法对外观设计载体的产品没有给出直接的定义。[1] 2014 年新修改的《专利审查指南》第三章只是强调“外观设计必须以产品为载体”。外观设计是产品的外观设计，其载体应当是产品，但产品的定义和范围专利法并没有给出一个明确的答案。在 2014 年《专利审查指南》中，国家知识产权局以排除的巧妙方式，将不能重复生产的手工艺品、农产品、畜产品、自然物排除出外观设计的产品。我国因为没有局部外观设计制度，产品的局部被排除出外观设计载体的范围，产品的范围相对狭窄。实际上，产品的整体和局部都是视觉表征体现的载体，产品整体或部分能够成为外观设计的载体。

随着技术发展和社会认识的变化，产品的内涵和外延也不断发生变化，要给产品作一个明确的定义十分困难，立法者无奈只能以排除的方式确定外观设计产品的范围。图形用户界面只有通电后才可以显示，它的形成取决于 CPU 或计算机程序。图形用户界面利用电流通过互联网传送，图形用户界面似乎是瞬间的，看似没有所附的载体，或者又可以说是与“产品”分离的，基于此，部分反对者认为图形用户界面不依附产品从而不能获得外观设计的法律保护。事实上，图形用户界面既可以体现在电子产品上，又可以显示于电子屏幕中，电子产品和电子屏幕都可以成为图形用户界面得以呈现的载体或产品，只不过产品的界定需要根据立法者的价值选择和立场来确定。

二、产品分类的意义

产品与外观设计有千丝万缕的联系，外观设计的保护起源就在于对工业

---

[1] 2014 年《专利审查指南》对实用新型专利产品给出了定义，是指经过产业方法制造的，有确定形状、构造且占据一定空间的实体，一切方法以及未经人工制造的自然存在的物品不属于实用新型专利保护的客体。

产品所进行的智慧表达寻求一种不同于纯粹版权的保护路径。在物理世界，对于传统的外观设计而言，产品具有十分重要的功能意义。

首先，它是外观设计的依附载体，产品是外观设计获得保护的先决条件，外观设计形状、图案、色彩及其构成需要在产品上进行展现才可以发挥作用。产品是判断外观设计新颖性、区别性的重要依据，在侵权判断中，产品的类别也是外观设计侵权判断的先决条件。对于一般的外观设计侵权判断，不同类别产品上的外观设计即使相同或相近似也不构成侵权。除非产品的用途、销售渠道或消费对象具有重叠性，在个案中，法官也根据外观设计所载产品的具体情况判决侵权与否。产品对外观设计授权与侵权判断都十分重要。

其次，产品有利于进行分类和行政管理。产品的分类可以确定产品的类别属性，行政机关可以按照类别顺序进行编排和公告外观设计文本。英国外观设计法对于产品的功能定位就是便于行政管理和分类。《海牙协定》和《国际外观设计分类表》对产品分类的统一管理，有助于各国外观设计的制度协调。

再次，产品的确定有利于理解外观设计。照片或者图片有时难以确定其运用的领域，特别是对于零部件的外观设计，同种功能的零部件可以用于不同功能的组装产品之上，而对于零部件外观设计的理解必须结合其产品说明才能探究中请人真实的创意和所欲保护的范围。例如名称为“行李箱角轮”（专利号为 ZL200530003914.5）的外观设计，仅看外观设计的图片难以想象是“角轮”，即使是角轮，没有申请人对产品的说明，他人可能理解是其他产品的配件。[1]

最后，产品的分类有利于公众查询和检索。公众要查询相关产品的外观设计，通过输入产品即可大致获得该类产品的许多外观设计，产品分类便于社会公众进行检索和查询。社会公众基于查询和了解，可以有针对性地进行新的设计，避免雷同或侵权，减少纷争，节省了社会成本和资源。

[1] 芮松艳. 外观设计法体系化研究［D］. 北京：中国社会科学院，2015：58-62.

第二节 其他国家和地区规定对产品界定的借鉴

图形用户界面将外观设计引入互联网世界，传统物理世界的产品定义不断在接受挑战。我国过去一直排除“通电产品”外观设计的保护，至今没有局部外观设计保护制度，我国的制度保护远远没有跟上时代的节奏，却不料其他各国的图形用户界面外观设计保护制度已经领先许多。经济的全球化带动法律、制度的融合，随之带来法律的全球化。法律开始跨越国家的疆界，在世界范围内传播、流动。[1] 法律移植可以发挥“思想节约”的经济原则，使人们在分析当下的问题时推进思考的速率，增添知识化的信心积累。[2] 对法律继受一方而言，制度消费总是要满足于自身的需求。[3] 图形用户界面是技术带来的新兴事物，趁专利法修改的时机，面对各国不同的外观设计保护制度，我国可以节约思考的速率和试错的概率，前瞻性地进行法律移植，以满足紧迫的现实需要。图形用户界面局部外观设计的法律保护，其载体是首当其冲且必须解决的问题，恰恰图形用户界面外观设计的产品在各国或地区的差别又最大。因此，图形用户界面的产品界定既是图形用户界面局部外观设计保护的基本问题，又是法律移植中必须解决的前提。

一、美国：基于实用主义的灵活界定

美国专利法没有对外观设计及其产品进行准确的定义，在其长期的司法实践中，外观设计的范围不断扩大，产品的要求只在判例中不断被阐释，其范畴十分宽泛。美国专利法要求外观设计不能与适用的产品分离，不能仅仅是一个单独存在的表面装饰设计，它必须是确切的、可预见的设计，能够被

---

[1] 高鸿钧. 法律移植：隐喻、范式与全球化时代的新趋向［J］. 中国社会科学，2007（4）：116-129.

[2] 刘星. 重新理解法律移植——从历史到当下［J］. 中国社会科学，2004（5）：24-26.

[3] 李晓辉. 中国式法律移植之反思［J］. 国家检察官学院学报，2014（1）：89-99.

复制而不是某一方法的偶然结果，即产品必须符和固定性的要求。❶ 产品的固定性要求在外观设计专利法起初就存在的，在 1842 年创立一种新的知识产权形式时，"一种产品的新的、原创的设计" 或者 "产品的形状、构成"，article of manufacture 暗含外观设计产品的固定性要求。物理产品的设计和产品紧密联系，装饰性特征都以产品的形状、图案、色彩为核心要素进行表达。具体而言，产品外形或结构是产品本身，也是装饰性设计，产品内或体现于产品上的图像、绘画等二维要素只有固定于产品上或者与产品结合才可以获得外观设计保护，单独的图片本身如抽象设计不符合外观设计的法定形式，不能获得外观设计法律保护。所以，美国判例法和专利审查实践都要求外观设计必须是应用于或者体现于产品上的外观设计，❷ 在 1967 年的 Hruby 案中，申请人以喷泉的形状向美国专利商标局申请外观设计专利。开始时，该申请被审查员驳回，理由是喷泉不属于工业产品，喷泉的形状设计因为不应用于工业产品，没有可依附的产品，不符合外观设计的产品固定性要求，因而无法授予外观设计专利权。与这种观点不同的是，美国关税与专利诉讼法院否定了专利商标局的审查结论，并指出喷泉取决于基座的阀门和水压等因素，是各项因素综合作用的结果，虽然喷泉没有依附一个固定的、成形的工业产品，但不能因此认为喷泉不是工业产品就不予外观设计保护。关税与专利诉讼法院进一步指出罗马和法国人百年前建造的著名喷泉现在还是同样的设计，其喷泉并不是不具有稳定性，与其他外观设计的吸引力作用一样，喷泉对环境同样也有装饰性。由于喷泉喷出后产生的形状是相对稳定的，在产业利用下可以大规模的重复制造和使用，所以喷泉的性质属于产品上的设计，可以获得外观设计专利保护。而且，特定形状的喷泉依赖于人工制作的喷嘴、开关阀等设备，这些人力制作的设备使喷泉得以具有预见性和稳定性。在本案

---

❶ Manual of Patent Examining Procedure § 1502："Design is inseparable from the article to which it is applied and cannot exist alone merely as a scheme of surface ornamentation. It must be a definite, preconceived thing, capable of reproduction and not merely the chance result of a method."

❷ Manual of Patent Examining Procedure § 1504. 01："A picture standing alone is not patentable under 35 U. S. C. 171. The factor which distinguishes statutory design subject matter from mere picture or ornamentation, per se (i. e., abstract design), is the embodiment of the design in an article of manufacture. Consistent with 35 U. S. C. 171, case law and USPTO practice, the design must be shown as applied to or embodied in an article of manufacture."

中，美国关税与专利诉讼法院法官指出："我们不能因为某一设计的存在依赖于该设计之外的东西，就认为其不属于'工业产品'。"喷泉形状具有稳定性、可预见性，其设计的图案或者花式符合专利法第171条的规定，即便其设计的花式和图案没有承载的产品，依然应当获得保护。Hruby案对美国外观设计产品的固定性要求第一次提出了挑战。美国《专利审查指南》引用Hruby案及其结论，指出"不能因为某个计算机生产图标依赖于中央处理器（CPU）和计算机程序，就认为它不是工业产品的设计。"Hruby案解释了载体产品的内涵，即该产品可使外观设计有一定的结合，适用于产业化，即便不是固定的、成形的产品，也满足外观设计产品的固定性要求，所以喷泉最终可以作为外观设计成为专利法的保护对象。Hruby案对设计在产品上的"固定性"要求、设计与载体之间应当存在的紧密程度采取了较低的标准。[1]产品不再局限于传统的成形产品，其法律含义得到进一步扩大。

美国第一个计算机生成图标的外观设计申请由施乐公司提出，到1988年年底，美国专利商标局已经授予至少21个计算机生成图标给施乐公司。[2]但是在1988年8月，美国的两位名叫Daniel Kluth和Steven Lundberg的专利律师发表了题为《外观设计：一种计算机软件的新的知识产权保护形式》的文章，该文明确反对新的保护方式，认为计算机生成图标是著作权保护的客体，专利商标局应当对计算机生成图标的外观设计合格性进行综合的研究和讨论。在1989年，专利商标局赞同该文章的观点，明确拒绝计算机生成图标的外观设计申请。专利商标局认为计算机生成图标仅仅只是在产品的表面短暂呈现的一幅图片，外观设计应当是一种具体有形的产品部分，而计算机图像没有很好地在电子屏幕上呈现，所以认为它不符合外观设计法定的客体要求。不久之后，专利商标局拒绝了施乐公司计算机生成图标的外观设计申请，审查员认为该图标没有描述计算机程序，仅仅是一个表面特征，与产品的外观截然不同，所以拒绝其申请。施乐公司不同意专利商标局决定，并向专利上诉

---

[1] 徐佳璐. 图形用户界面外观设计专利的实质授权条件研究［D］. 上海：华东政法大学，2015：16.

[2] Lance L Vietzke. Software as the Article of Manufacture in Design Patentsfor Icons［J］. 21 AIPLA Q. J., 1993：138-146//citing Robert Baa & Susan Hollander, Design Patents Revisited：Icons as Statutory Subject Matter, 9 Computer Law. 13（1992）.

委员会提起复审，❶ 施乐公司认为计算机生成图标就是计算机程序的装饰性特征。上诉委员会同意审查员的意见，认为即使计算机程序是产品，可公开的图标不能描绘其计算机程序，恰恰它是计算机程序的组成部分。专利上诉委员会补充认为，外观设计不能仅仅是一个与使用方式无关的图片，计算机生成图标应当显示于恰当的应用方式之中，且不能是一种抽象的设计。❷ 计算机图标与喷泉的不同在于，喷泉就是产品本身，但计算机生成图标仅仅是表面装饰，必须被应用于产品后才可以呈现。申请的计算机生成图标因无法满足所附载体“产品”的前提性要求，无法获得外观设计专利权的保护。❸

不过，在1995年10月，专利商标局改变了对计算机生成图标外观设计专利的政策态度，公布了临时的指导规则，允许对计算机生成图标授予外观设计专利权。支持的观点认为电脑就是计算机生成图标的产品，因为电脑屏幕如一张薄纸、画布、电影屏幕一样的产品，这些产品只是外观设计应用的不同的媒介而已。呈现于（display on）产品的外观和应用于（apply to）产品上的外观有明显的区别，一个工业产品的设计，其设计本身有时会产生美学上有特色的整体视觉效果，这和外观设计是有区别的，后者通过增加不属于工业产品设计本身的图形图像或其他装饰因素来产生美学上有特色的视觉效果。❹ 既然计算机屏幕只是一种外观设计图标的显示媒介，申请外观设计保护的图标就仅仅指向外观图标，而不是应用于产品中的图标，图标及其所应用的媒介产品并不相同。在1996年3月20日，美国专利商标局在《美国专利审查指南》中专设了“计算机生成图标外观设计申请审查指南”，弱化了计算机生成图标对于电脑或产品固定性的要求，其必须体现于在电脑屏幕、显示

❶ No. 92-0546, 26 U.S.P.Q.2D (BNA) 1250 (B.P.A.J. Apr. 26, 1993), No. 92-0623, 26 U.S.P.Q.2D (BNA) 1259 (B.P.A.J. Apr. 26, 1993).

❷ William J S, Andrew W T. Revolution in Design Patentable Subject Matter: The Shifting Meaning of Article of Manufacture [J]. 17 Stan. Tech. L. Rev., 2013 (183): 183-218.

❸ Michael Risch. Functionality and Graphical User Interface Design Patents [J]. 17 Stan. Tech. L. Rev., 2013 (53): 53-73.

❹ Pioneer Photo Albums, Inc. vs. Holson Co., 654 F. Supp. 87, 88 (C. D. Cal. 1987).

屏、其他显示面板或者及其部分[1]，要求只要以实线或虚线描绘了产品即可。专利商标局没有对这种改变给出一个合理的解释和理由，美国基于实用主义角度思考，当计算机生成图标的需求性十分必要时，其外观设计保护作为了一种新的方式就直接被认可了。

计算机生成图标即便基于实用主义被纳入外观设计保护的范围，但是由于其产品的固定性非议，使计算机生成图标的外观设计保护争议并没有停止过。反对者认为计算机生成图标无法在显示屏或镜像上固定，计算机生成图标组成的短暂的图像也没有在电脑显示屏上存在有形的物体，计算机生成图标只是短暂的，不能给予外观设计保护。在苹果与三星的外观设计专利诉讼大战中，三星公司并没有对计算机生成图标或图形用户界面的固定性产品提出否定的抗辩。毕竟三星公司本身也大量申请了计算机生成图标或图形用户界面的外观设计，如若三星公司成功地以图形用户界面不满足外观设计的产品要求，而全面否定其外观设计保护，对三星公司而言，将使三星公司在美国所申请的所有图形用户界面无法获得外观设计保护，其结果同样是灾难性的。当然这也是三星公司不愿意看到的，即便赔偿巨额费用，三星公司在美国联邦最高法院的再审中也没有以此作为抗辩。至于图形用户界面的产品如何界定，美国理论界没有形成具有说服力的界定。2016 年 12 月 6 日，即便美国联邦最高法院撤销苹果诉三星案的二审判决，也只是声明外观设计的产品定义十分宽泛，其产品限于消费者最终使用的成品过于狭窄。最终该案发回重审，美国联邦最高法院也没能对外观设计的产品的固定性进行具体的阐释。只不过在计算机生成图标的保护上，即便存在产品固定性的非议，基于产业利益的要求和实用主义考虑，美国对产品固定性的灵活要求为计算机生成图标降低了标准。

二、欧盟：产品的虚化

外观设计对于欧盟的经济起到举足轻重的作用，欧盟专利局的一份研究推测，外观设计在 2013 年创造了 12.2%的就业率和 12.8%的 GDP。外观设计

---

[1] MPEP 1504.01 (a). “a computer-generated icon must be embodied in a computer screen, monitor, other display panel, or portion thereof, to satisfy 35 U.S.C. 171. See MPEP § 1502.”

逐渐被认为会给市场带来新的思想，并将这种思想转化为友好交流和引起兴趣的产品或服务。❶ 2016 年，外观设计为英国经济贡献了 71.1 亿英镑的收益。❷ 也正基于此，欧洲国家向来注重外观设计的保护，其创新水平也是领先全球的。

2001 年 12 月，欧盟理事会通过了《外观设计保护条例》，为外观设计在欧盟范围内统一适用提供了一致的法律，减少了各国因不同规定所带来的贸易纠纷。《外观设计保护条例》将外观设计分为注册式共同体外观设计和未注册式共同体外观设计。申请人提交一份申请就可以在整个共同体内获得外观设计保护，并且在所有成员国具有同等权利。注册式共同体外观设计必须由申请人向欧洲内部商标协调局（OHIM）或通过欧盟成员国的工业产权局提出注册申请，经形式审查合格后，才予以注册。注册式共同体外观设计保护期为自申请日起 5 年，期满后可续展 4 次，每次 5 年，最长保护期是 25 年。非注册式共同体外观设计无须注册申请，自首次向公众提供之日起即可获得保护，保护期限为 3 年。欧盟对外观设计的保护力度非常大，特别是类似版权的非注册共同体外观设计，无须注册申请也可以获得 3 年的外观设计保护，给那些使用却未审查登记的创作提供了较强的排他性保护。

《外观设计保护条例》对外观设计❸和产品都给予了明确的定义，其中第三条 b 款规定，产品是指任何工业或手工制品，包括将组合成复合型产品的包装、装订、图表符号、印刷字体，但排除计算机程序。❹ 根据《外观设计保护条例》的定义，该复合型产品并非单一的、完整的、成形的产品，它可以由多个部分组成，这些组成部分可由组装和拆卸的产品替换。基于实用主义的保护目的，外观设计与产品没有明显的界限，外观设计既可以是产品本身，也可以与产品分离，或者是产品的组成部分。外观设计一般有产品的包装、成套产品、组合产品、产品的部分、标识、计算机图标、字体、绘画和美术

---

❶ http://ec.europa.eu/growth/industry/intellectual-property/industrial-design/protection_en.

❷ http://www.wipo.int/wipo_magazine/en/2016/03/article_0002.html.

❸ 《外观设计保护条例》第三条 a 款规定，外观设计是指产品整体或部分外观，这些外观是由线条、轮廓、颜色、形状、质地和/或者产品本身的材料和/或产品装饰等特征组成。

❹ Council Regulation (EC) No 6/2002 of 12 December 2001 on Community designs (OJ EC No L 3 of 5.1.2002, p.1).

作品、服装、装饰、网页设计、地图。❶ 从立法条文的定义可知，产品所包含的范围非常广泛，除了一般的工业品、手工制品外，还包括包装、图标符号、印刷字体等。如版权一样，但凡能够承载知识信息的媒介载体，都能够成为外观设计的产品范畴。非注册式共同体外观设计的保护也可以证明，作为装饰特征的外观设计与作品一样，可以与产品分离而单独存在，其保护的方式与版权的差距不大。虽然计算机程序被排除出产品的范畴，但计算机程序的功能是对电脑运行进行控制和调配，哪怕图形用户界面的代码会嵌入计算机程序，但仅作为装饰的图标或图形用户界面与该功能无关❷，所以图形用户界面就不属于被排除的计算机程序范围内，依然可以获得外观设计保护。这点从反面也证实了欧盟外观设计可以与产品脱离，具有如作品一样的独立性。

欧盟审查部门在审查申请人提交的外观设计申请时，设计本身才是他们关注的重点。至于外观设计具体运用于哪种产品，外观设计与依附产品的关系如何，与外观设计的授权没有直接关系。只不过，产品对于判断外观设计“独特性”所要求的整体印象时，除了考虑设计空间之外，产品属性及所属的类型也是其考虑的因素。❸ 所以，产品对授权实质要件的判断有影响，但不是必要条件。《共同体外观设计审查指南》指出：“申请文件中还应当说明应用于该外观设计的产品。申请人必须明确说明产品的性质，并按照洛迦诺分类法进行分类。”《共同体外观设计审查指南》同时声明：“产品分类仅仅用于管理目的，并不影响共同体外观设计的保护范围。”因而，欧盟图形用户界面的外观设计保护，产品并非外观设计的依附载体，也不是其获得授权的前提条件。产品对外观设计权利保护不具有实质性影响，仅有辅助审查、便于分类等功能。通过对欧盟外观设计及其产品的考察，可以认为图形用户界面产品的概念十分宽泛，甚至可以虚化。申请人在申请外观设计权利以及进行权利保护时，图形用户界面可以脱离产品载体的限制，申请人最终可以通过类似版权申请的方式获得保护效力较强的外观设计权。

---

❶ https: //euipo.europa.eu/ohimportal/en/design-definition.

❷ David Bainbridge, UK design law- icons and screen displays: The registration as designs of computer icons, graphical user interfaces and webpages, computer law & security report 22 (2006).

❸ Musker David. Community Design Law: Principles and Practice [M]. London: Sweet & Maxwell, 2002: 28.

三、日本：妨碍发展的严格限定

日本的外观设计保护制度始于 1888 年，起初以专利法的方式保护外观设计。在 1899 年，日本外观设计法从专利法中独立，采取了单行立法的保护模式。❶ 在 21 世纪的最初数年，日本政府已经关注了图形用户界面的法律保护问题，并且开展了许多会议，讨论是否应当将图形用户界面纳入外观设计的保护范围。直至 2006 年，日本《意匠法》才增加了关于图形图像设计的规定，明确图形图像属于外观设计保护的客体。❷ 日本《意匠法》第二条对外观设计进行了明确的定义❸，就外观设计的概念而言，图像可以获得局部外观设计保护，但图像的功能目的仅限于使物品发挥其功能的状态。❹ "使其产品实现功能"的图像，既包括图像依附的产品发挥功能时不可或缺的图像，也包括用于操作产品并使产品发挥功能状态的图形。但是，如果显示产品的工作状态的图形，不是用于操作，也不是产品发挥功能必不可少的图形，该图形图像就不属于外观设计，将被排除在权利的保护范围之外。❺ 通过外接显示设备呈现的图形用户界面，也必须与产品共同使用，以发挥该产品的功能为限。如录像机、DVD 机或其他外接显示设备，只有是与产品共同使用，发挥其产品的功能的图形用户界面，才可以获得保护。产品中其他产品传入的图形用户界面，事实上是存储在外部介质或者是在产品生产后才储存进去的，这些载体不是图形用户界面的产品范畴，由于是没有预先储存的图形用户界面，所以被排除出外观设计的保护范围。

日本图形用户界面与产品需要存在固定性，且服务于产品的操作功能，

---

❶ 钱亦俊. 日本、韩国及我国台湾外观设计专利保护制度介析［J］. 知识产权，2005（2）：52-57.

❷ 何莹，范莉，孙淼. 浅谈中日关于产品图形用户界面的外观专利保护［J］. 法制与社会，2016（8）：273-275.

❸ 日本《意匠法》第二条：外观设计是指能够引起视觉上美感的物品（含物品的构成部分，除第八条外，下同）的形状、图案、色彩或者其结合；在前款中，物品的构成部分的形状、图案、色彩或者其结合包括用于物品的操作（仅限于为了使该物品可发挥其功能的状态进行的操作）并且在该物品上或者在于该物品一体使用的物品上表示的图像。

❹ 国家知识产权局条法司. 外国专利法选择［M］. 北京：知识产权出版社，2015：149.

❺ 李小武，马云鹏，连冠. 电子产品图形用户界面的外观设计保护［M］. 北京：知识产权出版社，2014：124-125.

图形用户界面与产品的功能需要存在直接关系，脱离产品功能的图形用户界面都无法获得外观设计保护。图形用户界面局部外观设计固定于产品上，其产品仅限于有形的动产，并且图形用户界面的局部外观设计要获得外观设计保护，还需要与该有形产品直接的操作功能有关。有形产品内装载的软件运行中呈现的图形用户界面，如计算机软件图像、游戏演示图像或网页设计都不受外观设计法保护。毕竟这些图形用户界面不是为了发挥有形产品的功能，有形产品的范畴过大，与这些图形用户界面之间没有功能上的联系，有形产品不符合图形用户界面可获得外观设计保护的载体定义，其图形用户界面不能获得外观设计保护。所以，日本是严格限制外观设计的产品范围，以至于图形用户界面可获外观设计保护的概率较低，权利的保护范围受到限制。立法的选择也直接决定了社会生活的发展，日本图形用户界面的创新大多集中于电子产品和家电产品的开机画面和操作画面❶，丰富程度有限。

随着技术的发展和实践的需求，日本过于严苛的产品限定，阻碍图形用户界面的申请，而越来越多的有形产品具有越来越多的功能。日本专利局扩大了图形用户界面的保护范围，当产品拥有无法从其分类直接推导出的功能时，需要在申请书中进行特别的说明，含有不是产品直接功能的图形用户界面才可以获得外观设计保护。如“赋予摄像机的便携式电话”，经特别说明，除通话功能之外，摄像、摄影、短信功能的与电话非直接联系的界面才可以获得外观设计保护。产品对图形用户界面的限制开始松绑，即便不是通常意义想到的与产品相关功能的图形用户界面也能够获得外观设计保护。

因此，日本对图形用户界面局部外观设计保护产品的要求十分严格，必须是有形的动产，致使日本图形用户界面局部外观设计产品的范围相对狭窄。图形用户界面须固定于该产品上，且是为了发挥该产品的功能，由于严苛的产品限定给实践带来了困扰，为了顺应产业的发展需要，日本图形用户界面的产品不断被松绑，发挥该产品的功能也涵盖了产品非直接的功能。

---

❶ 何莹，范莉，孙淼. 浅谈中日关于产品图形用户界面的外观专利保护［J］. 法制与社会，2016（8）：273-275.

四、韩国：得益于发展的产品界定

韩国图形用户界面的法律保护完全是在产业利益的驱动下进行的。韩国图形用户界面的发展远远走在法律的前面，其保护模式并非以法律来带动产业发展，恰相反是产业发展到一定阶段，甚至在全球具有优势之后，既得利益者基于产业利益的考量和维护，不断寻求政府进一步扶持，用法律巩固其既有优势所形成的结果。[1] 韩国于 1961 年制定《外观设计保护法》，对外观设计实施单独保护。2001 年 7 月 1 日，韩国修改该法，增加了局部外观设计保护制度。2003 年，韩国《外观设计审查标准》把显像设计纳入外观设计保护客体之中，将物品的液晶化表面等显示屏的图形称为显像设计。显像外观设计范围很广，包括图形用户界面、插图和作为 Character 的图示设计，以及门户网站的网页、应用软件的界面、通信设备的界面及各种功能状态显示。韩国对于图形用户界面的保护远超日本，对门户网页进行外观设计进行保护在全球范围内也属少数。

韩国外观设计要求固定于有形的产品上，且外观设计的产品可适用于工业应用，即能够通过工业生产的方法被大规模地制造。产品为了满足工业化应用的要求，还需使具有外观设计的产品从产生就能够大规模地重复制造，因而那些非大规模制造的产品或者纯艺术的作品都不是外观设计产品的范畴。为了达到韩国外观设计的适销性要求，其外观设计必须与产品不可分割。该产品是指可移动的、明确的动产，以下的列举都不属于产品的范畴：（1）不动产；（2）没有形状的物品，如热量、空气、水流、电能等；（3）粉末或颗粒，如糖；（4）没有固有形状的物品，如折叠成花的形状的手帕。但是，在 2001 年 7 月，局部外观设计被纳入外观设计保护制度后，外观设计产品的范围不断扩张，如袜子的脚后跟、瓶子的颈部、咖啡杯的手柄，都能够获得外观设计注册，只不过其产品类别依然以袜子、包装瓶、咖啡杯来进行分类。[2]

---

[1] 李小武，马云鹏，连冠．电子产品图形用户界面的外观设计保护［M］．北京：知识产权出版社，2014：172-173.

[2] http://www.kipo.go.kr/kpo/user.tdf?a=user.english.html.htmlApp&c=93001&catmenu=ek04_01_02#a1.

韩国的外观设计所附的产品名称需要具有形状、构造、色彩相关的内容，其外观设计的产品应当是实体物品。作为例外，“表示于物品的液晶画面等显示屏的图形等”与实体物品的名称并不相同，显像设计外观设计可以是“表示有显像外观设计的电脑显示器”“表示有 GUI 的移动电话”“表示有图标的掌上电脑”。❶ 2011 年为了配合海牙协定的国际申请，韩国知识产权局修改了其外观设计法，扩展了外观设计产品的目标区域，增加了产品范围，如显示或图标的包装、壁纸、电子产品等；扩大了外观设计的保护范围，将标志、符号、图形设计等都看作外观设计，弱化图形、符号与其产品之间的固定性，有意将产品与设计融为一体。但这种修改引起许多争论，有学者认为不能颠覆外观设计产品的固定性要求。❷

韩国外观设计不能脱离产品，产品限于有形的物品。基于实践的发展，韩国显像设计的范围不断扩大，即便饱受争议，图形用户界面使外观设计与产品的固定性联系不断松动。与《海牙协定》的修改一致，韩国增加了图像设计的类别，甚至有意将产品和设计融为一体，虚化产品的固定性要求，但鉴于传统物品的审查模式，其图形用户界面的产品依然需要按照物品的分类进行描述和登记。

五、我国台湾地区：可选择产品的方式

我国台湾地区以专利方式保护外观设计，并对其采取实质审查。我国台湾地区将外观设计又称为“新式样设计”，是指对物品的全部或部分的形状、花纹、色彩或其结合，透过视觉诉求之创作。2011 年我国台湾地区专利相关规定进行修改，将新式样专利改名为设计专利，并将图形用户界面和电脑图像作为法定的保护客体。

我国台湾地区“专利法”第一百二十一条规定：“应用于物品之计算机图像及图形化使用者接口，亦依本‘法’申请设计专利。”在第一百二十四条，

---

❶ 李小武，马云鹏，连冠. 电子产品图形用户界面的外观设计保护［M］. 北京：知识产权出版社，2014：139-142.

❷ John，Kwang - chool. Review on the revision to the Korean Industrial Design Protection Act of 2011［EB/OL］.［2016-09-13］. http://blog.naver.com/bing8/1401400429428.

我国台湾地区相关规定以列举的方式，排除了部分的外观设计专利权保护，比如纯功能之物品造型、纯艺术创作、集成电路布局及电子电路布局、物品妨害公序良俗的外观设计不能获得外观设计专利权。与美国专利保护模式一样，我国台湾地区相关规定也要求外观设计必须具备物品性，即外观设计必须是应用于物品外观的具体设计，从而可供产业利用。物品必须是具有三维空间的实体有体物，在性质上必须是具备特殊用途、功能并具备固定形态的动产，从而得以为消费者进行独立交易。诸如房屋、桥梁等建筑物的不动产设计、无固定凝合的形状都不得予以设计专利权。有关声音、气味或触觉的创作，以及肉眼无法确认，必须借助其他一起确认的设计，均不是设计专利的客体。[1]

对于图形用户界面的申请，我国台湾地区相关规定也要求图形用户界面必须与相关载体联系在一起，或者依附一定的产品。图形用户界面可通用于电子产品，并借由产品的显示装置而呈现。因此我国台湾地区外观设计的产品，只要求但凡透过屏幕、显示器、显示面板或者其他显示装置等有关物品而能够显示设计者，都属于产品的范畴。在申请时，无需对图形用户界面所应用的具体电子产品进行分案申请。但在按照洛迦诺协定分类时，如“手机的图像”，需要将图形用户界面归类为第 14 类图形用户界面设计，另外又需要按照实体物品分类至相应的工业产品。

我国台湾地区外观设计依然需要以产品为载体，图形用户界面必须固定于有形的物品之上。但对于物品的限定相对较松，因为图形用户界面基本可以在电子产品上通用，也可以基于显示屏而呈现。因此实体的物品及其部分的显示屏、显示面板都可以成为图形用户界面外观设计的产品载体，具体的产品由申请人在申请外观设计专利权时自行选择确定。不过在申请的实际分类中，需要对图形用户界面和所载功能的实体物品分别进行分类，以示区别和查询，但不需要进行分案申请。

---

[1] 李小武，马云鹏，连冠．电子产品图形用户界面的外观设计保护［M］．北京：知识产权出版社，2014：154-155.

第三节 我国图形用户界面局部外观设计所载产品的合理界定

当代中国的法律移植主要影响因素是经济、政治、文化和全球化背景下的人类共同价值，法律移植在最终意义上也呈现出“法律与政治”的应然关系。知识产权是一种政策工具，其不仅仅是一种私权，关涉私益，同时对某一客体的保护涉及政策目标的实现，关涉公共利益和国家利益。一国法律对知识产权客体的确定和权利范围的界定，需要考虑产业发展水平、国家政策目标及其企业、社会的创新能力。知识产权保护的水平应当根据本国创意产业的实际发展水平及需求而定，才能在借鉴外国法律先进立法经验同时，使外国经验能够为我所用。[1]

欧盟各国家一直重视外观设计的保护，对外观设计的保护类似于版权法，产品不是外观设计保护的固定性载体。如作品一般，外观设计可以脱离产品而获得保护。有的欧盟国家外观设计可以获得版权法和外观设计法的双重保护。这种外观设计的强保护促使欧盟成员国的外观设计不断推陈出新，工业产品精益求精。不过，这种强保护也受到权利保护过度，挤占公共利益的指责。[2] 日本虽然对外观设计进行单独保护，但产品的固定性要求十分严格，不能实现有形产品的相关功能的图形用户界面无法获得外观设计保护。与其保护模式紧密相关，日本家电产品、电子产品的开机画面和操作画面足够丰富，但与其功能无关的电子产品的其他图形界面显得寡淡很多。韩国显像设计虽然也要求外观设计要固定于有形产品上，但没有如日本一样仅限于有形产品的相关功能，韩国图形用户界面的范围很广，整体创新比日本要丰富许多。以专利法模式保护外观设计的美国，虽然修法过程中有尝试去除外观设计产品固定性的要求，但是专利法的立法模式往往又将外观设计拉回产品固定性的框架之中。对图形用户界面的外观设计保护，从“授权、拒绝授权、严格

---

[1] 魏振瀛. 我国民法对外国法的借鉴［J］. 法学家，2009（5）：21.

[2] 何炼红. 知识产权重叠保护问题［J］. 法学研究，2007（3）：59-70.

限制授权”，美国基于实用主义灵活地界定外观设计产品的范围，在产品的固定性要求底线上，应实践的需求谨慎地加强图形用户界面的保护。即使图形用户界面外观设计保护因产品固定性仍旧备受争议，反对者认为这种没有合理使用权利限制的强保护，径自将版权表达进行了过强的专利保护，将造成权利滥用，损害公共利益。同样是专利保护模式的我国及我国台湾地区，也将面临与美国相同的质疑和困境。

一、局部外观设计专利权的保护对象

美国第一次具体对外观设计“article of manufacture”的界定是发生于1967年的Hruby案，争议的焦点在于不同外观的喷泉是否是产品。反对者认为喷泉是一种天然产品，给予保护则将使由木头或石头制成的任何物质都可能被广泛地纳入保护。外观设计的固定性通过其稳定性来体现，喷泉的外观设计被驳回在于它的固定性仅是一种由物质材料的功能和环境的影响所致，随时可能发生变化。最后美国关税与专利上诉法院得以支持并对喷泉予以外观设计保护的原因在于，古老的喷泉仍然保持同样的装饰花样，说明喷泉是以一种足够稳定的形状得以固定。最终美国法院对外观设计的产品进行了宽泛的解释，认为只要是对原始材料进行了人工参与的物质都是产品，不管它是手工的、机械的还是艺术的方式。但产品需要满足固定性的特征，允许重制，即可构成外观设计载体。❶

在“In re Zahn”案❷中，CCPA的Rich法官认为钻头手柄不用展示整个产品，只需部分的产品也可，其他部分可以通过虚线来表示，获得保护的外观设计是呈现于（for）产品上的设计，而非属于（of）产品的外观设计。外观设计是由线、面及结合构成的有形物质的装饰特征，这种装饰特征可作为一个整体印象经由视觉观察在观察者的心中形成一种整体印象。外观设计的本质不在于个别的要素，也不在于安排的方法，而在于作为一个整体的、难以明确的整体印象唤醒观察者心中的某种意识。整体印象可能是复杂的或者简单的，可能是给人以优雅的或强势的混合印象，或者以强势的单独的印象。

---

❶ 373 F. 2d 997（CCPA. 1967）.

❷ 617 F. 2d 261（CCPA. 1980）.

但是无论以何种印象，在观察者心中，被观察的客体是给人以独特的、有个性的感觉。❶ 对产品给予某种新的、原创性的装饰特征保护是为了提高产品的销售价值，能够扩大需求，从而为公众带来令人满意的服务。外观设计所要保护的，是由该外观设计特征所赋予的竞争优势。❷ 竞争优势的获得主要来源于一般消费者的视觉感受特征，并非决定于产品本身。所以，显示于产品的外观设计是其保护的核心，而非产品。❸

一个特定的图形用户界面确实可以让一个没有经验的用户缩短搜索或输入数据的时间，可以减少对计算机资源的使用浪费。图形用户界面作为一种人机交互的方式，通过可视化信息的传输，以一种直观的方式引起用户大脑的感知，这个过程是视觉的信息传输，是人脑的自然反应。虽然图形用户界面具有的快速操作与响应的特点，可以减少用户对计算机资源的占用，这或许会被视为图形用户界面对计算机资源所产生的技术效果，但是这种效果是由界面造成的心理作用所引起的间接效果，与权利要求书或说明书中所说的技术效果完全不同。人机界面的操作功能特性，只是心理认知或美学的一部分内容，经改进的图形用户界面可以对用户产生情感变化，但对计算机没有产生的技术效果。图形用户界面给使用者带来的主要效果不是技术性的，而是心理的。图形用户界面获得保护的是界面设计本身，而非实用功能性的产品。

在实体物品中，物品与外观设计存在明显的界限，一般容易被区别开来。即使外观设计追求的和能够体现智力创新的地方就是为了使装饰特征与物品的完美结合。在实体物品上，以形状为构成要素的外观设计，产品的功能及形状对设计的限制较大，为了达到形状装饰特征与产品完美结合，设计师需要投入较大的智力劳动。设计与产品形状的结合程度越高，创意越突出，其获得的关注的可能性越大，实用性更大。有的优秀的外观设计，其价值就是

---

❶ Gorham Company vs. White. 81 U. S. 511 (1871).

❷ 威廉·M. 兰德斯，理查德·A. 波斯纳. 知识产权法的经济结构 [M]. 北京：北京大学出版社，2005：424.

❸ Manual of Patent Examining Procedure § 1502："In a design patent application, the subject matter which is claimed is the design embodied in or applied to an article of manufacture (or portion thereof) and not the article itself."

体现于形状要素的装饰特征与产品的完美结合上，可以说产品形状的装饰设计就是产品设计本身。图案、色彩在产品平面上进行创造，能发挥的空间较大，产品对图案、色彩的限制小，装饰设计可以脱离固定的产品，于不同介质上显示。所以图案、色彩二维装饰及形状的三维特征与物品的结合度也有区别。在虚拟空间中，形状、图案、色彩都是在通电的屏幕或者依靠通电设备进行可视化呈现，不管是二维的图案、色彩，还是三维的虚拟形状，并不需要过多地注重其与有形物品的结合度，所发挥的空间则更大。形状、图案、色彩已经完全转化为个性化的视觉感受，类似于版权表达，只要可以在电子屏幕上显示，都可以固定于不同物品或者媒介上。这种固定已经并非形状、图案、色彩要素所关注的重点，已经变为屏性媒介与产品之间的结合问题。

二、局部外观设计专利权的双重特性

外观设计是设计师的智力劳动成果，对其给予局部外观设计保护，是对其智力成果的尊重与保护。从实用目的出发，对其进行保护是为了以此形成激励机制，鼓励更多的人从事创作设计，形成丰富多样的外观设计。鼓励外观设计创作的原因，存在三种观点。一是机能说，技能说认为外观设计保护的着眼点跟发明、实用新型专利一样，都是产品解决某一技术问题的机能。二是审美说，审美说认为，外观设计与作品一样，重在解决产品具有欣赏价值的美的外观。三是需求说，需求说认为外观设计意在通过产品的外观设计引起的美感从而激发购买者的购买欲望。❶ 外观设计如作品一样作为一种表达，它既不是技术方案也不是为了解决技术问题，所以技能说不符合；它也不是纯粹为了获得主观的审美认识，是通过引起人内心的认知从而达到吸引兴趣、购买产品的实用目的，所以审美说不可取，需求说更符合外观设计保护的本质。外观设计通过外观设计的艺术性表达方式实现其吸引力的实用目的，外观设计具有艺术性和实用性的双重特性。

外观设计的艺术性与作品的艺术性的功能不完全相同。著作权法中的作品取自文学、艺术，功能也侧重于作品可以给人以心灵的感受。外观设计即

❶ 李扬. 知识产权法基本原理［M］. 北京：中国社会科学出版社，2010：618.

便与作品一样，是以形状、图案、色彩为要素的表达，但该表达目的不仅仅只是纯主观的心灵感受，而是以此引起人的兴趣和关注，最终实现产品的销售。在 Gorham vs. White 案❶中，Mr. Justice STONG 认为：国会立法对外观设计给予专利权，很明显就是为了鼓励装饰艺术；他们专注的不是装饰外观的实用性，也不是抽象的印象、图案，而是产品所呈现的外观装饰性特征。对该产品某种新的、原创性的装饰特征给予法律保护，是为了提高产品的销售价值，能够扩大需求，从而为公众带来令人满意的服务。外观设计的法律目的是鼓励有天分的创作者抓取有限的机会去创作出更多有益的装饰外观。作品倾向于作品的主观艺术感受，外观设计倾向于以艺术感受来实现产品适销的实用目的。

在著作权法中，作为具有实用性和艺术性的典型客体是实用艺术作品，实用艺术作品也一般被认为是作品与外观设计交叉的知识产权保护对象。1948 年布鲁塞尔会议上，各成员国同意将实用艺术作品作为一类独立的作品纳入《伯尔尼公约》，在此之前各成员国进行了激烈的争论，法国代表团希望对所有装饰性设计给予保护，但包括意大利和德国在内的成员国反对，认为工业品外观设计与工业密切相关，如果给予版权长期的保护，势必造成压制竞争的后果。所以双方最后妥协的后果是，实用艺术作品可以作为公约保护的客体，但各成员国保留对其进行定义和规定保护期限的权利。郑成思先生认为实用艺术品可以是手工制品或被手工制品用作装潢，也可以是大工业批量生产的制品所采用的设计；只有属于后一种情况时，才能成之为工业品外观设计。❷ 实用艺术品要获得版权保护，需要达到较高水准的艺术创作高度，如果对美感较低的实用品都给予著作权保护，设计者将不再有动力去申请外观设计专利权，导致外观设计专利权的制度设计落空。❸ 在瑞士英特莱格公司诉可高（天津）玩具有限公司一案❹中，法院即指出：“（实用艺术作品）艺术性则要求该物品具有一定的艺术创作程度，这种创作程度至少应使一般公

❶ Gorham Company vs. White. 81 U. S. 511 (1871).

❷ 郑成思. 版权法［M］. 北京：中国人民大学出版社，2009：119.

❸ 王迁. 著作权法［M］. 北京：中国人民大学出版社，2015：98.

❹ 北京市高级人民法院民事判决书〔2002〕高民终字第 279 号。

众以将其看作艺术品。”就著作权角度而言，虽然外观设计和实用艺术作品会有交叉，但实用艺术作品的个性表达需要达到一定的水准，其要求的程度显然高于外观设计。

实用艺术作品的艺术性是具有一定艺术程度的作品表达，其实用性只是作品的实际效果，而非艺术表达本身的实用功能。产品的实用性是产品为实现其使用价值本身所具备的性能。产品的自然属性决定了其使用价值及其表现形式，在物理世界中，产品及产品形状合二为一，设计者对产品所进行的形状外观设计，同时也就是对产品本身进行了设计。螺丝钉是两物品能够连接的固定物，为了实现稳固连接的目的，螺丝钉钉身势必是直线的，而非弯曲的；为了减少阻力方便横穿物体，钉头势必是尖的。螺丝钉作为连接物的自然属性决定螺丝钉整体呈直线形、钉头是尖的，在物理产品世界，产品的自然属性使产品及其形状设计本身不具有可选择性，其实用性受技术功能所限是客观存在的。不过，与产品结合的螺丝钉外观设计表达依然具有选择性，钉身可以是圆柱式的直线形，也可以是方形的直线形，只要保持功能性直线形即可；尖头可以是米字形尖，也可以是圆锥形尖，只要确保是尖头以减少阻力即可。在物理世界，外观设计与实体产品的紧密结合，设计本身和实体产品都会夹杂艺术性和实用性的考虑。但产品的实用性和设计的实用性并不等同，当产品和设计可以分离时，外观设计的实用性仅仅指设计表达的实用性，而不包含产品的实用性。图案、色彩作为一种符号，符号意义的表征更多来源于人类共同的内心确认和所指，原本能指并没有固定的含义。白色设计可能指代婚庆、纯洁、幸福，也可能指代丧葬、悲伤、寂寞。图案、色彩所指的内容可以基于文化变化和人类认识而发生变化，本身受技术的功用影响小，图案、色彩形成的外观设计更具有主观性、可变性。物理世界，图案、色彩与产品结合，或者形状设计与产品结合，外观设计的形成会受到其依附产品的客观实用性影响。因为外观设计要素的选择和设计需要考虑产品的自然属性和功能实现，所以由此形成的外观设计自然会具有实用性。在网络环境下图形用户界面，图案、色彩及虚拟形状依然作为一种可视化的符号，信息和载体可以分离，图形用户界面远离了产品。图案、色彩、虚拟形状只要能以通电方式进行可视化观察，其不再受实体产品的技术功能性限制，其设计更具有主观性。只不过，符号功能的类指会基于人类认识和社会文化而具有可变性，实用性更具有主观性和可变性。作为一种符号，图案、色彩、形状表达本身的原指符号意义会基于人类共同的认识，成为同一对象或意义的指代，当图形用户界面设计成为一类功能的指代，其设计便是实用性的。单就图形用户界面本身而言，图形用户界面的实用目的在于界面是否与人机交互有关。如果设计的实用目的不是用于人机交互，则该对象不属于图形用户界面，因此不能获得外观设计专利保护；如果设计的实用目的是用于人机交互，则该对象可能属于图形用户界面并因此受外观设计专利保护。[1]

图形用户界面的技术效果与界面设计本身是不同的概念，应该区分对待。前者是界面中隐含的操作功能所带来的效果，后者则是认知与美学的结果。[2]图形用户界面操作功能的技术效果是图形用户界面计算机程序实施的结果，可能有艺术性，也可能仅仅只是一种技术实施方法。而图形用户界面设计本身是个性的表达，是艺术的。只不过图形用户界面本身与计算机程序紧密相连，为了实现计算机程序的人机交互和产品的适销性，产生的实用性是用户心里的感受，而非技术效果。图形用户界面外观设计保护关注的是界面的艺术表达性，实用性侧重于装饰特征的吸引力和符号表征的彰显意义；它具有艺术性和实用性的双重特性，但很显然，其实用性与技术专利的实用效果截然不同。

三、产品的法律特征

图形用户界面将外观设计引入互联网世界，与传统实体物品的外观设计不同，图形用户界面使装饰特征与其载体的距离逐渐拉大，外观设计相关制度也相应地有所变革。外观设计所附产品的定义模糊，图形用户界面作为新兴客体，使其产品的范围更加广泛，确定外观设计所附产品的法律特征意味着对图形用户界面局部外观设计的产品进行外延界定。

首先，产品应当具有独立的使用价值，只有具备使用价值的载体才可以满足人的需求，为外观设计所附。没有使用价值的物品不具有人类可利用的

---

[1] 杜超凯. 图形用户界面的外观设计客体研究［D］. 上海：华东政法大学，2015：27.

[2] SAP/GUI layout vs. T1741/08 Technical Board of Appeal 3. 5. 6，［2013］E. P. O. R.

价值，不具备产业的可利用性。

其次，产品可以是动产也可以是不动产。过去将不动产排除于产品的范畴，原因在于不动产不易于进行批量的制造，不具有工业上的应用性。但是，在现代，房屋建造当然地可以进行批量化的生产，各色组合式房屋（加油站使用的店铺）、电话亭、小屋等可以成为外观设计的对象。❶ 万科公司开发的住房在某些外观上是一致的，其在全国各地的批量化建造，已经使房屋成了产品。商品房、公寓批量化建造，开发商为了促销，精装修的商品房的室内设计推陈出新。大至室内格局，小至橱柜、壁柜、墙体的设计，其不仅可以使住宅房屋节省空间，而且可以彰显人性与时尚，这些设计已经成为消费者购买商品房的主要考虑因素。有的大厦或酒店前厅的格局或者布置同样新颖、独特，其设计、布局或装饰所附的载体就是不动产。

再次，产品具有可视化，外观设计是以形状、图案、色彩构成的视觉表达，这些信息的载体理所当然也需要具备可视化。可视化的实现方式并非仅限肉眼可见，利用其他器械或手段实现的可视化载体也符合产品的要求。有的钻石戒指或者钻石手表的钻石因过于细小，只有通过放大镜才可以全貌地观看外观设计所载钻石及其外观构造。虽然图形用户界面不能脱离产品独立存在，但是它能够被普通消费者所观察，带来有形的视觉感受。

最后，也是最关键的，产品应当着重于产业的可利用性，具体是指一个过程，改变自然材料、原始物质的本来状态，将其形成新的形式、构成，其过程可以是机械的方式，也可以是纯手工的方式。❷ 外观设计产业的可利用性主要体现于重复制造，可以进行批量生产。批量性生产并不局限于是机械化生产还是纯手工制作，抑或两者都有。只不过批量生产本身没有一个具体的数量指标，英国曾经为了区分作品和外观设计，采用了一个工业的客观标准，即用于工业的数量标准在五十件以上，则属于外观设计产品。❸ 但这种尝试实用效果并不大，一个明确具体的数字有时候往往会遗漏数量不够但实质损害

---

❶ 田村善之. 日本知识产权［M］. 周超，李雨峰，李希同，译. 北京：知识产权出版社，2011：355.

❷ William J S, Andrew W T. Revolution in Design Patentable Subject Matter: The Shifting Meaning of Article of Manufacture［J］. 17 Stan. Tech. L. Rev., 2013（183）：198. Diamond v. Chakrabarty, 447 U. S. 303, 308（1980）.

❸ 应振芳. 外观设计研究［M］. 北京：知识产权出版社，2008：89.

外观设计的侵权行为。比如，越来越多的“高端定制”服装、工业品已经舍弃了机械化的批量生产，根据客户需求进行手工制作，本真、诚意成为这类稀缺工业产品的新追求。有时候数量往往难以确定，有的达到工业化的批量生产，有的仅是数十件、几十件的重复制作，但都可能是产业化的制造。这类产品有的并没有批量化生产，也没有工业应用，但是其产业化利用往往是新形势下“高、精、尖”产品的利用模式。外观设计的产品应着重于产业利用性，制造方式并不局限于是机械的还是手工的方法，在结果上着重于批量复制即可，具体方法可以参照客观标准即应达到国际一般规定的五十件最低标准❶，同时应考虑主观标准。所以，在产业上能进行重复性利用，都可以是外观设计的产品。

图形用户界面是计算机程序的结果，都必须承载于屏性媒介上，随屏性媒介又附着于电子产品中。屏性媒介包括但不限于 LED 屏、电脑屏、触摸屏、投影虚拟屏等，这些屏幕或有形或无形，是图形用户界面所附最直接的载体，形状、图案、色彩直接体现于屏性媒介之上，具有使用价值和价值，并可适用于机械化工业生产和流通。不过屏性媒介又往往与电子产品密切相关，基本都附着于电子产品上。只有电子产品通电后，屏性媒介才可以有能力使图形用户界面得以展现。电子产品虽然不是图形用户界面直接的载体，却是图形用户界面直接载体的附着物，其外观设计表达的可视化呈现必须通过屏性媒介在电子产品上呈现。

图形用户界面所载产品的范畴不应局限于原硬件的实体物品❷，计算机屏幕、显示屏、显示板等或者它们的部分具有使用价值和价值，能够可视化，可以在市场上流通，并具有产业的可利用性。因此，图形用户界面固定性的产品范畴应当为显示屏、显示面板等屏性媒介产品。随着技术的发展，屏性媒介可以呈现可视化、产业利用性和市场流通性，甚至可以实现虚拟化。屏性媒介产品的界定可以较好地契合图形用户界面的本质特点，当屏性媒介在不同类别的物品上跨越时，依然可以真正保护屏性媒介上图形用户界面的具体设计创意。因而，在新颖性、区别性的判断中可以较好地在私益与公益中

---

❶ 张帆. 中国专利法注释［M］. 北京：知识产权出版社，2014：7.

❷ 为了以示区别，本文将图形用户界面所载的屏性媒介统称为产品，实体的电子产品统称为物品。

寻求一个平衡点，抽离出智力劳动而予以合法垄断的私权。在侵权判断中，以显示屏为载体基础的判断也可以较好的厘清剽窃的合法与非法界限。❶ 所附硬件物品作为审查管理和分类的依据，方便归类和公众查询，但对图形用户界面外观设计的审查授权和侵权并没有实质性影响。当然，并不排除申请人在申请图形用户界面时仅指定具体物品，其产品范畴缩小至其具体指定的物品。在实质意义上，丝毫不影响图形用户界面所附屏性媒介产品的一般定义，因为图形用户界面所附产品可以扩大至显示屏、显示面板等电子屏幕及其部分，这些显示屏屏性媒介可以通用于各类电子产品。

有观点认为图形用户界面所附产品为计算机程序。虽然图形用户界面与计算机程序紧密相关，它通过计算机程序呈现于屏性媒介上，但图形用户界面与计算机程序依然存在区别。计算机程序是信息的指令化代码集成，在于对电脑的生成控制和操作。图形用户界面并不是为了实现生成控制和操作，只是便于人机交互。虽然它的产生有部分代码是被写入计算机程序，但两者实现的功能各不相同。若计算机程序可以成为图形用户界面的载体，如计算机图标就是对计算机程序的外面装饰和表征，借以给人整体印象。然而，几乎所有图形用户界面都是计算机程序的结果，或者与计算机程序相关。若将计算机程序确定为图形用户界面所载的产品，所有图形用户界面都是固定于产品上，外观设计对产品的固定性要求等于没有实质意义。在新颖性、区别性的授权判断以及侵权判断中，产品还有具体的实践意义，计算机程序作为产品载体的分类在现阶段的中国暂时没有实现的可能性。

显示屏及体现于显示屏上的图形用户界面外观并不相同，理解这种区别也就是理解呈现于产品和应用于产品的外观设计的区别一样。前者是产品的一部分，后者是产品部分外固定于其上的另一种装饰形式。事实上，电子屏幕如一张纸或画家的画布，它作为一种体现图像的新媒介，图形用户界面仅仅固定或展现于电子屏幕上而已。屏性媒介与传统的展示图像的纸质媒介相比，最重要的不同在于图形用户界面通过图像在电子屏上帮助人们进行人机交互，但是一般图像或绘画作品仅作纯粹的艺术欣赏。当然，人机交互作用

---

❶ 具体参见下文新颖性、独特性及侵权判断规则的详细论述。

是图形用户界面的本质特征或者自然属性，人机交互可以作为图形用户界面合格性的前提，但却不能作为屏性媒介产品及图形用户界面外观设计装饰性的标准，因为图形用户界面外观设计的资格判断在于其视觉装饰本身。诸如游戏界面、软件界面、图文排版、网页应用、布局设计等，性质上若属于人机交互的接口，属于图形用户界面；若都能够固定于显示屏上并发挥装饰性作用，可以成为局部外观设计的保护客体。[1] 只不过，如开关机画面、壁纸等贴附于显示屏上仅起美观作用，不是用于人机交互，仅可以获得著作权或商标权的保护，不受局部外观设计的保护。

四、小结

局部外观设计对于我国知识产权而言，是一个全新的制度，至今处于立法的空白，有待理论的认识和实践的深化。图形用户界面是一个新兴的事物，至今发展不超过四十年，但技术的推进和产业的需求，急切地要求对其进行局部外观设计保护。图形用户界面与局部外观设计两者都是一个全新的事物，图形用户界面的局部外观设计保护制度的建立，着实有待我国理论界进行开荒式的挖掘。

对一项制度的了解往往从基础性的概念入手，某些制度的发展往往就在于基础性概念的突破。局部外观设计制度历经美国对整体外观设计一次次突破的司法实践，外观设计“所载产品”成为一次次外观设计发展与变化的关键或者前提。外观设计与产品不同，前者是通过显示于产品上的装饰性特征引起消费者心理的认知，从而促进产品的销售。这种实用目的的实现却是以类似于作品的表达方式，如形状、图案、色彩及结合所形成的对人的整体印象。只是与作品不同，外观设计不再是纯主观的艺术审美了，而是以在艺术审美基础上所引发的情感变化产生吸引力，从而带动产品的适销。

外观设计保护的是产品上的装饰性特征，而非产品，产品只是外观设计

---

[1] 日本经过几年的实践，反思对于软件界面和网页界面的限制过于严格，在 2011 年召开第 18 次意匠制度小委员会专门讨论是否扩大图像意匠保护范围的问题，有放宽功能性与操作性要求的趋势。日本特许厅：《平成二十三年度“对数字社会系统设计保护制度的调查研究”》。见：吴婷. 图形用户界面的外观设计专利法律保护研究［D］. 长沙：中南大学，2013：24.

所载或者实现实用目的的工具。产品可以是整体的，也可以是局部的，但凡可以成为所附外观设计的载体即可。随着技术的不断发展，产品的内涵也在不断发生变化。外观设计与产品的关系，欧盟走得很远，图形用户界面可以脱离产品而独立存在。日本较为谨慎，将产品限于有形的动产，只有与有形产品共同使用并实现产品相关功能的图形用户界面才可以获得保护，韩国和我国台湾地区则显得较为宽松，有形物品可以是图形用户界面的所载产品，显示屏、显示板也可以是图形用户界面的所载产品。将外观设计进行专利保护的美国，多次尝试也没能突破外观设计产品的固定性要求，最终基于实用主义灵活地将图形用户界面与产品的结合度限于最低的程度。

法律移植可以发挥“思想节约”的经济原则，借鉴美国、欧盟、日本、韩国及我国台湾地区的经验，现阶段我国图形用户界面局部外观设计所载产品的范围是显示屏、显示面板等屏性媒介。这不仅结合了新技术、新事物带来的挑战，符合外观设计艺术性与实用性的特点，在具体适用中，也便于进行新颖性、区别性的授权判断以及侵权判断。当然，法律移植的最终结果就未来而言总是不确定的，法律移植过程包含试错、调试、改造等环节，甚至重复多次这样的过程。以日本陪审团制度发展为例，其制度就历经引进、废止、改造并重新引进、调试等过程。中国法治的现代化需要给法律发展及各个系统以试错和调整的机会，我们需要的是成熟和完善的法律移植，而不是怀疑和踌躇。[1] 图形用户界面及其对产品定义的解构给传统的外观设计带来挑战，这也是契机。法律移植使我们汲取他国成熟的优秀经验，使图形用户界面的保护与时俱进，最终不断完善我国外观设计制度的发展。

[1] 李晓辉. 中国式法律移植之反思［J］. 国家检察官学院学报，2014（1）：89-99.

第六章　图形用户界面局部外观设计专利权的司法保护

不管是在理论界还是实务界，外观设计侵权判断的争论一直没有停止。这些争论影响了立法，以至于不同时期的立法及司法解释都折射着每个时期理论争议的印记。甚至错误的理论导致部分法律或司法解释不科学，直接影响司法实践，形成错误的司法判决。在司法实践中，具体案例因判断规则的频繁变化和不同理解，相同案情会出现不同的结果，这不利于司法裁判的统一和规则的适用。图形用户界面是新技术催生下新时代的新事物，在我国暂时没有局部外观设计制度的情况下，其侵权判断需要在厘清外观设计侵权判断规则的基础上，创新性地确立和适用一些特别的制度。

第一节　侵权判断规则的坚持与革新

知识产权的本质是排他权，通过法律规定禁止权的方式对其提供保护。知识产权民事诉讼成为确定禁止权范围的具体方式，诉讼中法官通过侵权判断规则确定侵权与否，能够界定权利的边界，侵权判断规则成为知识产权保护最关键的手段。以作品为例，由于作者无须登记自创作之日起就享有著作权，侵权判断规则成了其权利边界划定的唯一方式。

一、侵权比对核心的解构

外观设计保护的是设计本身，而非产品，其侵权比对和判断都围绕外观设计而展开。在 Avia Group International，Inc. vs. L. A. Gear California 一案❶

---

❶ Avia Group International，Inc. vs. L. A. Gear California，Inc. 853 F. 2d 1577（Fed. Cir. 1988）.

中，美国联邦巡回上诉法院认为，认定侵权只需证明被诉侵权产品盗用了受保护的外观设计即可，被诉侵权产品是否干扰了专利权人拥有的市场并不在证明责任的范围之内，❶ 被诉侵权人的产品与专利权人的产品是否存在直接的竞争关系也不在证明的要求范围之内。因为外观设计专利权作为绝对权，具有较强的排他性。即使在外观设计权利人没有制造其产品的情况下，侵权人也不能摆脱其侵权责任。❷ 在该案中，权利人 Avia 的外观设计是用于网球鞋，被诉侵权产品是儿童鞋，两个产品的消费群体不一样，但只要外观设计相同，依然构成侵权。

外观设计的构成要素含有形状、图案、色彩，形状是最能够体现产品类型的要素，即使图案和色彩相同，但是产品的形状明显不同，很难产生相同或者实质相同的整体视觉效果。我国现行《专利法》第五十九条规定“外观设计专利权的保护范围以表示在图片或者照片中的该产品的外观设计为准”，很大程度上已经考虑了产品的类型问题，降低了另行和单独对产品类型进行比较的必要性。❸《最高人民法院关于审理侵犯专利权利纠纷案件应用法律若干问题的解释》（以下简称《专利法司法解释》）第八条❹规定的“产品相同或近似”并非外观设计侵权判断的前提，而只是侵权判断中“整体视觉印象”的考量因素，产品及其外观设计应一同作为外观设计的保护范围，在整体观察中进行判断。况且，有些外观设计申请时并没有可以分类的产品，申请时不能确定产品，但该外观设计具有独特的装饰特征，可运用于不同用途的装饰。如漳州市越远食品有限公司诉福建省晋江市青阳维多利食品有限公司一案❺中，“工艺品（凤梨拼盘）”（专利号 ZL200630000974.6）虽然登记于装饰品类中的 11-02“小装饰品、桌子、壁炉台和墙的装饰、花瓶和花盘”，但真正体现的装饰特征在于“凤梨拼盘”的外观设计，即便将其运用于食品、

---

❶ Unette Corporation v. Unit Pack Co., Inc., 785 F. 2d 1026 (Fed. Cir. 1986).

❷ Avia Group International, Inc. vs. L. A. Gear California, Inc. 853 F. 2d 1577 (Fed. Cir. 1988).

❸ 尹新天. 中国专利法详解［M］. 北京：知识产权出版社，2011：643.

❹《最高人民法院关于审理侵犯专利权纠纷案件应用法律若干问题的解释》第八条规定：“在与外观设计专利产品相同或者相近种类产品上，采用与授权外观设计相同或者近似的外观设计的，人民法院应当认定被诉侵权设计落入专利法第五十九条第二款规定的外观设计专利权的保护范围。”

❺ 最高人民法院〔2013〕民申字第 1658 号民事裁定书。

贡品或摆设上，与“小装饰品、桌子、壁炉台和墙的装饰、花瓶和花盘”关系不大，但外观近似，就构成侵权。

若产品作为侵权判断的前提，将使对产品的判断凌驾于外观设计之上，忽略外观设计的核心本质。《专利法司法解释》第九条[1]规定根据产品用途认定产品种类的相同或相近，仍将其作为侵权判断的前提。所以，产品前提的错误认定容易导致错误的判决结果，让侵权行为有可乘之机。[2] 而且，“产品功能、用途、分类及使用情况”不同，外观设计相同，如将橱柜外观用于冰箱，将真实汽车的外观用于玩具汽车，难道这种模仿、照抄行为就不是侵权的吗？其实不然，只要被诉侵权人基于装饰目的，使其被诉侵权产品的整体外观与外观设计的整体外观相同或相近似，应当构成侵权，产品的种类、功能、用途的区别无关紧要。[3] 否则，岂不鼓励他人将相同外观设计用于不同产品上，倡导了抄袭，这与外观设计对装饰特征的保护目的显然相违背。

实体物品在侵权比对时，产品以形状的要素影响整体视觉。但作为局部外观设计，其产品的影响作用很小，设计者的创新和保护的重点都在产品的局部。局部外观设计是实体物品的不可分割的局部，申请人申请局部外观设计时已经将物品用虚线表示，弱化物品的影响，实线表示的局部才是外观设计的创新部分，也应当是外观设计保护的核心。若他人将杯子的把柄外观设计用于热水瓶的把柄上，产品不同，但把柄的外观相同，该行为剽窃了外观设计的创新，应当予以制止。图形用户界面的产品为显示屏、显示面板及其部分，其屏性媒介产品的区别并不大，产品或形状的影响作用很小，图形用户界面局部外观设计的比对，核心仅围绕图形用户界面而展开。

知识产权作为民法的重要有机组成部分，民事法律的诚实信用原则也是

---

[1] 《最高人民法院关于审理侵犯专利权纠纷案件应用法律若干问题的解释》第九条规定：人民法院应当根据外观设计产品的用途，认定产品种类是否相同或者相近。确定产品的用途，可以参考外观设计的简要说明、国际外观设计分类表、产品的功能以及产品销售、实际使用的情况等因素。

[2] 在中山隆顺日用制品有限公司诉汕头市澄海区华达玩具有限公司一案中，一审法院认为授权外观设计的童车与被诉侵权产品的玩具不是同类产品而驳回原告全部诉讼请求，二审法院却认为是两产品近似，被告构成侵权，予以改判。参见广东省高级人民法院〔2004〕粤高法民三终字第 320 号民事判决书、浙江省高级人民法院〔2005〕浙民三终字第 26 号民事判决书。

[3] 尹新天. 中国专利法详解［M］. 北京：知识产权出版社，2011：643-644.

知识产权应当遵循的基本原则。❶ 诚实信用原则不仅仅是一种法律原则，更是一种信仰，一种文化，一种国民素质。❷ 外观设计的申请、利用、保护应当秉承诚实信用原则，“禁止反悔”“禁止权利滥用”贯穿权利人申请、利用及保护的始终。禁止申请人为了获得权利在申请时缩小保护范围，但在权利利用和侵权保护时则扩大保护范围。申请人在申请图形用户界面的局部外观设计保护时，为了获得最大范围的外观设计保护，可以选择“显示屏上的图形用户界面”名称，其保护范围能够涵盖载有该图形用户界面屏性媒介的所有物品。在进行侵权比对时，不管被诉侵权人载有屏性媒介的电子产品是何物品，但凡图形用户界面相同或者近似，就构成侵权。虽然图形用户界面的屏性媒介产品可以跨越不同的物品种类，载有图形用户界面的屏性媒介可以同时运用于电脑、手机、电视、起重机等物品上。但是，保护的范围越大，被无效的风险也越大，现有设计的侵权抗辩范围也越大。实践中，申请人可能仅将图形用户界面指定于某一物品上，在申请图形用户界面局部外观设计保护时，申请人仅选择“某物的图形用户界面”名称，但在权利利用和维权诉讼中却主张所有物品的图形用户界面局部外观设计保护。根据诚实信用原则及当事人申请时明确的意思表示，其外观设计的保护范围仅能涵盖该某物品上的图形用户界面。若他人将该某物的图形用户界面用于另一物品上，不构成侵权。所以，该外观设计的保护范围仅限于某物品上的图形用户界面，物品连同图形用户界面一起作为整体外观才是其外观设计的保护范围，再无必要考虑其他物品的功能、用途、分类及其他情况。

二、侵权判断主体的统一

外观设计以其装饰特征吸引消费者的关注和兴趣，促使消费者购买其产品。外观设计保护的是设计本身，而非产品，产品只是外观设计的载体，该产品可以是最终产品，也可以是中间产品，也可以是同一产品上不同时间状态上体现的不同装饰外观。只有能够引起消费者产生整体视觉感受，外观设计才可以获得授权，外观设计也只有对消费者产生了视觉感受，其作用才得

❶ 刘春田. 民法原则与商标立法［J］. 知识产权，2010（1）：3-10.

❷ 张玉敏. 诚实信用原则之于商标法［J］. 知识产权，2012（7）：40-45.

以发挥。所以，外观设计功能发挥的核心是消费者，消费者是进行可视化观察，并能够产生整体视觉印象的核心主体。外观设计授权的主体为一般消费者，其侵权的判断标准也应当坚持一致的标准，以“一般消费者”作为其判断主体。如果侵权判断的主体是设计人员，以设计人员的角度观察外观设计，那世间将没有相同的外观设计设计了，更不会存在剽窃和侵权，但事实显然并非如此。[1] 在授权判断中，以一般消费者的视觉观察，某一设计与现有设计相同，公众对该设计的使用合理预期为合法行为。而在侵权判断中，以普通设计者的视觉观察，该设计与现有设计又不同，现有设计不能进行侵权抗辩，将损害公众的合理预期，不利于制度的理解和执行。

知识产权具有调配符号表达所形成的市场利益的功能[2]，外观设计是产业利益现实需求推动下产生的法律。对设计师而言，获得外观设计权并不是其终极目的，其最终目的是后续使用行为以及据此获得的经济利益。[3] 图形用户界面的产生或升级改变都以消费者为中心，以实现“用户体验”为根本宗旨。设计师开发、利用和保护图形用户界面都围绕其整体视觉印象而展开，设计前、设计中以及后期评测的整个图形用户界面开发过程中，为获得更好的“用户体验”，设计者会进行“消费者”评估，以消费者的视觉预测并“打磨样板”，跟进图形用户界面的使用情况。在利用图形用户界面的过程中，图形用户界面首先印入消费者的眼帘，消费者凭借其利用过程中的视觉观察获得“体验感受”。设计师对消费者主体的预测及对使用后的用户体验反馈的把握，会产生法律保护的合理预期。申请图形用户界面局部外观设计实质要件的判断主体是一般消费者，其侵权判断也应当与其一致。当然，“一般消费者”是法律拟制的标准，并非完全抽象，因为完全抽象的标准没有实际指导意义。具体的界定需要根据一般消费者的知识水平和认识能力来进行评价[4]，并结合所要判断的外观设计产品将一般消费者这个抽象的概念具体化为与该设计相

[1] Gorham Company vs. White. 81 U. S. 511 (1871).

[2] 李琛. 知识产权法基本功能之重解［J］. 知识产权，2014 (7)：3-9.

[3] 芮松艳. 外观设计法体系化研究［D］. 北京：中国社会科学院，2015：87.

[4] Egyptian vs. Swisa, 556 U. S. 1167; 129 S. Ct. 1917; 173 L. Ed. 2d 1060. (2009)." ...the attention of an ordinary observer familiar with prior art designs will naturally be drawn to the features of the claimed and accused designs that render them distinct from the prior art."

关的人群。[1] 图形用户界面一般采用隐喻手法，有的设计变化不大，消费者需要对隐喻手法或者像似符有常识性的了解，并能够分辨非细节的变化。图形用户界面以屏性媒介为产品，可以是中间产品，其所运用的物品范围很广，其具体的判断主体既包括组装商、维修商，也包括一般购买者、使用者。

三、侵权判断方法的矫正

我国专利法对外观设计的侵权判断方法未作任何规定，具体的侵权判断方法仅在司法解释中予以规定，外观设计的侵权判断围绕外观设计相同或相近似而进行，但具体的方法却很难统一。2006 年以前，我国《专利审查指南》采取“综合判断”和“要部判断”[2] 两种并行的判断方法，加上产品的“要部”仁者见仁，智者见智，导致当时利用该两种方法所形成的司法判决十分混乱。

（一）美国司法实践“普通观察者测试法”的确立与回归

早在 1871 年，在 Gorham vs. White 一案[3]中，美国最高法院就确立外观设计“普通观察者测试法”的侵权判断方法，法院认为发明和实用新型专利注重的是实用性，而外观设计是通过视觉感受增加兴趣和培养购物欲望，所以前者应以相同的效用作为侵权的检验方法，后者应以相同的装饰作为侵权的检验方法。因为观察对于发明、实用新型专利而言是无用的、短暂的、不留心的、不明智的，实质性相同的判断无须考虑个人的观察。但外观设计不同，他人购买含有外观设计的物品时，首先映入眼帘的就是外观设计，也靠它来进行鉴别整体视觉之间的不同。在普通观察者眼中，购买者首先注意的是两个设计是否构成实质性相似。如果在观察者眼中被诉侵权设计与授权设计是相似性的，被诉侵权者以其相似外观诱导观察者购买其产品，相似外观设计肯定是侵权的。

---

[1] 最高人民法院〔2010〕行提字第 5 号行政判决书。

[2] 设计要部和设计要点是完全两种不同的概念，设计要部是指产品的部分，不一定是外观设计的创新部分；设计要点则是外观设计的创新点。

[3] Gorham Company vs. White. 81 U. S. 511 (1871).

在1984年，在Litton Systems vs. Whirlpool一案[1]中，联邦巡回上诉法院采用了“新颖点测试法”的侵权判断方法。[2] 法院认为一个外观设计专利权要被判侵权，无论如何被诉侵权设计与该外观设计看起来应当相似，但是被诉侵权设备也必须是占用了区别于现有设计的外观设计的新颖性。[3] 法院以普通观察者的视角比较外观设计与被诉侵权设计，新颖点相似，被诉侵权设计才毫无疑问地构成侵权，至此新颖点测试法的应用成为外观设计侵权的判断方法。虽然细微区别不能妨碍被诉侵权设计被认定构成侵权，但是当某些相似性特征是看起来不十分重要且外部视觉又不十分明显的现有设计时，那将会有许多现有设计致使相似性判断十分狭窄。该案基于其外观设计的新颖点“围绕无把手的门及其条纹效果以及在控制面板上的开锁装置”，法院判令被诉侵权设计与授权外观设计并不相似，被告不构成侵权。

基于对“新颖点测试法”错误适用的矫正和对“普通观察者测试法”的坚持，在2007年11月26日，联邦巡回上诉法院以全体法官出席的方式，重新审理了Egyptian Goddess vs. Swisa一案。[4] 该案地区法院采用“新颖点测试法”认为被告Swisa的产品在指甲锉的四面都有磨砂面，但原告的外观设计第四面却没有，这个区别十分明显，这也不是原告的外观设计区别于现有设计的新颖点，所以被告不侵权。联邦巡回上诉法院审理该案后，彻底否定了“新颖性测试法”清单式的侵权判断方法。联邦巡回上诉法院认为，对于只区别于一项现有设计的外观设计而言，容易分离其外观设计与现有设计的新颖性，在这类简单的案件中，“新颖点测试法”可以使法官容易做出侵权判断。但是，对于有许多新颖性的外观设计或者由现有设计特征组合而成的外观设计而言，当其中的新颖性特征在一个或者多个现有设计都能够被发现时，“新

[1] Litton Systems vs. Whirlpool, 728 F. 2d 1423 (Fed. Cir. 1984).

[2] 被告据以提出的所谓“新颖点测试法”的最早先例是1893年联邦最高法院的Smith vs. Whitman Saddle案（148 U. S. 674, 13 S. Ct. 768, 37 L. Ed. 606, 1893 (1893)。但在Egyptian vs. Swisa (556 U. S. 1167; 129 S. Ct. 1917; 173 L. Ed. 2d 1060. (2009)) 中，联邦巡回法院认为Smith vs. Whitman Saddle案适用的是衡平法，法院当时没有过多区分专利有效性和讨论侵权问题，仅根据外观设计专利与现有设计的相似性考虑，被诉侵权设计没有包含使其与外观设计专利十分相似而非与众多外观设计相似的单一特征，所以认定被告不侵权。该案这并非意味着适用了新颖点测试法。

[3] Medtronic, Inc. vs. Cardiac Pacemakers, Inc., 721 F. 2d 1563 (Fed. Cir. 1983).

[4] Egyptian vs. Swisa, 556 U. S. 1167; 129 S. Ct. 1917; 173 L. Ed. 2d 1060 (Fed. Cir. 2009).

颖点测试法”将形成矛盾的冲突局面，即外观设计是单个装饰特征的简单拼凑还是一个有机组合的整体视觉外观。❶ 外观设计是以整体视觉印象为人所知，这个整体印象当然由多元特征有机组合形成的，并非简单相加。“新颖点测试法”显然偏离了这个方向，也不符合“普通观察者”判断主体的视觉感受。当一个外观设计集合了多个新颖点时，如果按照“新颖点测试法”，岂不是新颖点越多，被告可抗辩的机会越多。事实却并非如此，熟悉现有设计的普通观察者一般会注意到外观设计的区别点，但依然会在普通观察者法中进行整体观察和评判。“新颖性测试法”的错误在于完全偏离了鼓励创新的目的，外观设计保护的是外观权利人的竞争优势，竞争优势来源于外观设计对消费者的吸引，外观设计整体视觉以消费者为中心，只有消费者才是相似性判断的主体。新颖性测试法过分夸大了新颖点的重要性，只考虑局部设计，没有考虑外观设计为消费者所观察的整体视觉感受。❷ “新颖点测试”不能成为一项独立的测试方法。

联邦巡回上诉法院还认为，是否进行现有设计抗辩，由被告自行决定。如果被告选择现有设计作为抗辩，应当主动证明被诉侵权设计与现有设计相似，或者让法庭注意其被诉侵权设计与权利人的外观设计的不同点就是现有设计，现有设计选择与否及其相关现有设计的选择都由被告决定。“新颖点测试法”不经被告的举证和主张，将现有设计直接纳入侵权的考量，有越权裁判的嫌疑，不符合审判和证据规则。据此，在 Egyptian Goddess vs. Swisa 案中，法院否定了原审法院的“新颖点测试法”，也没有适用陪审团的“非细节改进测试法”（non-trivial advance test）❸，而是坚持了“普通观察者测试法”。只不过，该案由于被诉侵权设计的四个磨砂面与授权外观设计三个磨砂面的区别并非细微的，致使被诉侵权设计与授权设计整体视觉印象不同，法院最后维持被告不侵权的结论。

---

❶ Compare Lawman Armor Corp. vs. Winner Int'l LLC，449 F. 3d 1190（Fed. Cir. 2006）.

❷ 李秀娟. 外观设计侵权判定中的新颖点分析——以美国外观设计新颖点测试为中心［J］. 电子知识产权，2014（6）：68-75.

❸ “非细节改进测试法”没有先例支撑，它融合了侵权和区别性的标准，不恰当的注重单个新颖性特征的明显性，而不是整体外观的区别性，应留待未来的案件进一步发展该标准的应用。In re Seagate Tech.，LLC，497 F. 3d 1360（Fed. Cir. 2007）.

从美国“普通观察者测试法”的曲折历程可以看出，美国外观设计的侵权判断方法坚持普通观察者整体观察的方法，杜绝清单式地罗列区别特征，杜绝新颖性特征的单个影响。外观设计的侵权判断仍然应当从外观设计整体视觉效果的本质出发，以整体视觉效果为中心，进行综合的判断。

（二）我国侵权判断方法的困境和出路

《专利法司法解释》第十一条[1]确立了“整体观察、综合判断”的侵权判断方法，该条第三款规定：“被诉侵权设计与授权外观设计在整体视觉效果上无差异的，人民法院应当认定两者相同；在整体视觉效果上无实质性差异的，应当认定两者近似。”外观设计侵权判断可以分两个步骤：第一，判断被诉侵权设计与授权外观设计整体视觉效果是否有无差异，如果不存在差异，可以直接得出侵权的结论；第二，如果整体视觉效果存在差异，还需继续判断该差异在整体视觉效果是否是实质性的，如果答案是否定的，被诉侵权设计与授权外观设计构成相似，被告才可能构成侵权。

为了明确实质性差异，《专利法司法解释》第十一条第二款中规定，产品正常使用时容易被直接观察到的部位相对于其他部位或者授权外观设计区别于现有设计的设计特征相对于授权外观设计的其他设计特征，通常对外观设计的整体视觉效果更具有影响。对于“产品正常使用时容易被直接观察到的部位”，法院容易将正常使用限于产品的最终使用，只关注其“要部”，而忽略“非要部”的观察。按照一般消费者的理解，判断主体包括组装商、维修商、购买者、使用者，产品正常使用并非仅指产品的最终使用，毕竟中间产品在最终使用时并不能被使用者所见。“要部”认定具有不确定性，“部位”的认定仁者见仁智者见智，“部位”认定的不同会带来完全不同的结果，现实判例是各尽不同。在新疆鄯善华兴铸造有限公司诉新疆伊犁钢铁有限责任公

[1] 《最高人民法院关于审理侵犯专利权纠纷案件应用法律若干问题的解释》第十一条第一款中规定：“人民法院认定外观设计是否相同或者近似时，应当根据授权外观设计、被诉侵权设计的设计特征，以外观设计的整体视觉效果进行综合判断。”

司一案❶中，二审法院以对最终产品的注意力确定外观设计左右视图、仰视图为要部，主视图为非要部，将外观设计的保护范围缩小至“组装产品的要部”，显然不符合申请人申请时的真实意思，错误地界定了外观设计的保护范围。而“部位”对整体视觉更有影响的认定，是否意味着非该“部位”即使存在较大差异，也认为是无实质性差异？同样在该案中，二审法院忽略非要部的作用，认为所谓的要部对比差异明显，从而改变一审判决，认定被告的设计与原告的外观设计专利不相同，从而不构成侵权。或者特别注重该“部位”的视觉影响，即使只要存在较小的差异，也就是实质性差异？如在蒋富强诉重庆华润机械有限公司一案❷中，二审法院将对比的重点集中于权利人的主要设计要部，基于要部的不同改判一审侵权的结论，认定被告不侵权。事实上，以上要部判断的理解容易引起偏差，不符合外观设计整体视觉印象的本质。外观设计整体视觉是所有构成要素综合的影响结果，任何部分的差别对整体视觉效果都会存在影响。一般消费者不仅包括正常使用的购买者或者使用者，也包括组装商、维修商、售后商等，产品不被直接观察到的部位或许对最终使用者的整体观察没有显著影响，但是对于组装商、维修商或者售后商来说可能影响显著。而该部位是设计师的创意部分，能够产生装饰性，为权利人带来吸引力和适销价值。在张阿华诉思迈尔机电有限公司一案❸中，法院就只对主视图和俯视图进行了对比，认为“喷头使用时有明确的朝向性，其主视图和俯视图所示的部位相对于其他部位明显地容易引起一般消费者的注意，如果两者相同或者相近似，可以认定被告的喷头与涉案授权外观设计相同或近似，构成侵权”。该案对其他视图没有进行比对，然而申请人在申请时提交了主视图、俯视图之外的照片，根据其意思表示，其他视图也应当属于创新的部分，在整体视觉效果中也发挥作用，是授权外观设计的保护范围，

❶ 二审法院认为：“由于散热器在一般消费者购买使用时，通常是组合拼装成一组整体产品，一般消费者只能对拼装后的整体产品的左右视图、仰视图部分施以注意力，而无法对主视图部分施以注意力，故外观设计专利的左右视图、仰视图部分为要部，主视图为非要部。从拼装后的整体实际使用效果看，两者实际使用时的美感效果明显相近似，且均是同类产品，容易引起一般消费者施以普通注意力时的误认和混淆。”参见新疆维吾尔自治区高级人民法院〔2007〕新民三终字第 6 号民事判决书。

❷ 重庆市高级人民法院〔2005〕渝高法民终字第 195 号民事判决书。

❸ 浙江省宁波市中级人民法院〔2005〕甬民二初字第 27 号民事判决书。

因而在侵权比对中不能被忽略。在外观设计最终的侵权判断上，还是需要回归“整体观察、综合判断”的原则，所以2006年《专利审查指南》删除了外观设计“要部判断”的侵权判断方法。

对于“授权外观设计区别于现有设计的设计特征相对于授权外观设计的其他设计特征对外观设计整体视觉效果更具有影响”，该方法类似于美国的“新颖点测试法”，美国 Egyptian Goddess vs. Swisa 案❶对“新颖点测试法”的拒绝理由都可以适用于对该方法的否定。这里的现有设计是指一份还是包含现有设计的组合？现有设计由谁提出？最接近的现有设计是什么？由于现有设计本身的不确定性，该方法很难让判断继续进行下去。即使被诉侵权者提出了现有设计，“以现有设计为标准的视觉效果的影响”限定给侵权行为的认定设置了难度❷，不利于权利人的权利保护。本属于授权阶段的现有设计不应混同于侵权判断之中，“区别于现有设计的设计特征对整体视觉效果更具有影响”容易偏离外观设计整体观察的方向，使判断倾向于新颖点，反而缩小了外观设计的保护范围。外观设计是以整体视觉印象为人所观察，该整体印象是由多元的设计特征组合形成的，并非清单式地简单相加。被诉侵权设计能够引起他人误认的是整体外观设计的相似性，而非一个个装饰性特征的相似性。❸ 在外观设计的侵权判断中，整体视觉的对比并非清单式的区别特征的罗列，也不是新颖性特征的简单组合，应当是一个整体观察和综合判断的过程。在 Richardson vs. Stanley 一案❹中，美国联邦巡回上诉法院认为如果忽略木器工具的功能性要素，被诉外观设计与授权外观设计确实不同。但是，其组合后的整体装饰依然还是可以受到保护，所以侵权判断时也应当以其整体视觉效果进行综合判断。只不过该案由于被告 Stanley 的被诉外观设计与授权外观设计的整体外观确实不同，所以二审维持了一审不侵权的结论。因此外观设计的侵权判断方法仍然应当坚持“整体观察、综合判断”方法，对外观设计各个要素以整体的视觉效果进行观察和判断。

---

❶ Egyptian vs. Swisa, 556 U.S. 1167; 129 S. Ct. 1917; 173 L. Ed. 2d 1060 (Fed. Cir. 2009).

❷ 尹新天. 中国专利法详解［M］. 北京：知识产权出版社，2011：650.

❸ Amimi Innovation Corporation vs. Anthony California, Inc., 439 F. 3d 1371 (Fed. Cir. 2006).

❹ Richardson vs. Stanley Works Inc, 597 F. 3d 1288 (Fed. Cir. 2010).

为了方便理解和适用，有利于授权标准与侵权标准的统一，在进行“整体观察、综合判断”的具体运用时，可以将被诉外观设计假想为现有设计，将授权外观设计与“现有设计”（被诉外观设计）相比，如果可以得出区别性的结论，授权外观设计可以获得外观设计的有效性，则两者肯定不是非实质差异的，被诉外观设计不构成侵权。非实质性差异的认定可以借鉴《专利审查指南》关于适用《专利法》第二十三条第一款的规定，将授权外观设计与“现有设计”（被诉外观设计）相比，相同或者实质相同属于非实质性差异，被诉外观设计构成侵权。❶ 例如，现行《专利审查指南》第四部分第五章5.1.2规定了涉案专利与对比设计实质相同的判断方法，❷“其区别在于施以一般注意力不能察觉到的局部的细微差异”相对于《专利法司法解释》的“产品正常使用时容易被直接观察到的部位”，去除了“正常使用”，可以涵盖非最终使用时组装商、维修商、售后商对中间产品设计的观察。“细微差异”比“被直接观察的部位”更符合侵权比对时对装饰特征进行核心比对的要求和一般消费者的内涵。当然，将被诉外观设计假象为现有设计，只是为了便于理解和适用，作为一种可借鉴的方法，可以起辅助的作用，❸ 最终还是需要回归到“整体观察、综合判断”的侵权判断方法。在Egyptian Goddess vs. Swisa案中，美国联邦巡回上诉法院即使认为陪审团提出的“非细节改进

---

❶ 尹新天. 中国专利法详解［M］. 北京：知识产权出版社，2011：644-655.

❷ 我国《专利审查指南》第四部分第五章5.1.2规定：“如果一般消费者经过对涉案专利与对比设计的整体观察可以看出，二者的区别仅属于下列情形，则涉案专利与对比设计实质相同：（1）其区别在于施以一般注意力不能察觉到的局部的细微差异，例如，百叶窗的外观设计仅有具体叶片数不同；（2）其区别在于使用时不容易看到或者看不到的部位，但有证据表明在不容易看到部位的特定设计对于一般消费者能够产生引人瞩目的视觉效果的情况除外；（3）其区别在于将某一设计要素整体置换为该类产品的惯常设计的相应设计要素，例如，将带有图案和色彩的饼干桶的形状由正方体置换为长方体；（4）其区别在于将对比设计作为设计单元按照该种类产品的常规排列方式作重复排列或者将其排列的数量作增减变化，例如，将影院座椅成排重复排列或者将其成排座椅的数量作增减；（5）其区别在于互为镜像对称。”

❸ 《最高人民法院关于审理侵犯专利权纠纷案件应用法律若干问题的解释》第十四条规定：“设计空间较大的，人民法院可以认定一般消费者通常不容易注意到不同设计之间的较小区别；设计空间较小的，人民法院可以认定一般消费者通常更容易注意到不同设计之间的较小区别。”参见浙江省高级人民法院〔2004〕浙民三终字第152号民事判决书：“……判断一件外观设计专利与公知外观设计是否相同和相近似时，应当考虑产品在外观方面存在的产生变化的空间大小。由于手紧式钻夹头产品自身的特点，决定了目前该产品外观的形状差别不会很大，且均应具有前套和后套。两个外观设计如在前套、后套及后套顶端这些主要设计部位上的不同，将足以使两个外观设计不相同和不相近似。”

测试法”与“普通观察者测试法”殊途同归，但也不愿轻易尝试，主要原因是不想让外观设计侵权判断从“新颖点测试法”的一个窠臼又落入另一个窠臼。

(三) 图形用户界面局部外观设计侵权判断方法的具体应用

局部外观设计是产品不可分割的局部创新，其设计创新的部分相对较小。局部外观设计往往是外观设计的设计要点，本身就是设计师的全部创意。局部外观设计在申请时所呈现的实线部分是实体物品的创意所在，也是该物品得以吸引消费者关注和兴趣的集中体现及其价值所在，它自然也成为权利人得以利用和最想保护的地方。

以屏性媒介为载体产品的图形用户界面，除特别指定物品的情况外，一般都会以虚线形式表示“显示屏、显示面板”。屏性媒介产品被弱化，图形用户界面局部外观设计的所有设计创意仅仅集中于图形用户界面本身。以二维状态为主的图形用户界面，在现有的技术条件下，形状的作用较小，图案、色彩及其布局结构成为图形用户界面的主要表现形式，图形用户界面创意全部集中于图案、色彩及其布局之上。图案变换包括题材、构图方法、表现方法及花样大小几个要素的改变，色彩的改变当然可以使图案发生改变。题材相同，而构图方法、表现方式、花样大小不同的，也会使图案不相近似，从而使外观设计不相近似。色相包括赤、橙、黄、绿、青、蓝、紫及其组合，纯度是指鲜艳程度，亮度是指明暗情况，色彩的相同或近似判断，需要根据颜色的色相、纯度和亮度以及两种颜色的组合、搭配进行综合判断。[1] 在网络环境下，屏性媒介上的图形用户界面图案、色彩的构成可以借助技术手段，可创作发挥的空间大，比实体物品中的装饰要素更加丰富。即使是形状，在虚拟技术的支持下，三维立体的图形用户界面，可以不受实体物品的局限，以不同的形式实现虚拟三维形状的视觉呈现。虚拟的三维形状在不同使用状态下，呈现的方向、位置、动态不相同，它们对于消费者的整体视觉效果也不相同。

由于产品被弱化，图形用户界面局部外观设计实线表示的图形用户界面

---

[1] 李扬. 知识产权法基本原理［M］. 北京：中国社会科学出版社，2010：624.

是权利人最想保护的装饰特征，是设计师的创新所在，也是外观设计权利的保护范围。二维状态为主要呈现方式的图形用户界面，图形用户界面本身都是能够为消费者所观察的全部装饰性特征，没有“产品正常使用时容易被直接观察到的部位”。图形用户界面局部外观设计的侵权判断只能集中于图形用户界面本身，其相同和近似应当坚持“整体观察、综合判断”的原则。即使图形用户界面设计采用的是计算机隐喻的手法，在“整体观察、综合判断”时，应当分析相同点，找出不同点。如前所述，借鉴图形用户界面授权判断时区别性和新颖性的判断方法及其设计空间的考虑因素，确定不同点是否足够细微，于整体视觉效果中进行综合判断，杜绝清单式地比较。对于动态图形用户界面局部外观设计，由于每一个变化状态图都是动态图形用户界面的组成部分，在整体视觉效果中发挥了作用，根据《最高人民法院关于审理侵犯专利权纠纷案件应用法律若干问题的解释（二）》[1]第十七条的规定，要判断侵权，被诉侵权设计与变化状态图所示各种使用状态下的外观设计均相同或者近似才可。若被诉侵权设计缺少其一种使用状态下的外观设计，或者与之不相同也不近似的，被诉侵权设计都不构成侵权。换句话说，被诉侵权设计缺少一种使用状态下的外观设计，或者动态顺序变化使其整体视觉效果不同，都有可能导致被诉侵权设计不落入动态图形用户界面局部外观设计的保护范围，从而不构成侵权。

在图形用户界面的侵权比对中，部分图案可能都相同，色彩、亮度及组合即便足够微小或者不可见，但其使用状态的呈现方式或者顺序却不同，以至于足够影响消费者观察，能形成不同的整体视觉感受，两者并不相同。如图 6-1 是以矩形和圆形的排列布局获得图形用户界面外观设计权，图 6-2 作为被诉侵权设计仅仅只是将排列布局重复叠加，消费者整体视觉没有差别，两者相似，未经许可或者无抗辩理由，将构成侵权。但是，假设图 6-1 是以矩形和圆形排列布局获得图形用户界面外观设计权，其中圆形图标有明确的

[1] 《最高人民法院关于审理侵犯专利权纠纷案件应用法律若干问题的解释（二）》第十七条：“对于变化状态产品的外观设计专利，被诉侵权设计与变化状态图所示各种使用状态下的外观设计均相同或者近似的，人民法院应当认定被诉侵权设计落入专利权的保护范围；被诉侵权设计缺少其一种使用状态下的外观设计或者与之不相同也不近似的，人民法院应当认定被诉侵权设计未落入专利权的保护范围。”

色彩显示或者亮度渐变，对消费者的视觉作用大，而图 6-2 作为被诉侵权设计仍是将排列布局重复叠加，而没有圆形图标的色彩或亮度呈现，被诉侵权设计给消费者的整体视觉是不同的，两者不相似，不构成侵权。在 Kastenholz vs. Qwatchme 一案❶中，表盘与钟面的图形构造即使相同，但是表盘的颜色不会有顺序的变化，直接影响消费者的整体视觉感受，所以两个外观设计并不相同，若在侵权判断中，对表盘的使用也不会构成对钟面外观设计的侵权。

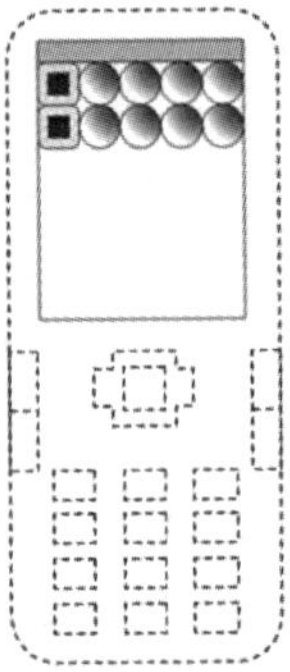

图 6-1　图形用户界面外观设计（一）

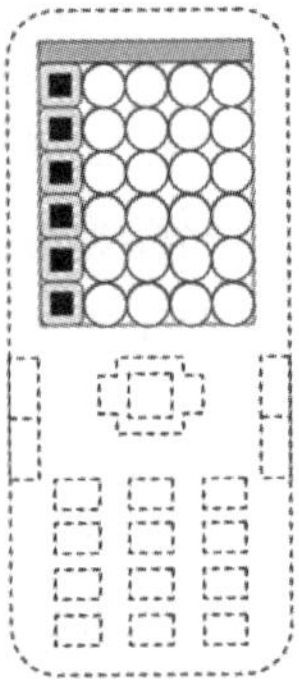

图 6-2　被诉侵权设计（一）

如图 6-3 所示，若环形实心图标的排列获得图形用户界面外观设计专利权，图 6-4 被诉侵权设计仅仅简单变化方向，增加环形实心图标的数量，其没有给消费者带来不同的整体视觉效果，两者构成相似，未经许可或者无抗辩理由，将构成侵权。而图 6-5 中环形实心图标变换排列的方向，以圆形布局，当消费者整体视觉感受的难以判断时，可以辅以混淆的主观因素加以判断，若被诉侵权设计与授权外观设计相似致使普通观察者被欺骗，去购买被诉侵权设计的产品，可以认定被诉侵权设计构成侵权。❷ 只是普通观察者的混淆不是侵权判断的前提，可以作为主观要素的辅助要素，配合客观的整体相似性的判断。

❶ Kastenholz vs. Qwatchme (Watch dials), Case T-68/11 (1), 2013 ECJ EUR-Lex LEXIS 2591.

❷ Applied Arts Corp. vs. Grand Rapids Metalcraft Corp., 67 F. 2d 428 (6th Cir. 1933).

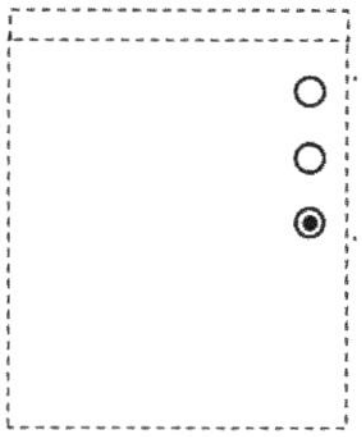

图 6-3 图形用户界面外观设计（二）

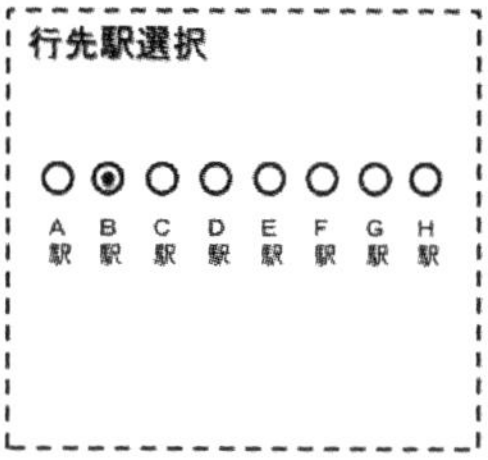

图 6-4 被诉侵权设计（二）

图 6-5 被诉侵权设计（三）

若将他人享有的图形用户界面外观设计不用于人机交互上，如“雏菊”是用于电脑（显示屏）上的图标，并已经获得了局部外观设计专利权（图 6-6），按照上述产品的相关论述，外观设计保护的是设计本身，虚线表示的产品并非外观设计保护的范围。很明显，将该雏菊用于 T 恤上（图 6-7），未经许可肯定构成外观设计专利侵权。但是，在 T 恤上使用“雏菊”的设计并非用于人机交互，允许非人机交互设计的合理使用不会挫伤图形用户界面的创作，对其外观设计权人及其权利的利用或收益不会带来不利影响，为防止知识产权的过度保护，其 T 恤的非人机交互的使用也就不构成侵权。❶

图 6-6 局部外观设计

图 6-7 被诉侵权设计（四）

❶ Jason J Du Mont，Mark D Janis. Virtual Designs［J］. 17 Stan. Tech. L. Rev.，2013（107）：171-173.

四、间接侵权的判断

基于鼓励创作的目的，为加强对专利权人的保护，美国司法判例从共同侵权理论[1]中最早发展出“间接侵权”理论，[2] 并于1952年总结为成文法条款规定于专利法第二百七十一条。专利间接侵权制度的确立，使专利权的保护客体从专利产品扩展至非专利产品，无疑是No-harm理论下专利权的另一种扩张，本质上是专利垄断权在市场经济竞争中的强化。[3] 除了未经许可实施专利的直接侵权行为之外，为直接侵权行为提供帮助、教唆、引诱的行为，在一定程度上为整个侵权行为的实施奠定了基础或者提供了条件，也损害了专利权人的合法利益。如果仅有直接侵权，整个侵权行为过程由他人各自分工实施，实施分工的主体却无须承担责任，无疑使专利权的禁用权大打折扣。

专利间接侵权存在独立说和从属说，但目前从属说居于主导地位。[4] 即间接侵权和直接侵权存在因果关系，间接侵权的成立需要以直接侵权为前提。[5] 主观过错不是直接侵权的必要条件[6]，却是间接侵权的构成要件，他人在明知或者应知的主观状态下，实施了引诱、教唆、帮助等行为，构成间接侵权，需要承担间接侵权责任。间接侵权行为在直接侵权行为的形成过程中，行为人实施的行为并不会全面覆盖专利权人的所有技术特征，但对直接侵权行为起辅助作用或者提供了准备条件，主观存在过错，也构成侵权。只不过对“专用品”和“非专用品”需要区别对待，如果是实质性非侵权的“非专用品”，因“非专用品”还具有实施专利以外的其他用途，只有主观过错的情况

---

[1] Wallace et al. vs. Holmes et al. 29 Fed. Cases，74，（1871）.

[2] Snyder vs. Bunnell. 29 F. 47（S. D. Cir 1886）.

[3] 康添雄. 美国专利间接侵权研究［D］. 重庆：西南政法大学，2006：2-5.

[4] 如美国专利法第271条（f）规定一样，间接侵权在某些特别情况下可以例外独立。《北京市高级人民法院关于〈关于执行〉专利侵权判定若干问题的意见（试行）的通知》第七十九条中规定：“对于某些依法不追究的直接侵权行为或者不视为侵权的行为，可以直接追究间接侵权行为人的侵权责任。”第八十条中规定：“直接侵权行为发生或者可能发生在境外的，可以直接追究间接侵权人的侵权责任。”

[5] 张玉敏，邓宏光. 专利间接侵权制度三论［J］. 学术论坛，2006（1）：141-144.

[6] 王迁. 知识产权法教程：第四版［M］. 北京：中国人民大学出版社，2014：247.

下才构成间接侵权。如果是“专用品”，因“专用品”的唯一目的就是实施侵权，推定间接侵权人存在过错，也构成侵权。❶ 由于日本专利法以“生产经营目的”限定侵权行为，“非生产经营目的”容易使直接侵权免于侵权责任，无奈只能承认间接侵权的独立性❷，因而在日本即便直接侵权不成立，间接侵权也可以单独成立。间接侵权独立说大大增强了专利权的排他性，哪怕间接侵权人的行为没有全面覆盖专利权人的所有技术特征，也可能构成侵权。我国专利侵权责任适用共同侵权理论，同美国一样，司法实践一般采用间接侵权从属说。

图形用户界面局部外观设计虽然以显示屏、显示面板作为产品，但图形用户界面的利用可以在不同的屏性媒介之间进行，显示屏、显示面板与图形用户界面甚至可以分离。特别是计算机生成图标，对所载产品的固定性要求越来越低，与其距离也越来越远，无须制造只需下载即可完成。虽然图形用户界面局部外观设计保护的核心是图形用户界面设计本身，但图形用户界面产品的固定性要求致使其侵权行为必然涵盖显示屏、显示面板的实施行为。他人制造、销售、进口空白的显示屏、显示面板，知道是用于实施图形用户界面的直接侵权行为，构成间接侵权。鉴于显示屏等屏性媒介又多用于电子产品，屏性媒介产品的制造、销售、进口与实体物品制造、销售、进口还可以分开进行，若实体物品的间接行为人主观知道其物品将用于直接侵权行为，而依旧继续为之或者提供帮助、辅助的，依然构成间接侵权。对唯一用途的产品或物品所实施的间接侵权行为，采取过错推定原则，除非行为人能够证明自己没有过错，如获得明示或者默示的许可、接受先用权人的许可等，否则行为人构成间接侵权。在互联网环境下，图形用户界面可以通过下载等方式进行利用，间接侵权除了产品、物品的实施行为之外，网络服务提供者提供的信息网络服务，存在引诱、教唆或者对直接侵权行为提供帮助或辅助条件的，若主观存在过错，网络服务提供者也构成间接侵权。

---

❶ 王凌红. 我国专利间接侵权的立法方向［J］. 电子知识产权，2009（6）：14-18.

❷ 王凌红. 我国专利间接侵权的立法方向［J］. 电子知识产权，2009（6）：14-18.

第二节　侵权赔偿责任的确定

按照知识产权的侵权裁判思路，认定侵权行为成立后即判定侵权者的侵权责任。Trips 协议第四十四条、第四十五条、第四十六条对知识产权侵权行为规定了停止侵权、赔偿损失、销毁商品等后果。《中华人民共和国侵权责任法》第十五条规定了侵权责任的八种承担方式，如停止侵权、排除妨碍、消除影响、赔偿损失、赔礼道歉等。图形用户界面局部外观设计的侵权后果如其他专利侵权一样，因不涉及人格利益，不适用赔礼道歉，但依然适用停止侵权、排除妨碍、消除影响等。本节无意讨论其他民事责任的承担方式，结合图形用户界面局部外观设计的特殊性及美国发生的最新案例，着重讨论差异性较大的损害赔偿责任问题。

一、苹果诉三星案引发的损害赔偿责任问题

2011 年 4 月，苹果公司起诉三星公司侵犯其三种知识产权，分别为 D604305、D593087、D618677 外观设计专利权，第 7469381 号、第 7844915 号、第 7865163 号实用新型专利权，淡化的商业外观第 3470983 号注册商标权以及未注册商业外观。[1] 其中，D604305 外观设计是图形用户界面局部外观设计，其名称为“显示屏或显示屏部分的图形用户界面”外观设计专利权，申请日是 2007 年 6 月 23 日，授权日是 2009 年 11 月 17 日（图 6-8）。另两个局部外观设计专利分别为 D593087（图 6-9）、D618677（图 6-10），名称都为“电子设备”。

FIG. 1

图 6-8　D604305

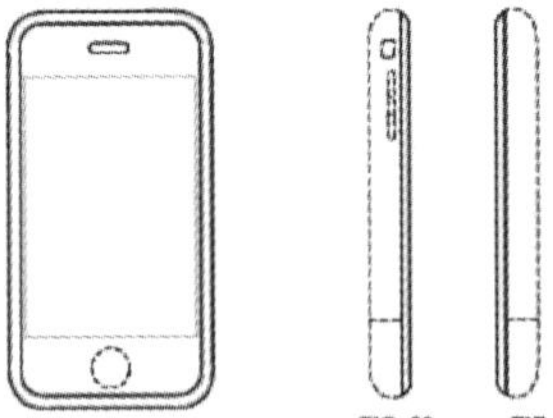

FIG. 19　FIG. 23　FIG. 24

图 6-9　D593087

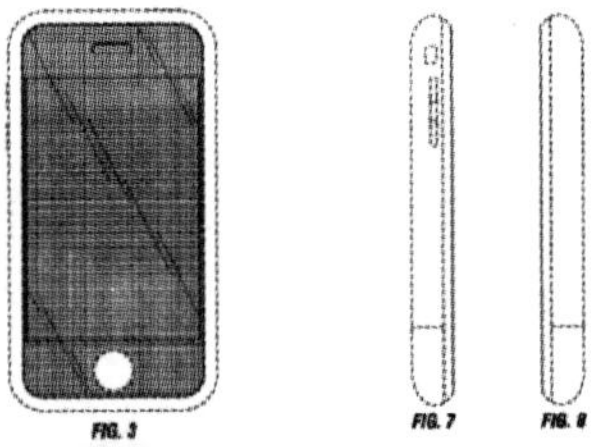

FIG. 3　FIG. 7　FIG. 8

图 6-10　D618677

[1] Apple Inc., vs. Samsung Co., Ltd, 786 F. 3d 983 (Fed. Cir. 2015).

2012年8月24日，陪审团认为三星公司的多款手机侵犯苹果公司的外观设计和实用新型专利权，淡化其商业外观，三星公司应当赔偿损失10亿多美元（$1 049 343 540.00）。加利福尼亚北区法院支持陪审团的侵权认定，判令三星公司赔偿损失9.3亿美元❶，其中外观设计的赔偿为3.99亿美元❷。三星公司不服一审判决，提起上诉，抗辩其没有构成侵权。仅就外观设计专利而言，❸ 三星公司认为其产品与涉案授权外观设计的相似性仅限于基本的功能性要素，应予以排除保护。而且，若将现有设计恰当地予以考虑，基于涉案授权设计与被诉手机的不同，没有消费者混淆的证据，地区法院允许陪审团在三星公司所有侵权手机的基础上确定其整个利润的做法是适用法律错误。三星公司认为苹果公司不能证明三星手机的销售来源于涉案外观设计，换言之，消费者选择三星手机是基于其他方面的考虑，而非外观设计，因此外观设计的侵权损害赔偿的认定完全错误。

2015年5月18日，联邦上诉巡回法院如地区法院一样，否决了三星公司不侵权的抗辩。对于外观设计侵权损害赔偿数额的认定，联邦上诉巡回法院认为原地区法院没有滥用自由裁量权，“全部利润规则”的适用没有法律错误，最终驳回三星公司的上诉，维持原判。

2016年3月21日，三星公司向美国联邦最高法院提起再审，焦点问题是图形用户界面局部外观设计侵权损害赔偿责任的“全部利润规则”，即涉案外观设计专利是呈现于产品的组成部分，侵权者利润的酌定赔偿额应当限制于该组成部分的利润。❹ 2016年12月6日，美国联邦最高法院撤销了联邦上诉巡回法院的判决，裁决其重新审理该案。❺ 苹果诉三星案历经五年，近乎“天价”的巨额赔偿，影响空前，二审和再审主要围绕外观设计的侵权赔偿责任而进行。图形用户界面局部外观设计的法律保护，给传统的外观设计带来了

---

❶ Apple Inc., vs. Samsung Co., Ltd, 786 F. 3d 983 (Fed. Cir. 2015).

❷ Samsung Electronics Co., Ltd., vs. Apple Inc. 580 U. S. ____ (2016) [EB/OL]. [2016-12-17]. https://www.supremecourt.gov/opinions/16pdf/15-777_7lho.pdf

❸ 鉴于本书主题，仅节选该案外观设计侵权部分的分析，实用新型、商业外观的侵权分析暂略。

❹ http://www.scotusblog.com/case-files/cases/samsung-electronics-co-v-apple/.

❺ Samsung Electronics Co., Ltd., vs. Apple Inc. 580 U. S. ____ (2016) [EB/OL]. [2016-12-17]. https://www.supremecourt.gov/opinions/16pdf/15-777_7lho.pdf.

一些挑战或者变革。虽然苹果诉三星案暂时告一段落，但是最终结果如何，还是有待发回重审后的最终认定。

二、外观设计损害赔偿“全部利润规则”所引发的争议

当苹果诉三星案判决结果出来后，近 10 亿美元的“天价”损失赔偿额，引起一阵舆论喧哗。反对者认为，该案判决明显有地方保护主义的倾向，美国法院有意利用知识产权维护其本国企业的利益。图形用户界面通过局部外观设计进行保护，某些布局或者图标属于著作权不受保护的内容，外观设计的保护方式使公共领域的要素也纳入知识产权的保护范围，缺乏合理使用的权利限制，将不恰当地扩大图形用户界面的法律保护，最终损害公共利益。

支持者认为，该案判决结果是对创意剽窃者的有利打击。因为，在三星 Galaxy S III 刚推出的时候，甚至被媒体戏称为“有律师设计的设计”，调侃这款手机的设计是处处在规避苹果的设计专利。[1] 追溯三星设计演变，其在 2005 年推出了销量不错的滑盖手机 MM-A800（专利号为 ZL200430078216.7），正面整体呈大圆弧设计，出现类似汽车前脸的主按键区域设计，其中 Home 键区域呈圆角的倒梯形。其相似的设计元素在多款手机中都得到运用。从市场份额来看，三星手机抄袭苹果手机设计之前，其市场份额每况逾下。在抄袭苹果设计之后，其市场份额暴涨。此后，三星公司便不断推出一系列苹果手机的“克隆产品”，包括图形用户界面外观设计。所以，针对三星公司的故意抄袭的行为，美国联邦巡回上诉法院支持地区法院的巨额赔偿判决，是对故意侵权者的有意打击（图 6-11）。

---

[1] 林笑跃. 中国专利典型案例启示录——外观设计篇［M］. 北京：知识产权出版社，2015：265.

ZL200430078216. 7　　MM-A800（2005）　　I7500（2009）

ZL200430078216. 7　　iPhone 4（2011）

图 6-11　三星手机的外观变化

就传统外观设计的本质和作用而言，外观设计以整体视觉效果吸引消费者注意，从而促进产品的适销和产业化。外观设计是消费者关注产品的第一印象，外观设计即便足够细微，有时候可以成为消费者购买该产品的理由。具体到外观设计侵权损害赔偿数额的计算，"……分摊原则要求专利权人证明侵权者每个部分的利润或者其损失，哪些来源于外观设计，哪些来源于产品本身……"，这十分困难。[1] 在 1887 年专利法修改时，美国国会删除了分摊原则，区别于专利法第二百八十四条对于技术专利损害赔偿的规定，专利法第

[1] Nike, Inc. v. Wal-Mart Stores, Inc., 138 F. 3d 1437, 1441 (Fed. Cir. 1998).

二百八十九条特别规定了外观设计损害赔偿的“全部利润规则”[1]。“全部利润规则”是指任何人侵犯外观设计专利权，应在其全部所得利益的限度内对专利权人承担责任。该规则立足于外观设计的本质特征和吸引性作用，基于鼓励创新的目的，最大限度地保护了外观设计权利人的利益，具有一定的合理性。如苹果诉三星案联邦巡回上诉法院的认定，对于普通购买者而言，三星手机的内部结构无法与其外壳分开，外壳恰恰是独特的能够吸引关注和购买的因素，由于无法确定产品的利润哪些来源于产品及其内部结构，哪些来源于外观设计，当法条已经明确规定了“全部利润规则”，多个案例又适用了该规则时，“全部利润规则”的适用没有错误，其最后的判决数额恰当。

图形用户界面将外观设计引入互联网世界，给外观设计的侵权损害赔偿责任带来了挑战。对于苹果诉三星案，美国联邦最高法院自1866年以来，时隔120多年，再次审理外观设计专利案，[2] 2016年12月6日，美国联邦最高法院认为，外观设计的产品定义十分宽泛，可以是消费者最终购买的产品，也可以是产品的构成部分，联邦巡回上诉法院将产品限于消费者最终购买的手机产品，定义的范围过于狭窄，不符合专利法第二百八十九条“全部利润规则”的文本原意。鉴于苹果公司三星公司都没有对产品的范围进行详细陈述，美国联邦最高法院认为外观设计产品的确定方法适合交由联邦巡回上诉法院进行重审。因此，对于苹果诉三星案涉及的图形用户界面外观设计的侵权损害赔偿，美国联邦最高法院并没有改变“全部利润规则”，该案再审结果的改变归根结底还是落脚于外观设计所附产品的确定范围。[3]

---

[1] 美国《专利法》第二百八十九条规定：“任何人在外观设计专利的有效期内，未经专利权人许可，(1) 为销售目的在制造品上应用获得专利的外观设计或其任何着色的模仿，或者 (2) 销售或者为销售而展示任何应用该外观设计或者其模仿的制造品的，应在其全部所得利益的限度内对专利权人承担责任。该赔偿可在对双方当事人具有管辖权的任何美国法院获得，但不得少于250美元”“本条的规定并不阻止、减少或减低被侵权专利的所有人根据本篇享有的其他任何救济，但专利权人不应重复获得侵权利润的赔偿。”

[2] http://tech.163.com/16/0322/09/BIOKHPFK000915BF.html；参见微信公众号“智合法律新媒体”2016年3月23日《美国最高院受理三星诉苹果案，或改变外观设计专利赔偿范围》。

[3] Samsung Electronics Co., Ltd., vs. Apple Inc. 580 U. S. A. (2016) [EB/OL]. [2016-12-17]. https://www.supremecourt.gov/opinions/16pdf/15-777_7lho.pdf.

三、我国图形用户界面局部外观设计损害赔偿责任的抉择

我国现行专利法没有局部外观设计保护制度，图形用户界面只能通过整体外观设计获得保护。就外观设计的本质特征和作用而言，外观设计以其整体视觉效果吸引消费者的关注和兴趣，从而促使消费者购买其产品。图形用户界面作为外观设计的客体，是消费者关注电子产品的第一印象，消费者在不了解电子产品的功能或者技术专利的情况下，图形用户界面对产品的适销发挥了关键作用，根据图形用户界面的本质特征和作用，他人侵犯图形用户界面外观设计专利权的，应当以其产品的全部利润赔偿损失，从而弥补图形用户界面外观设计专利权人的利益损失。

我国《专利法》第六十五条规定了侵犯专利权的损害赔偿额的计算方式，❶ 并没有如美国一样对侵犯发明、实用新型和外观设计的损害赔偿额的计算进行分别规定。那么，图形用户界面外观设计的侵权损害赔偿额的计算是否有必要借鉴美国的“全部利润规则”，将成为图形用户界面外观设计专利权保护必须面对或解决的问题。

首先，与传统的外观设计不同，一般的装饰性特征无法与产品进行分离，消费者对于产品的认识从外观设计开始。但是，图形用户界面将外观设计引入互联网世界，图形用户界面与产品的距离逐渐扩大，例如相同的图形用户界面可以在电视机、电脑、手机、起重机等不同的电子产品上进行运用。图形用户界面外观设计甚至可以与产品分离，在互联网环境下，图形用户界面可以通过下载获得，能够在不同的显示屏、显示面板之间呈现。脱离产品的图形用户界面对其产品装饰性、吸引力较小，有的显示屏、显示面板甚至是空白的，其适销的来源并不一定就是图形用户界面的作用。对于电脑、手机、电视机等物品而言，显示屏、显示面板可以与其脱离，图形用户界面也能与

❶ 我国《专利法》第六十五条规定：“侵犯专利权的赔偿数额按照权利人因被侵权所受到的实际损失确定；实际损失难以确定的，可以按照侵权人因侵权所获得的利益确定。权利人的损失或者侵权人获得的利益难以确定的，参照该专利许可使用费的倍数合理确定。赔偿数额还应当包括权利人为制止侵权行为所支付的合理开支。权利人的损失、侵权人获得的利益和专利许可使用费均难以确定的，人民法院可以根据专利权的类型、侵权行为的性质和情节等因素，确定给予一万元以上一百万元以下的赔偿。”

该物品脱离，有时候图形用户界面足够细微，可能不再是消费者关注的对象，至少相对于传统外观设计而言，其装饰性特征对物品没有那么大的吸引作用了。

其次，一项制度的确立离不开这项制度所处的制度基础和社会环境。虽然 Trips 协议第四十五条规定了侵犯知识产权的“损害赔偿费”，但只是原则性的要求支付适当的损害赔偿额，没有具体的数额要求，各成员满足其基本要求即可，损害赔偿额的高低可由各成员国自行决定。外观设计在美国实行实质审查制度，审查过程经过专利代理人和审查员之间的博弈，外观设计的创意较强，专利权的质量高、稳定性强。我国外观设计实行形式审查，其数量即使早已跃居世界第一，但受人诟病的是其专利的质量非常低，稳定性弱，极容易被无效。有的甚至就是现有设计的照搬，外观设计在产业化利用过程中所发挥的作用小。若适用“全部利润规则”，一旦外观设计侵权成立，将以整个产品的利润来承担赔偿责任，这可以使权利人通过诉讼而非市场的正常竞争获取产品利润的全部对价补偿，将使诉讼成为牟利的方式。当权利人不再关注外观设计的产业化利用，转而只为获利而诉讼，不仅可能引发大规模的诉讼，浪费司法资源，而且违背了外观设计权利设置的初衷，违反鼓励创新的目的。

最后，每个国家的司法制度和司法政策是不相同的。美国损害赔偿额的计算很少适用法定赔偿，因为每个案件可由专业人员对损失、利润进行估算。如苹果诉三星案，苹果公司为了证明其损失，由会计专家 Terry Musika 提出了一系列三星公司产品的利润计算表和使用知识产权产品明细表等，对每一项权利主张的赔偿数额进行细化。[1] 而且，美国证据披露、证据交换制度可以使损害赔偿的计算趋于精准，更具确定性。但是，在我国，很多企业没有保留完备的财务账册，纳税证明的销售量与实际销售量存在出入，各摊贩、个体工商户、小企业根本没有留下任何销售记录，原告无法查实，也不能提供有效证据，提起诉讼时大多只能请求按照法定赔偿计算损失赔偿额，绝大部分

[1] 张蔚，孙方涛. 苹果与三星专利战中的 GUI 设计 [J]. 电子知识产权，2012 (9)：22-27.

知识产权侵权案件的损害赔偿额计算也都是采用法定赔偿,❶ 这已经成为我国知识产权侵权案件的一个司法传统。如果都进行审计或者精细化举证，且不说其实施的可能性与否，但至少不符合经济学的成本收入原理，毕竟我国有一部分案件是针对日用品零售商的批量案件，精细化计算的成本投入将超过这些批量案件的利润收入。随着近几年知识产权案件数量猛增，案多人少的情况突出，要做到美国的精细化裁判还有一段距离。即使在美国，当苹果公司一审后请求增加赔偿损失额时，即便 Terry Musika 提交了一系列具有参考价值的明细表如表 6-1 所示。但法院在确定赔偿额时，有的也只考虑了 40%，有的还是进行自由裁量。因此，在我国当前的司法语境下，缺乏可配套的相关制度及专业人员，“全部利润规则”没有适用的条件。

表 6-1　苹果公司损害赔偿计算

苹果公司的专利	赔偿要求（美元/件侵权产品）
'381 patent（overscroll bounce or rubber-banding）	$2.02
'915 patent（scrolling API）	$3.10
'163 patent（tap to zoom and navigate）	$2.02
Apple’s design patents or trade dress rights	$24

因此，美国外观设计侵权损害赔偿的“全部利润规则”在我国不具有可适用的条件，图形用户界面外观设计的侵权损害赔偿不能适用“全部利润规则”，应当按照我国《专利法》第六十五条的规定来确定。基于图形用户界面本身的特性，可以参照《专利法司法解释》第十六条第三款的规定，按照图形用户界面本身的价值及其在实现产品利润中的作用等因素合理确定赔偿数额。当然，这并不意味着排除部分案件的高额赔偿，根据被告的侵权性质、规模、主观故意等情形，在原告能举证的范围内，法院可以适

❶ 宋健. 知识产权损害赔偿问题探讨——以实证分析为视角［J］. 知识产权，2016（5）：10-15. 湖南省长沙市中级人民法院发布的《知识产权民事案件损害赔偿判定状况（2011—2015）》显示，原告直接请求法院适用法定赔偿案件占统计案件的 98%，法院判决适用法定赔偿的比例为 98.2%［EB/OL］.［2016-10-12］. http://mp.weixin.qq.com/s?__biz=MzA3NzU3MzQ2MA==&mid=2651859310&idx=1&sn=466630320b9a293d58a200001bf2c78d.

用精细化裁决或者采用惩罚性赔偿，对有些案件可以适用高额赔偿。[1] 在苹果诉三星案中，美国联邦最高法院无意改变“全部利润规则”的法律条文，但是在对外观设计的产品界定上，美国联邦最高法院认为产品并非限于最终的成品，图形用户界面的产品可以是成品的组成部分，如显示屏、显示面板，因而“全部利润规则”的计算可以按照产品组成部分的全部利润来计算损失赔偿额。虽然“全部利润规则”没有改变，但是与我国按照图形用户界面本身的价值及其在实现产品利润中的作用等因素合理确定赔偿数额，在结果上有异曲同工的效果。

四、小结

权利是配置客体上利益的法律工具，而不是配置客体本身。客体是利益的载体，要实现客体上的利益必须针对客体实施行为。[2] 图形用户界面局部外观设计的权利保护针对的是实施行为本身，基于其排他性的本质，他人未经许可实施相关行为即可构成侵权。本章以图形用户界面局部外观设计侵权纠纷的司法裁判思路为线索，从侵权判断规则和责任承担两个方面阐述图形用户界面局部外观设计的权利保护。

在具体的侵权判断中，为了方便理解和适用，侵权判断的主体与授权判断的主体应当保持一致，一般消费者也是侵权判断的主体。侵权判断的方法应当从外观设计整体视觉印象的本质出发，将被诉外观设计与授权外观设计对比，进行整体观察，综合判断。若被诉外观设计与授权外观设计相同或者相近似，就可能构成侵权。对于具有实质性非侵权的“非专用品”，若他人知道存在直接侵权，引诱、教唆或者为其提供帮助、辅助条件，构成间接侵权。对于只用于侵权的“专用品”，他人引诱、教唆或者为直接侵权行为提供了帮助、辅助条件，即使不存在主观过错，也构成间接侵权。

就传统外观设计的作用和本质而言，在没有实际使用和了解技术性能的情况下，最先映入眼帘的就是外观设计，外观设计以其装饰性和整体视觉效果，引起消费者对产品的关注和兴趣，促使其购买产品，所有技术、内部结

---

[1] 宋健. 知识产权损害赔偿问题探讨——以实证分析为视角［J］. 知识产权，2016（5）：10-15.

[2] 朱谢群. 信息共享与知识产权专有［J］. 中国社会科学，2003（4）：134-143.

构都需要依附外观设计的装饰性才能为消费者所认知。美国的“全部利润规则”有其合理性。[1] 但是，图形用户界面可以与显示屏、显示面板等产品脱离，他人对产品或物品的关注和兴趣并非全部来源于图形用户界面的装饰性和吸引力。在我国，外观设计实行形式审查，专利的质量和稳定性不高，无效的可能性比较大。在司法过程中，我国没有专业的损失赔偿额的精算师及其相关配套的司法制度，“全部利润规则”没有适用的条件。因此，我国图形用户界面局部外观设计的侵权损失赔偿额的计算不能适用美国的“全部利润规则”，如传统专利法损失赔偿额的计算方式一样，可以按照图形用户界面本身的价值及其在实现产品利润中的作用等因素合理确定最终的损失赔偿数额。

[1] 美国《专利法》第二百八十九条规定：“任何人在外观设计专利的有效期内，未经专利权人许可，(1) 为销售目的在制造品上应用获得专利的外观设计或其任何着色的模仿，或者 (2) 销售或者为销售而展示任何应用该外观设计或者其模仿的制造品的，应在其全部所得利益的限度内对专利权人承担责任。该赔偿可在对双方当事人具有管辖权的任何美国法院获得，但不得少于250美元”；“本条的规定并不阻止、减少或减低被侵权专利的所有人根据本篇享有的其他任何救济，但专利权人不应重复获得侵权利润的赔偿。”

第七章　我国图形用户界面局部外观设计法律保护的立法完善

图形用户界面随技术进步而产生，汇集了设计者的智力劳动，符合知识产权的客体要求，图形用户界面与外观设计可以达到本质的契合。在我国，图形用户界面和局部外观设计都属于新事物，没有成熟的立法经验。外观设计诸多理论本就众说纷纭，图形用户界面局部外观设计的法律保护任重而道远。鉴于我国的国情，图形用户界面局部外观设计的法律保护，需要在厘清外观设计基础理论的根基上，找寻一条适合自己特色的道路。

第一节　外观设计单独立法

客体的有效保护应当具备一个符合其特性的法律制度或运行环境。图形用户界面的保护与局部外观设计具有本质的契合性，但外观设计专利法的保护模式无法给图形用户界面提供一个科学的、有效的制度环境，外观设计专利模式容易使不符合技术本质的外观设计技术化、专利化，偏离外观设计的表达本质，偏离图形用户界面的保护要求。外观设计专利保护的立法模式有历史偶然性，随着认识的深化和实践的发展，时代背景已经完全不同，历史的谬误不能再继续下去。趁着图形用户界面新兴事物的出现和修改专利法的契机，将外观设计从专利法中分离出来，创设图形用户界面局部外观设计权，可以纠正历史的错误，使外观设计立法回归到理性的逻辑轨道上来。

一、外观设计在专利法中的尴尬处境

随着研究的深入和实践的发展，外观设计纳入专利法保护的“不适”被

逐渐放大。外观设计与技术专利在本质、授权标准、侵权判断等方面存在差异，这种差异随着技术的发展和客体的扩大而不断被放大。外观设计的“边缘性”往往被人所忽略，技术专利的理论体系不恰当地影响外观设计，往往忽略外观设计自身的理论体系和目标❶，导致相关理论无法统一，外观设计在专利法中一直处于尴尬处境。

首先，就本质而言，外观设计的客体是一种装饰性设计，是对形状、图形、色彩等要素的表达；而专利的客体是一种技术方案，是对要解决的技术问题所采取的利用了自然规律的技术手段的集合。前者是外形，而非思想；后者是一种思想。前者给人带来一种心理的认知或感受，后者主要注重技术的实用价值❷，两者的法律性质完全不同。

其次，与发明或实用新型专利的技术方案相比，外观设计的授权标准、侵权判断与之完全不同。外观设计除新颖性和实用性之外，还要求具有装饰性和非冲突性。即使将我国《专利法》第二十三条第二款新修改的“明显区别”理解为“创造性”，其含义与该法第二十二条规定的发明和实用新型的创造性也完全不相同。对于侵权判断而言，外观设计与发明、实用新型在侵权判断思路、方法和标准上都不相同，在同一部法律中混杂着两种完全不同的思路和侵权判断，不利于法律的规范化。

再次，在完成智力创造的过程中，技术的发明人与外观设计的设计师各自的创造行为模式和遵循的理念完全不同，基于这种差异致使各自对法律保护的期待或取向不同。而且，各自面向的市场环境和市场价值体现方式也完全不同。若要在一部专利法中同时满足以科学为基础的技术创造和以艺术为主题的美感创造的不同需求，其结果定是各自互相妥协。❸ 意欲统一性质完全不同的客体，其结果往往是不仅无法进行科学的概括统一，反而总结的规律给不同客体都会带来制度的违和感。

最后，以专利法保护外观设计，外观设计往往受到忽视，而专利法的相

---

❶ Janice M, Mueller, Daniel Harris Brean. Overcoming the “Impossible Issue” of Nonobviousness in Design Patents [J]. 99 Ky. L. J., 2010 (419): 419-554.

❷ 郭禾. 外观设计与专利法的分野 [J]. 知识产权, 2015 (4): 9-13.

❸ 中国人民大学知识产权教学与研究中心，中国人民大学知识产权学院. 中国知识产权发展报告 [M]. 北京：清华大学出版社, 2016: 28.

关制度往往影响外观设计的理论，得出不符合外观设计本质的结论，引发司法裁判的纷争，导致外观设计在知识产权体系一直处于“边缘”，争议不断。技术专利的创造性被错误地理解为外观设计的实质要件，而创造性的判断主体与外观设计区别性的判断主体完全不同。技术专利的侵权判断主体也会影响外观设计的侵权判断主体，致使外观设计侵权判断主体存在设计人员或普通消费者的纷争。技术方案对技术特征清单式列举的比对方式影响外观设计的整体观察，出现“新颖性测试法”和“普通者观察法”的纷争和不同判决。外观设计作为消费者观察的整体视觉效果特征，如上文论述，普通消费者是其判断主体，普通观察者法是其判断方法，但专利法保护模式所形成的惯性思维，容易把外观设计引入“歧途”，造成司法裁判不统一，给司法实践中增添不必要的麻烦。

图形用户界面是新兴事物，许多制度有待理论的探讨和立法的论证，外观设计在专利法中的不协调性将掣肘外观设计的发展。在未来一定期限内，图形用户界面作为一种特殊客体，或许以创设图形用户界面局部外观设计专有权为契机，拨乱反正，将外观设计从专利法中分离，可以化解外观设计在专利法中的尴尬处境。

二、顺应时代的单行立法

美国1842年8月29日修改专利法将外观设计纳入其中，当时并没有太多法律上的合理性可言，此后美国一直在寻求对这种保护模式的改革，一直在讨论这种以专利法保护外观设计的立法模式是否恰当，或者以什么样的方式保护外观设计更适合。[1] 美国国会和司法部门耗费大量的精力和时间对外观设计进行研究和应对。进行了将近一个世纪看似热烈但未成功的修法过程，1916年、1924年、1957年、1969年、1980年、1990年，在这段漫长而崎岖的道路中，各种不同版本的外观设计登记法案被引入国会，不管如何调整和修改，最终都难逃失败的结局。究其原因，有人认为上述法案难以通过的最主要障碍是“来自汽车零部件制造者、保险公司、零售商等群体政治上强势

[1] David Goldenberg. The Long and Winding Road, A History of The Fight over Design Protection in The United States [J]. Journal of the Copyright Society of the U. S. A., 1997 (45): 21-62.

的反对力量”。❶ 我们曾以成熟经验借鉴的美国保护模式，长久以来一直寻求外观设计专利法保护的改革和突破，只是碍于其立法程序的特殊性及政治力量的博弈，而屡屡受挫。

放眼全球，将外观设计归在专利法框架之下，只有美国和中国两个国家。❷ 欧洲各国一直以来重视外观设计的保护，英国、德国、瑞士都采取单独立法的模式。日本于 1899 年将外观设计法从专利法中分离，采取了单独立法。❸ 1961 年韩国颁布《外观设计保护法》，对外观设计进行单独立法保护。外观设计单独立法保护突出了外观设计的重要性，对日本、韩国的外观设计发展发挥了一定的促进作用。日本的 MUJI、大象公司和韩国的三星、LG 等一大批企业，向市场输出一大批设计新颖的产品，深受消费者的喜爱，这些企业基于此在国际市场上攻城略池，获取了丰厚的利润。

知识产权法是一门在动态变化中发展的学科，一种智力成果的诞生和发展使其成为一类新的客体，并被纳入一种现有的主流模式中予以保护，但随着实践的积累和认识的深化，人们逐渐从各个层面意识到最初的选择并不适合该客体的保护，甚至会带来相反的效果，这时就会出现在原有框架下建立专门法保护模式的必要，从而最终形成知识产权体系中一个个的分支。❹ 如果说用专利法保护外观设计有历史的偶然性与合理性❺，当外观设计专利法保护模式的弊端不断涌现时，外观设计单独立法十分必要。在未来一定期限内，待时机成熟时，同日本、韩国一样，我国应当将外观设计从专利法中分离，另行制定单行的外观设计法。外观设计专门法保护，符合外观设计的本质特征和自然属性，是制度发展的规律使然，有利于协调不同的法律关系，满足产业利益的需求，顺应国际保护的趋势。❻ 图形用户界面和局部外观设计因技

❶ Perry J Saidman，Theresa Esquerra. A Manifesto on Industrial Design Protection：Resurrecting the Design Registration League［J］. 55 J. Copyright Society U. S. A.，2008（423）：423-448.

❷ 李小武，马云鹏，连冠. 电子产品图形用户界面外观设计保护［M］. 北京：知识产权出版社，2014：32.

❸ 钱亦俊. 日本、韩国及我国台湾外观设计专利保护制度介析［J］. 知识产权，2005（2）：52-57.

❹ H. Reichaman. Legal Hybrids Between the Patent and Copyright Paradigms［J］. 94 Colum. L. Rev.，1994：2432-2436.

❺ 专利法可以连带外观设计一同进行立法，避免许多立法程序的负累。

❻ 马云鹏. 外观设计法律保护模式研究［M］. 北京：知识产权出版社，2016：175-178.

术和产业利益需求而产生，应时代而生，图形用户界面与局部外观设计相结合，将会给外观设计带来新的变化，使外观设计走向互联网的世界。图形用户界面和局部外观设计都作为一个新兴的事物，当局部外观设计制度纳入外观设计保护制度已成为时代必然，今后图形用户界面通过局部外观设计专有权进行保护，不仅可以化解外观设计专利保护模式所带来的种种不适，还可以使外观设计得到应有的重视，促进外观设计的创作，有利于我国图形用户界面外观设计的不断丰富。

第二节 以产业驱动的思路进行审查和授权

外观设计因产业的需求而产生，因产业的推动而不断发展。技术专利针对的是技术问题的突破，事关人类生存技能的提高，甚至于关系到人类主体价值的实现。但外观设计与技术专利不同，关注的是设计本身所带来的吸引力和产品的适销性。或许人类因为外观设计改善了生活体验感受，只不过生活质量的改善仅仅只是外观设计的副产品。即便人类物质极大丰富，技术极度提高，外观设计越来越重要，但外观设计的推动力量依旧是产业利益。

一、关注产业的利益

知识产权是市场经济发展到一定程度的产物，具有分配基于符号表达所产生的市场利益的功能。[1] 从写者到作者，从特权到私权，知识产权诞生于市场，市场经济中私人的私益追求，催生知识产权不断扩张和完善。知识产权内生的利益平衡，也于市场中尽量寻求社会公平和正义。只要以资本为主导的市场经济模式依然存在，只要知识信息依然被资本吸收后成为产业要素，知识产权就会存续，就会继续发展。在美国，从 Hruby 案到施乐公司计算机生成图标案，美国外观设计的保护范围从整体外观设计到局部外观设计，再到图形用户界面的局部外观设计，甚至到 Verizon 案动态图形用户界面的局部

[1] 李琛. 知识产权基本功能之重解［J］. 知识产权，2014（7）：3-9.

外观设计，外观设计的权利客体不断在增加，都是由企业与审查部门在博弈中推动着外观设计在发展。如果说这种设权的方式会受到扩权的指责，归根结底，外观设计从根本上就是来源于利益需求，并因技术发展和利益保护的进一步要求而不断发展。

我国专利立法之初，一稿和二稿都没有外观设计的内容。基于轻纺织业的产业利益考虑，中国专利局上海分局撰写了《关于法律保护外观设计必要性的调查》，直接推动了外观设计的立法保护。虽然外观设计的保护模式未经过多的理性论证，最终基于时代背景匆匆只能以专利法进行保护。历史往往那么巧合，不管是在美国还是在中国，都是匆匆以专利法保护外观设计，都是在产业利益的急切推动下而采取的权宜之计。产业利益是外观设计保护的原动力，也应该是法律保护和发展的核心。如果说上海分局当时认为我国在轻纺织工业品上的外观设计具有竞争优势，从而论证外观设计立法保护有其必要性。但在三十年之后，这一产业的外观设计却不再被认为是我国的优势。仅三十年的外观设计保护，不仅没有为我国外观设计产业带来新的发展和突破，连曾经拥有的产业优势也已风光不再。如果我们对自己的产业需求和产业利益没有了解，那么现在的优势产业多年之后将会面临同样的命运，优势全无。❶

在技术成熟发展的今天，实用技术可发展的空间和实现的技术效果在达到一定程度后，可突破的程度有限。很多技术会逐渐走向趋同，在一定时间内会处于止步不前的状态。而当实用技术满足人的生存和生活的基本功能后，用户体验和个性化追求成为后现代设计的目标。外观设计体现个性特征和创意，可以吸引消费者的注意，带动产品的销售，承载着竞争优势和巨大的产业利益。外观设计在现代社会中的作用越来越明显，外观设计的保护反过来也关系着产业利益的保护和发展。

信息社会，知识取代劳动力和其他物质资源成为最重要的因素，创新经

---

❶ 李小武. 回到外观设计保护制度的起点——从 GUI 的保护谈起［J］. 清华法学，2012（5）：50-64.

济的潜能巨大，使美国走出周期性衰退，扭转经济的颓势。❶ 面对深刻的社会变革和国际挑战与竞争，创新经济是实现我国经济腾飞和可持续发展的必由之路。在数字化时代，几乎所有技术和创新无法离开计算机的辅助，有的创新就是计算机技术的直接结果。而所有计算机技术的运用都需要使用图形用户界面，以方便人与计算机进行简便、直观的交互。图形用户界面的设计和使用能方便专业人员理解技术，加快技术应用和转化，节省学习的成本，也可以方便普通公众较好地体验新科技带来的社会生活的改善。数字时代信息化传输都借用图形用户界面进行人机交互，图形用户界面设计的成败直接影响或者决定了产品或产业的成败。在某种意义上，图形用户界面关系国家创新能力的提高，也反映一个国家、一个行业的创新实力。知识产权作为一种利益保护工具，于私人而言，保护个人、企业乃至于产业的利益；在国家层面，作为一种政策工具，体现了国家的政策倾向；在国际层面，作为一种贸易规则手段，代表国家利益。图形用户界面事关私人的利益保护，关系我国互联网技术和高新产业的发展，也关系我国在国家竞争贸易中的话语权。

各国的产业优势和利益侧重不同，知识产权的保护水平和侧重点也不相同。图形用户界面外观设计的法律保护应当时刻关注产业利益的需求和发展，不可盲从地进行法律移植，应当结合我国的产业政策和企业需求及优势，有针对地选择保护模式及具体实施细则。在法律移植的过程中，图形用户界面局部外观设计在立法、修法以及审查、授权、侵权判断等方面，切不可盲从地跟随，自始至终应当以产业驱动的思路为主线，以产业利益为核心，允许企业参与图形用户界面外观设计立法、修法的讨论，使法律密切联系产业利益，推动图形用户界面的发展，避免法律滞后性所带来的负外部性；允许企业与审查员、与法官充分辩论，于博弈中推动、激发图形用户界面和外观设计新的保护方式。图形用户界面已经将外观设计带入互联网世界，我们的优势是局部外观设计和图形用户界面在我国都处于空白地带，我们可以绕开他国的弯路，结合图形用户界面的特质和外观设计的未来走向，直接确定准确的科学方式，实现“弯道超车”。

---

❶ 刘峰，张炳武. 美国创新经济及对我国的启示［J］. 安徽大学学报（哲学社会科学版），2000（4）：108-114.

二、删除对“平面印刷品”不予外观设计的限制

现行《专利法》第二十五条第一款第（六）项规定“对平面印刷品的图案、色彩或者二者的结合做出的主要起标识作用的设计”不授予外观设计专利权。该条为2008年修改《专利法》时新增的条款，鉴于我国每年受理的外观设计申请量位居世界第一，有一些设计的是瓶贴、平面包装等平面印刷品，不利于提高我国对产品本身外观的创新水平。为了鼓励设计人员将其创新能力更多地集中到产品本身外观的创新上，所以增加了此条款。[1]

对于该条不授予权利的外观设计需满足三个条件：（1）使用外观设计的产品为平面印刷品；（2）外观设计由图案、色彩或者二者结合所作出；（3）该外观设计主要起标识作用。根据国家标准《印刷技术术语》定义，印刷是指使用印版或其他方式将原稿上的图文信息转移到承印物上的工艺技术，印刷品是指通过印刷技术生产的成品。作为一种相对的概念，随着印刷技术的发展以及3D打印技术的出现，平面印刷品的范围越来越广，可以包括文件、资料、图表、票证等，也包括包装袋、瓶贴、标贴、司空见惯的三维形状设计。[2] 法条修改时需要排除的仅仅是瓶贴、塑料袋等外观设计，但平面印刷品的表述方式显然扩大了不授予外观设计的范围。[3] 根据平面印刷品的概念，带有印花、图案等要素的纺织品、床单、墙纸都属于平面印刷品，如果这些都被予以排除，不符合外观设计的保护旨趣。毕竟外观设计的起源就在于对平面印刷图案的保护，在英国，1787年为了对各类纺织布上的印花提供外观设计保护才产生《白棉布印花工法》。在我国，专利法立法之初，上海分局提交的《关于法律保护外观设计必要性的调查》也是针对轻工纺织品的二维设计。

平面印刷品对成品具有装饰作用，印刷品也仅仅只是一种媒介，真正具有吸引力和装饰性的是附着于其上的图案、色彩及其结合。或者说平面印刷品本身就是产品，有其市场存在的空间。不能因为它是中间产品，在最终使用时无

---

[1] 尹新天. 中国专利法详解［M］. 北京：知识产权出版社，2011：352-353.

[2] 白茹. 对《专利法》第二十五条一款六项的新思考［J］. 电子知识产权，2013（6）：67-71.

[3] 魏薇. 标示性平面印刷品不授予专利权之评析［J］. 河南商业高等专科学校，2010（3）：78-81.

法被使用者观察就否认其存在的意义。成品的加工商、组装商、维修商等都可能是印刷品的消费者，印刷品上的图案、色彩及其构成只要具有吸引力，能够为平面印刷品单独带来适销性，平面印刷品与其他产品一样可获得外观设计保护。直接排除平面印刷品的保护，限制了对二维设计所进行的创新。

任何外观设计的装饰性特征为了获得吸引力，设计多少会蕴含个性表达，而具有个性的装饰特征，在消费者关注和购买的过程中，其内心已经形成了差别的判断。外观设计的识别仅仅是外观设计在使用过程中产生的副作用，[1]基本每个外观设计都会附带识别功能，它并未为了区别商品的出处和来源而存在。不管是外观设计还是商标，他们最后之所以落入不同的知识产权制度中保护，完全是由它们和商品之间的不同关系所决定的，外观设计主要通过装饰性特征的整体视觉效果产生吸引力而带动商品的关注和销售，商标则是为了区分商品的来源和出处。商标的显著性判断是商标局的职责，而非专利审查员。图案、色彩的标识作用由消费者在市场中决定，标识性具有动态性，审查员无法凭空决定标识作用的有无，更不能确定什么程度才是“主要”。即便是同一个设计表达，权利绝不是多重，而只能是多个，多个权利之间并不发生重叠。[2] 图案、色彩及结合构成的装饰表达当满足不同制度要求时，并不妨碍其获得重叠保护。即便具有标识作用的设计用作外观设计申请，并不妨碍两者在各自的法律体系中获得保护，“主要起标识作用”并非平面印刷品不能获得外观设计的理由。

我国产品外观设计的申请有限，与三维设计创新能力有关，原因也多种多样，提升产品创新能力的方式有许多种，即便瓶贴、平面包装袋等二维平面印刷品很多，切不可为了一味提升某方面的创新能力，枉顾外观设计的本质而排除另一种可资保护的装饰表达。平面印刷品的外观设计申请数量很多，外观设计作为私权，这是私人对其利益的选择和决定，在形式审查的制度背景下，行政机关没有必要进行过多的干预。申请了外观设计的平面印刷品是

---

[1] 李小武. 回到外观设计保护制度的起点——从 GUI 的保护谈起［J］. 清华法学，2012（5）：50-64.

[2] 朱楠. 从权利对象和权利客体之别析外观设计专利权和版权的保护［J］. 北方法学，2016（5）：61-68.

否具有价值和权利维护的必要，理应交给市场，由权利人自行判断。不见得排除平面印刷品的外观设计，产品外观设计的创新能力就提高了，相反错误的立法和法律理解，会将原本可资保护的平面设计排除出保护的范围，抑制二维设计创新能力提高的可能性。

不管是二维设计还是三维产品设计，都是通过个性特征吸引消费者的关注，从而带动产品的销售。产品设计是装饰特征与其形状载体紧密结合，其表达彰显个性，可以吸引消费者的关注，而有的设计无须考虑与形状的结合，其表达也彰显了个性，同样可以吸引消费者的关注。一个普通包装盒和一个平面包装袋的正面如果图案、色彩相同，传达给消费者的视觉信息和感受相同。[1] 不管是平面还是立体展示，只要呈现的视觉信息是个性装饰，都应当受到同等的保护，不能为了提高产品的三维设计就排除二维设计。因此，应当删除现行《专利法》第二十五条第一款第（六）项的规定。

三、互联网环境下外观设计所附产品的重构

中国和美国一样，误将外观设计纳入专利法，多次专利法的修改，对技术专利的重视和对外观设计的忽视形成对比，使技术专利的制度影响了外观设计保护制度的构建和完善。外观设计起初，英国 1787 年《白棉布印花工法》就是为各类纺织布上的印花提供外观设计保护，其明确保护对象就是附着在纺织布上的印花设计。美国在 1842 年专利法立法之初，规定对产品的外观设计及构成提供保护，并且也规定对诸如掺和或附着、印刷、绘制、镶刻或其他方式附着于（fixed）产品上的特别产品也提供保护，包括纺织品、雕像、装饰品、花样、印刷品、图案。美国专利法起初明确表明外观设计专利涵盖的外观设计是指构成的产品本身或者附着于或应用于潜在产品物理结构之上的永久性部分外观，[2] 产品及其外观都能够成为外观设计保护的内容。只

---

[1] 白茹. 对《专利法》第二十五条一款六项的新思考［J］. 电子知识产权，2013（6）：67-71.

[2] William J S，Andrew W T. Revolution in Design Patentable Subject Matter：The Shifting Meaning of Article of Manufacture［J］. 17 Stan. Tech. L. Rev.，2013（183）：191. The original statute provided protection for designs and configurations for articles of manufacture generally，but also delineated specific categories of protected articles of manufacture，including textiles，statues，and ornaments，as well as patterns，prints，and pictures worked into or worked on，or printed or painted or cast or otherwise fixed on，any article of manufacture.

不过在多次修法过程中，外观设计对产品的固定性要求不断被加强，并被严格执行。即便1902年专利法修改删除了“附着于”（fixed）的文字表述，但是法院却在司法案例中一直固守外观设计产品的固定性要求。[1] 美国专利法立法之初就意识到发明与外观设计的不同，在具体陈述时确实有意进行区分。却不料在多次修改过程中，对invention的重视直接导致production的删除，以至于对产品发明保护的观念影响外观设计的保护，将外观设计等同于产品的保护。直至1967年的Hruby案，喷泉设计的图案才引发对外观设计保护对象的反思，在In re Zahn案[2]中，外观设计才摆脱技术专利产品固定性的影响，法院认为外观设计是呈现于（for）产品上的设计，而非属于（of）产品的外观设计。

从Hruby案到In re Zahn案，从整体外观设计到局部外观设计，再到图形用户界面，同样都是以形状、图案、色彩为构成要素的设计，产品载体从整体变为局部，再变成显示屏、显示面板，设计本身作为可视化的装饰特征一直没变，只是对产品/物品的固定性要求在减弱。实际上，外观设计所保护的本质是版权的表达，与作品一样，其表达的载体除了产品，可以于不同的介质上进行呈现。用专利法保护外观设计只是一个美丽的错误，技术专利的实用性思路不恰当地渗透到外观设计的表达保护，将产品保护凌驾于外观设计之上，认为外观设计必然于工业产品有关，错误地理解了外观设计的实用性。

随着信息技术和虚拟技术的发展，知识信息越来越远离其载体。[3] 有些设计需要与其他设备一起使用，如利用VCD和DVD播放器、投影机呈现的图像设计，设计已经脱离了承载的产品，但外观设计并没有将其排除在保护之外。[4] 云计算已经使许多工业产品虚拟化了，但可视化的装饰表达仍然存在，可以体现于界面的图案、色彩，也可以体现于虚拟的键盘、桌面、鼠标等。

---

[1] William J S, Andrew W T. Revolution in Design Patentable Subject Matter: The Shifting Meaning of Article of Manufacture [J]. 17 Stan. Tech. L. Rev., 2013 (183): 193.

[2] 617 F. 2d 261 (CCPA. 1980).

[3] 张玉敏，易健雄. 主观与客观之间——知识产权“信息说”的重新审视 [J]. 现代法学，2009 (1): 171-181.

[4] 何莹，范莉，孙淼. 浅谈中日关于产品图形用户界面的外观专利保护 [J]. 法治与社会，2016 (8): 273-275.

这些可视化的设计表达已经与产品载体脱离，仅仅只是以可视化的方式呈现，与传统的外观设计一样，具备艺术性和实用性，能够发挥产业的吸引力作用。对图形用户界面而言，外观设计与产品的相关性越来越弱，更接近于版权保护。❶ 云计算的不断发展使各种软件、硬件和服务虚拟化，云盘取代了U盘硬件，密码锁取代了钥匙……数字化时代，产品已经虚化，越来越多的信息都在虚拟空间中传播、呈现。知识信息可以通过视觉、嗅觉、触觉及人体感应而存在。图形用户界面因计算机程序而产生，可以呈现于显示屏、显示面板等屏性媒介上，也可以附着于物品上。虚拟键盘、虚拟鼠标、虚拟电脑的应用，将外观设计带入互联网的虚拟世界，外观设计可以与产品脱离，物理世界的产品分类不再有固定的界限。❷

在美国，传统的字体外形是附在模板上的，需要按照每个字母的模板或者字形才能被打印创作。但随着技术的发展，出现了更先进的排印技术，包括计算机生成的方法，字形模板不再需要了，字体可以通过计算机打印直接生成。原来据以保护的字体外形，不能因为没有模板存在就拒绝其外观设计保护，一直坚持产品固定性要求的美国，对于计算机生成字体，无法对应到产品，只能如Hruby案“喷泉本身就是作为产品”，认为字体本身也就是产品，字体依旧是外观设计的保护客体。❸ 即便固守外观设计产品的固定性要求，但“设计本身即是产品”，当设计虚拟化或者可与产品脱离时，设计就没有产品可固定了。外观设计产品固定性的突破性改变由美国专利商标局做出，只不过美国法院和国会仍相当谨慎地坚持外观设计产品固定性要求。❹

随着实践的发展，日本一直在改变和突破原外观设计产品固定性的限定

---

❶ Jason J Du Mont，Mark D Janis. Virtual Designs［J］. 17 Stan. Tech. L. Rev.，2013（107）：174.

❷ 再比如，像美国Hruby案“喷泉即产品本身”，因对产品固定性要求的严格限制，虚拟技术的应用使图形用户界面本身即是产品，但是实质上产品已经被虚化，仅有象征意义，图形用户界面可以与产品分离。

❸ MPEP 1504H01（a）III. “Traditionally，type fonts have been generated by solid blocks from which each letter or symbol was produced. Consequently，the USPTO has historically granted design patents drawn to type fonts. USPTO personnel should not reject claims for type fonts under 35 U. S. A. 171 for failure to comply with the ‘article of manufacture’ requirement on the basis that more modern methods of typesetting，including computer-generation，do not require solid printing blocks.”

❹ William J S，Andrew W T. Revolution in Design Patentable Subject Matter：The Shifting Meaning of Article of Manufacture［J］. 17 Stan. Tech. L. Rev.，2013（183）：206.

要求，不动产、具有固定形态的粉状物如方糖都突破原来产品的限制，现在可以成为外观设计的产品。❶ 特别是图形用户界面所带来的变化更加明显，日本外观设计严格要求的固定性产品不断松绑，从物品到产品到液晶显示屏的变化，图形用户界面与产品非直接相关，也能够获得外观设计保护，外观设计与产品的距离不断在拉大。2014 年，韩国取消了关于外观设计在申请时必须提交六面正投影视图的规定，改为由申请人自行决定提交的外观设计视图数量；并修改了图形用户界面外观设计的申请方式，申请人可以只提交显示图形用户界面的显示面板，对图形用户界面的保护可以不考虑物品的种类。❷

第九版《洛迦诺协定》（*The Locarno Classification*）于 2008 年 1 月以英文和法文公布，于 2009 年 1 月 1 日正式实施。第九版《洛迦诺协定》在原版本的基础上，在第 14 类增加了“14-04 显示图像和图标”（screen displays and icons）的小类，直接针对包含图形用户界面、图标的外观设计申请。❸ 国家知识产权局于 2008 年 4 月 2 日发布的第八版《国际外观设计分类表》遵照第九版《洛迦诺协定》，相应增加“14-04 显示图像和图标”的类别。“显示图像和图标”与分类表中的食品、设备、工具、装饰品不同，其他食品、设备、工具、装饰品等属于有形物品，而显示图像、图标在传统物理世界一般是产品的装饰特征或者平面设计，并非产品。只不过为了应对一般的外观设计产品归类和管理，将本是设计的图像、图标当作了第 14 类“录音、通讯或信息再现设备”的“产品”。这并非偶然的错误，互联网世界的图像、图标的界面设计已经脱离了产品，作为一种表达只存在设计本身。只不过，为了与传统外观设计制度衔接，如美国的做法，直呼“设计本身即产品”。

外观设计作为一种表达，独立性越来越明显，其与产品的距离越来越大。图形用户界面将外观设计带入崭新的互联网世界，外观设计可不再固定于产

---

❶ 聂宁乐. 日本专利审查指南［M］. 北京：知识产权出版社，2015：268-269.

❷ 韩国外观设计保护最新变化［EB/OL］.（2016-01-26）［2016-11-05］. https://mp.weixin.qq.com/s?__biz=MzA4NTcyNzk1Mw==&mid=401434558&idx=1&sn=e44a97a7f5774c505e942acd81699e61&scene=18&key=cde9f53f8128acbde641ac3dc94d69a84930d0180310cfc1069ffc176edbc19f61c8f31f2d57ec882333719eb9303ad2&ascene=0&uin=MjQ3NTIxMjI4MA%3D%3D&devicetype=iMac+MacBookAir6%2C2+OSX+OSX+10.9.5+build(13F34)&version=11020012&pass_ticket=%2Bxp5ZcXbMGrzeMTvqzIDrPtZpQY99YhqzYCFTv0ftcPUq8wUt%2BaY6hEbZdZPhI76.

❸ http://www.wipo.int/classifications/nivilo/pdf/eng/locarno/LOC_10e.pdf.

品上，同作品表达一样，其本身就是可获得保护的知识信息，承载其知识信息的载体并非其获得保护的条件。同为作品的表达，以形状、图案、色彩为要素的装饰特征，可以在不同介质中复制、传播，其外观设计保护只是知识产权体系化保护的一种方式而已。区别于声音、气味等媒介，只要外观设计能以可视化的形式呈现，被消费者整体观察，具备产业的利用性和吸引力即可。外观设计的载体可以是产品、电脑屏幕、显示面板，也可以是投影、光影、虚拟界面。互联网环境下的图形用户界面，具有可视化和产业性特点，所载介质能够虚拟化。

因此，未来互联网环境下图形用户界面的外观设计，产品不再重要，外观设计保护的只是设计本身，产品分类已经没有完全的界限，产品也不再是授权和侵权判断的前提。如版权表达一样，未来的外观设计保护将回归到表达的本质，其只是在不同知识产权体系下的不同保护而已，产品仅有象征意义。只不过，我国图形用户界面在外观设计保护制度中属于全新的事物，传统的物理世界的外观设计与互联网世界的图形用户界面有一个制度衔接的过程，鉴于产品或者载体的分类、查询功能，现阶段图形用户界面的产品限于显示屏、显示面板等屏性媒介，其仅有象征意义，实质上图形用户界面的载体将逐渐被虚化。

四、废除“非冲突性”的授权要件

权利的模糊性和不确定性是法律的一个本质特征，是无法避免，也无法消除的事实。人类的生活方式及其伴随的价值观念总是在悄然发生变化。❶ 权利冲突是指合法性、正当性权利之间发生的冲突，实质是利益、价值的冲突。❷ 知识产权作为一种无形财产权，同一个信息客体可以产生交叉重叠的权利，随着不同知识产权权利客体的不断扩大，不同类型的权利之间会存在冲突。外观设计专利授权的非冲突性是 2000 年修改专利法时增加的实质要件，即“授予外观设计不得与他人在先取得的合法权利相冲突”。合法权利包括商标权、著作权、企业名称权、肖像权以及知名商品特有包装或者装潢使用权

❶ 熊文聪. 知识产权权利冲突：命题的反思与检讨［J］. 法制与社会发展，2013（3）：61-71.

❷ 刘作翔. 权利冲突的几个理论问题［J］. 中国法学，2002（2）：56-71.

等。相冲突是指未经权利人许可，外观设计专利使用了在先合法权利的客体，从而导致专利权的实施将会损害在先权利人的相关合法权利或者权益。[1] 将会损害并不要做出实际的实施行为，存在潜在损害的可能性即可。

有学者主张删除外观设计“非冲突性”的要求。理由是，在程序上主张外观设计无效，将耗费过大的时间和金钱成本。在先权利人是谁？是否有权利？举证有效的“合法权利”证明都并非易事。申请的外观设计与在先权利是否相同或近似，是否构成冲突，对专利复审委员会的资格权限和能力都提出重重挑战，徒增了专利复审委员会的负担。在结果上，在先权利人认为构成权利冲突，并不一定要通过无效程序使该外观设计无效，他能够以在先权利为基础提起侵权诉讼，以使外观设计申请人即使申请了外观设计也无法实际实施。除此之外，在先权利人还可以获得赔偿，这种方式比无效程序直接，节省了许多成本。

权利冲突的判断与新颖性、创造性的判断不同，新颖性、创造性判断是依据外观设计审查指南进行，但权利冲突的判断依据的是《中华人民共和国商标法》《中华人民共和国著作权法》《中华人民共和国反不正当竞争法》。[2] 图形用户界面由形状、图案、色彩要素构成，容易与他人的著作权、商标权、企业名称权、肖像权及知名商品的特有包装装潢发生权利冲突。图形用户界面局部外观设计权与著作权的权利冲突，主要体现于美术作品、摄影作品及汇编作品等以图案、布局为构成要素的作品形式上，如外观设计权人将他人的一幅图形作品用于计算机图标申请外观设计，构成外观设计权与著作权的冲突。但对于图形用户界面外观设计权人而言，冲突对象是否具有独创性、能否构成作品并不确定，两者实质性相似的判断更显棘手。图形用户界面局部外观设计权与商标权的冲突，需要以商标法为依据，若在注册商标相同或类似的商品或服务上，使用了与该商标相同或近似的标识，则构成权利冲突。可商标权核准注册商品或服务的种类有限，图形用户界面所载显示屏的商品跨度大。若允许手机上的一个注册商标无效图形用户界面局部外观设计，而该图形用户界面外观设计除了手机外，还可以运用于电脑、起重机、智能鞋

[1] 见 2014 年《专利审查指南》第四部分第五章 7 规定。

[2] 尹新天. 中国专利法详解［M］. 北京：知识产权出版社，2011：309.

上的所有人机交互界面，商标权的排他性未免太大，不符合商品“近似性”基本原理，也严重限制图形用户界面的保护范围。图形用户界面局部外观设计权与知名商品的特有包装装潢的权利冲突，会因为后者权益范围的不确定性，直接导致比与商标的权利冲突更复杂、更模糊的问题。这些权利冲突都是以专利法外的法律规范解决，外观设计“非冲突性”不应成为其授权的实质要件，而应在专利法之外交由各自的规范由当事者自行解决。

图形用户界面与其他合法权利的冲突，属于相对权范畴，法律的直接干涉不仅无法确定一个明确的界限，反而徒增审查机关及其他部门的社会成本。“非冲突性”并不是图形用户界面获得局部外观设计权的实质要件，其与在先权利的冲突，应交于相对权的彼此双方协商解决，而不应由任何人对其提起无效程序。即便《专利审查指南》第四部分第三章第 3.2 节限定无效请求人为在先权利人或者利害关系人，但是在“江苏天一昭和陶瓷有限公司与专利复审委员会等外观设计专利权无效行政纠纷案”[1] 中，法院认为现行《专利法》以及《专利法实施细则》并没有限制在先权利提出无效宣告请求人的资格，2014 年《专利审查指南》对无效宣告请求人的限定无效。这意味着任何人基于他人的在先权利，可以没有任何限制地无效宣告已经获得的外观设计专利权。现实生活中，不凡谋利者将会利用无效程序肆意无效图形用户界面的局部外观设计专利权，徒增外观设计权人应对的烦恼和成本。而技术专利与外观设计的无效具有本质的区别，技术专利解决的是技术问题，涉及人类生存和生活能力的提高，事关人类基本的公共福祉，任何人可以基于共同利益无效技术专利的垄断权。但外观设计却不同，外观设计是一种艺术表达，最多事关人类生活程度的改善，而这种改善因人而异，不同地域、不同文化背景人对其改善要求和程度并不相同，外观设计的个性具有不确定性和模糊性，与他人的利益冲突不会涉及根本的公共利益，因而其申请或者无效应交由当事者解决，留存自行协商的机会，而非任何人都可以提起无效程序。如果外观设计能够获得在先权利人对权利冲突部分的许可，则可以继续获得外观设计权；如果不能获得许可，则只能放弃外观设计权，即便公开获取了权

[1] 北京市高级人民法院〔2014〕高行终字第 30 号行政判决书。

利，也不能实际实施。[1] 实际上，自行协商所获得的权利共存结果可以为双方及审查带来积极的效果，不会徒增审查机构的负担，也将协商的权利交由真正的当事人，符合在先权利的相对性本质。

第三节 坚持权利保护与限制的利益平衡

知识产权内涵公共利益和私人利益，英文 patent 本身就有独占和公开的两层含义。任何人都处于创作链中，创意的实现是人类智慧积累的新的表现，智力成果都是建立在前人的智慧基础之上。知识产权制度是一个为共同体智慧最大化而均衡对价的制度安排，是产权分配再分配对价平衡的博弈机制，整个知识产权体制形成了产权激励机制和供给制度之间的协调运行。因而，促进人类共享最大化的智慧是知识产权蕴含的政治智慧，知识产权的制度应当以理性、科学、人文性的精神实现均衡对价安排。[2]

“在法的创制过程中，认识各种社会利益是法的创制活动的起点……对各种利益做出取舍和协调，是法的创制的关键。”[3] 专利通过与公众达成的契约公开其创意信息，并获得一定期限的垄断权，相比于著作权而言，经过审查登记获得的权利，让渡了许多的利益，相应地也获得较强的垄断效力。著作权自创作之日起即可获得权利，对于图形用户界面的著作权保护，权利人可以扩大化至计算机程序、结构、布局、图案、颜色等，无须审查登记就可以获得权利，但最终的权利范围只能交由法院在具体案件中确定，法院可以抽离出思想，分离出不受保护的要素，通过合理使用的权利限制，对著作权的垄断性给予限制，以维持利益的平衡。但是，外观设计则不同，经审查登记后获得的权利，外观设计的效力只存在有效或者无效，侵权中只存在侵权或不侵权非此即彼的结论，其垄断的效力较强。图形用户界面本身关涉公益和私益，利益平衡作为知识产权制度的基本原则，在制度设计和运用时，图形

---

[1] 汤宗舜. 专利法解说［M］. 北京：知识产权出版社，2002：170-171.

[2] 徐瑄. 视阈融合下的知识产权诠释［J］. 中国社会科学，2011（5）：45-52.

[3] 冯晓青. 利益平衡论：知识产权法的理论基础［J］. 知识产权，2003（9）：16-19.

用户界面的局部外观设计在保护权利人的私人利益同时，需要兼顾社会的整体福利及其公共利益。

一、权利扩张的表现

知识产权保护史就是一部知识产权权利扩张的发展史。知识信息的不断丰富，使知识产权的权利客体、保护范围、保护期限、权利效力等不断被扩张或者加强。因实践的发展和产业利益的推动，外观设计的保护同样不断被加强。图形用户界面局部外观设计保护的趋势已经势不可挡，为适应新技术、新环境所带来的变革，互联网环境下图形用户界面的外观设计保护势必将要进行部分地革新。

（一）删除“生产经营目的”

知识产权的保护对象是非物质性的信息，具有可复制性。❶ 与物权不同，物是独一无二的，天然地排除他人共享同一内容的权利，知识产权权利的行使无须完全占有其信息，不同人可以对同一信息同时进行使用。物权人可以通过对物的占有进行保护，即使遭受侵害，权利人对该物的占有恢复也可以进行自力救济。但是，知识产权信息的可分享性导致他人可以对同一客体进行侵权，该侵权可以是同时发生，也可以在不同时间发生；可以在同一地域进行，也可以在不同的地域进行。由于权利人不能占有信息，信息一经传播扩散后，权利人无法再进行恢复，所以知识产权只能通过法律的排他性才能对其进行有力的保护。知识产权的作用并不在于确认权利人有为某种行为的自由，而是取决于法律规定某种行为是否侵犯他人的知识产权，因而有学者认为知识产权就是排他性权利或者禁止权，与自用权无关。❷

就专利权的目的而言，保护专利从来都不是专利权的目的，促进科技和商业才是。激励机制贯穿于整个西方的专利发展史，并进而发展为“No-harm”理论。❸ 按照“No-harm”理论专利，为维护专利激励机制的功能，任何未经许可的专利使用都会损害专利权人的利益，除非使用者对其使用给予

❶ 张玉敏. 走过法律［M］. 北京：法律出版社，2006：278.

❷ 王迁. 知识产权法教程：第四版［M］. 北京：中国人民大学出版社，2014：7-10.

❸ 赵成奎. 专利法中“生产经营目的”的认定［D］. 上海：华东政法大学，2011：4.

一定的许可费作为对价。更精准的说，“No-harm”理论就是指但凡损害专利权人的利益，即可构成侵权。[1] 外观设计权的本质是排他权，为激励外观设计推陈出新，对其进行的有力保护就是排除他人的损害。按照激励机制的分析，实验研究使用者也是专利权人潜在的竞争者，因为如果允许实验研究使用者使用专利权人的专利，使其开发同样的新技术解决相同的技术问题，他人将可能寻求该新的技术，而不再寻求专利权人的许可，实验研究使用的结果最终会流入市场，削减了专利权人可获得的预期利益。如果允许实验研究使用的抗辩，将有损激励机制的功能，美国许多法院拒绝承认公司的实验性研究可以豁免专利的侵权责任。[2]

我国现行《专利法》第十一条[3]规定：“任何单位和个人未经专利权人许可，都不得实施其专利”，意味着专利权人的排他范围很广，可以禁止他人一切的实施专利的行为，这是专利权排他性和“No-harm”理论在法条上的具体体现。但是，在该法条的后半段规定“不得为生产经营目的制造、使用、许诺销售、销售、进口……”[4]，而“生产经营目的”的限定导致许多侵权行为可以找到合理的抗辩理由。例如为公益目的的市政绿化施工不是为了生产经营目的，银行大厦使用避雷针专利不是为了其银行的生产经营目的。政府行为也不是为了生产经营目的，但为了提升政府服务或者便捷市民，政府无法避免将要使用某些专利。例如，自助终端机器越来越普及化，政府的许多公务办公都采用自助终端机。自助终端机大多采用电子触屏的技术，触屏上的图形用户界面被运用于政府行为当中，简单、直观的图形用户界面为政府行为带来了极大的便利。广东省深圳市社保局社保资料打印和相关办理早已

---

[1] William C. Robinson, The Law of Patents for Useful Inventions, 898 at 55-56 (Little, Brown, 1890).

[2] Rebecca S Eisenberg. Patent and Progress of Science: Exclusive Rights and Experimental Use [J]. 56 U. Chi. L. Rev., 1989: 1017-1086.

[3] 我国《专利法》第十一条规定：“发明和实用新型专利权被授予后，除本法另有规定的以外，任何单位或者个人未经专利权人许可，都不得实施其专利，即不得为生产经营目的制造、使用、许诺销售、销售、进口其专利产品，或者使用其专利方法以及使用、许诺销售、销售、进口依照该专利方法直接获得的产品。外观设计专利权被授予后，任何单位或者个人未经专利权人许可，都不得实施其专利，即不得为生产经营目的制造、许诺销售、销售、进口其外观设计专利产品。”

[4] 现行专利法暂未规定外观设计的使用权，但笔者认为应当增加外观设计的使用权，容后阐述。

实现自助化，深圳市出入境大厅2016年港澳通行证办理和签注实现完全自助化，这些自助终端机大都采用了图形用户界面，简洁、直观、风趣的图形用户界面为办事的市民带来了极大便利。也正因为自助终端及其图形用户界面给政府带来了极大便利，越来越多的政府开始大量使用自助终端机器。自主终端机的市场广阔，企业竞争也愈演愈烈，各个企业争相开发简洁、直观、美观的图形用户界面及其自助终端机。若政府行为可以基于非“生产经营目的”，变相成为一种“强征”，将损害设计师的可预期利益，挫伤其创新的热情，终将影响图形用户界面设计的发展。且不说没有人愿意对政府图形用户界面进行开发和利用，但至少针对政府服务的图形用户界面将不再丰富。事实上，行政机关为了实现行政管理目标，与相对人通过协商一致达成行政契约，使用他人的外观设计，行政机关不仅获得了相应的公信收益，❶ 而且节约了许多行政资源，节省了社会成本。行政机关和社会因为保护和激励机制，能获得便利，社会整体的收益就增加了。由于图形用户界面的简洁、直观、便利的特点，政府需要图形用户界面为其行政服务的自助化带来便利。市民要顺利办事，提高办事效率，也需要图形用户界面为其带来好的体验。生产经营目的对侵权行为的限定，将使特定使用于政府图形用户界面被强制征用，不利于鼓励创新机制的发展。

对于现行《专利法》第十一条、第七十条的“生产经营目的”的解释，❷ 最高人民法院在专利法相关司法解释草拟过程中，认为生产经营目的是指为工、农业生产或者商业经营等目的，并不限于以营利为目的，但不包括个人使用或者消费。❸ 工、农、商“等”目的的解释，虽然有意囊括各领域的目的，但仍然没有对生产经营的内涵做出准确的定义。不仅内涵无法确定，而且以“不限于营利为目的”的否定方式无法确定其外延，反而增加了可周延的范围，最终出台的司法解释并没有采纳该条款的定义。“生产经营目的”的解释非常广泛，既包括营利为目的的活动，也包括不以营利为目的活动，如

❶ 毛荔萍，刘颖．“为生产经营目的”之认定［N］．人民法院报，2012-2-1（7）．

❷ 祝建军．专利纠纷中“非生产经营目的”免责抗辩成立的条件［N］．人民法院报，2014-7-23（7）．

❸ 张帆．中国专利法注释［M］．北京：知识产权出版社，2014：60.

环境监测、气象预报等，[1] 所以对其正面解释十分困难，尹新天先生认为要根据不同阶段的实施主体，具体情况具体分析。立法对“生产经营目的”不能准确地进行定义或解释，容易形成不同的理解，缺乏实践的指导意义。在司法实践中，不同的法院对“生产经营目的”理解不同，表述也各不相同。[2] 因不同理解形成了不同的结论，司法裁决无法形成统一，损害了法律和司法的权威。

有学者认为生产经营目的主体是任何单位和个人，从反面解释非生产经营目的仅限于公共服务、公益事业和慈善事业等，且不能从中直接或间接获得任何经济利益。[3] 但是，“公共服务、公益事业、慈善事业”的“公益性质”难以明确，我国计划经济模式向市场经济模式转变，许多传统意义上的公共服务、公益事业已经改变了性质。现在相当多的教育活动都已经具有了经营性质，儿童教育、成人教育、课外辅导或者 EMBA 等，可获得的商业利益并不比一个大型企业的经营利润少。而且“间接”的经济利益界限模糊，还是会将“生产经营目的”定义宽泛化、模糊化。例如，公立医院为了公共服务使用专利侵权产品，虽然没有直接的经济利益，但是存在间接经济利益。若间接经济利益的有无可以因人而异，它终将只是自由裁量自证其说的“借口”。

从知识产权排他性和“No-harm”理论出发，其他各国鲜少会如我国一样以“生产经营目的”限定专利侵权行为。欧盟外观设计条例第十九条规定：“注册式共同体外观设计授予其权利人使用和组织任何第三人未经其允许使用该设计的独占权。”其条款并未限定第三人的生产经营目的，它是“No-harm”理论的在法条中的具体体现。即使该条例在第二十条列举了非商业目的的私人使用、实验目的的使用、引用和教学目的、临事过境及重修等权利限制。但是，该条例前款强调的是外观设计排他性，后款仅列举个别例外的权利限制，有利于外观设计激励机制的实现，也有利于具体案例中对照权利限制的列举进行具体抗辩。就立法技巧而言，我国是先作“生产经营目的”

[1] 汤宗舜. 专利法教程：第 3 版［M］. 北京：法律出版社，2003：166.

[2] 赵成奎. 专利法中“生产经营目的”的认定［D］. 上海：华东政法大学，2011：10.

[3] 祝建军. 专利纠纷中“非生产经营目的”免责抗辩成立的条件［N］. 人民法院报，2014-7-23（7）.

的立法限定，再做宽泛的司法解释，相较而言，欧盟的立法相对科学，带来的实际效果要好，也更具有实践的指导意义。

美国专利法第二百七十一条❶、韩国专利法第一百二十七条❷、德国外观设计法第三十八条❸、英国1949年注册外观设计法第七条❹都没有限定外观设计实施行为的目的，但凡未经许可实施了制造、销售、使用等行为，即可能构成侵权行为。采取生产经营目的限定的国家为日本，但其间接侵权采用独立说，❺ 个人以非生产经营目的实施了“直接侵权”，即便该个人不承担责任，间接侵权依然成立。美国和我国都采用间接侵权附属说，若个人因“非生产经营目的”不构成直接侵权，间接侵权也不构成，这将使外观设计的保护目的落空。

在互联网环境下，信息的价值越来越重要，“大数据”改变了传统的营销模式。“眼球经济”和大数据时代的到来，他人的活动即使纯属公益，有的甚至于免费，但只要能够集聚互联网“粉丝”的关注，以此形成的海量信息在大数据时代也可以成为注意力经济，其经济效益比传统制造行业的效益都要好。“滴滴打车”“支付宝红包”上市之初是免费的，甚至于亏本赠送福利、补贴红包，当“粉丝”过亿，形成用户的消费习惯之后，这些应用软件背后的商业目的才得以显露。在此之后，它们甚至于可以掠夺式地占领市场，赢取丰厚利润。图形用户界面与计算机和互联网息息相关，如果不予以较强的排他性，允许这些企业或者软件公司得以“非生产经营目的”进行抗辩或者肆意使用图形用户界面设计，将使其外观设计保护的目的落空，挫伤图形用户界面设计师的创作热情。

侵权者是否是生产经营目的，不管是商业的，还是非商业的，其实对专利权人的营业收入没有任何影响。但是如果允许在侵权行为前增加“生产经营目的”的限定，当非生产经营目的的抗辩一旦成功，不仅剥夺专利权人许可费的可获得预期，而且破坏了专利垄断权的效力，将减弱专利权的激励功

❶ 国家知识产权条法司. 外国专利法选择：下［M］. 北京：知识产权出版社，2015：1648.
❷ 国家知识产权条法司. 外国专利法选择：上［M］. 北京：知识产权出版社，2015：240.
❸ 国家知识产权条法司. 外国专利法选择：中［M］. 北京：知识产权出版社，2015：965.
❹ 国家知识产权条法司. 外国专利法选择：中［M］. 北京：知识产权出版社，2015：1056.
❺ 王凌红. 我国专利间接侵权的立法方向［J］. 电子知识产权，2009（6）：14-18.

能。专利权人认为非此目的的行为可以获得豁免，其投入创新的积极性将会降低，不利于鼓励该行业或该领域内的发明创造。在互联网环境下，实施专利权的行为者不仅仅限于企业，个人、公益组织、政府都可能参与其实施行为中，其实施的目的并非仅仅是生产经营目的，非生产经营目的的行为依然可能损害专利权人的利益，挫伤其创新的热情。专利法对侵权行为限定了“生产经营目的”，将会使某些实施专利的行为逃脱法律的制裁，因而不能以“生产经营目的”限定图形用户界面局部外观设计的侵权行为。

因此，我国现行《专利法》第十一条规定的核心应当在于前半段“不得实施其专利”，强调专利的排他性。为了避免“生产经营目的”的不同理解，防止歧义解释给司法实践带来困扰，建议删除《专利法》第十一条“生产经营目的”。这样既符合其排他权的本质目的，最大限度地保护其权利，也能够针对个别的情形根据后续论述的权利限制进行具体适用。

（二）增加“使用权”

与发明和实用新型专利的权利内容一样，我国现行《专利法》第十一条第二款规定了外观设计制造、销售、许诺销售、进口四项权利，但唯独没有“使用”的权利。有观点认为外观设计的主要目的是阻止第三人未经许可而制造有关产品时复制和实质上复制有专利的外观设计，这一点与外观设计的版权保护相同。为了达到此目的，阻止第三人未经许可制造、进口或销售就够了。[1] 另一种观点认为，对于发明和实用新型专利产品来说，使用这些产品的行为在许多情况下都是为生产经营目的而进行的行为，而使用外观设计的行为许多情况下不是为了生产经营目的而进行。如购买者使用外观设计笔记本的行为显然不是为了生产经营目的。

对于第一种观点，《中华人民共和国著作权法》第十条虽然在具体条文中没有规定“使用权”，但在其第四十六条规定了使用作品构成侵权的情形，所以著作权对作品的保护依然涵盖使用权。甚至可以说，《中华人民共和国著作权法》第十条规定的权利内容的上位概念就是“使用作品的权利”，其他类型化的权利只是使用权的下位概念和列举。对于第二种观点，首先，如前所述，

---

[1] 汤宗舜. 专利法解说［M］. 北京：知识产权出版社，2002：90.

"生产经营目的"对外观设计侵权行为的限定不具有合理性，应当予以删除。其次，使用外观设计的行为并不当然不是生产经营目的，例如酒店大堂使用具有外观设计的吊顶灯，吊顶灯的装饰外观有助于提升酒店的服务氛围和用户体验，对酒店的营业有积极作用。即便不是为了生产经营目的，但酒店使用吊顶灯的行为，可以为其带来客源，使其获得间接利益。相反，若其使用行为可以不向外观设计权人支付许可使用费，将会损害权利人的预期利益，挫伤创新者的积极性，与鼓励创新的目的不符。再次，外观设计的消费者是抽象的拟制主体，除了最终的购买者，外观设计产品的维修商、加工商、售后商等主体都是外观设计的视觉观察主体。中间产品的外观设计即便不能被最终购买者或使用者所观察，在零部件的销售市场可以被组装商、维修商所关注，优秀的外观设计仍然可以具有装饰性和吸引力，具有使用价值和价值，可以为中间产品带来市场利润。使用权的排除以最终购买者、使用者的立场考察"生产经营目的"，扭曲了外观设计拟制的"消费者"标准。最后，专利法上的"制造"是针对产品的制造，于不得实施的行为中占据最为重要的地位。[1] 传统的外观设计与产品紧密结合，制造产品的同时即完成了对外观设计使用。但图形用户界面不同，它可以与物品分离，有的计算机生成图标甚至仅需下载即可使用，无须制造所附的硬件物品。当消费者"点击鼠标"即可生成界面或者图标时，类似于作品在互联网环境下的传播，图形用户界面局部外观设计将从"制造"转向以"传播"为中心的利用模式，而这种传播能够为其带来利益。若不在禁止权的范围内，使用权的缺失将导致图形用户界面局部外观设计保护形同虚设。作为局部外观设计，图形用户界面于硬件物品的局部进行体现，他人将载有图形用户界面的显示屏、显示面板拆卸下来，在另一物品上进行重新组装，就该产品局部而言，并没有制造或销售行为。只有使用行为。如果图形用户界面权利人不能对其享有排他性，其图形用户界面局部外观设计无法获得有效的保护。而且，企业运营中对于组装产品的使用，有的制造商或者销售商难以找寻，需要使用主体进行配合或者提供合法来源，如果使用权利的缺失，这些主体无须承担侵权责任，对于图形

[1] 尹新天. 中国专利法详解［M］. 北京：知识产权出版社，2011：130.

用户界面权利人而言，意味着将无法对制造商或者销售商采取有效措施，只能任由侵权发生。如此，将会损害图形用户界面权利人的利益，挫伤其设计的积极性，与鼓励创作的激励机制不符。所以，图形用户界面局部外观设计“使用权”的缺失，削弱了其禁止权，使图形用户界面局部外观设计的保护受到极大的限制。

《专利法司法解释》第十二条第一款规定“将侵犯发明或者实用新型专利权的产品作为零部件，制造另一产品，人民法院应当认定为属于使用行为”，在其第二款规定“将侵犯外观设计专利权的产品作为零部件，制造另一产品并销售的，人民法院应当认定属于销售行为”。第二款在第一款“制造另一个产品”的基础上增加“并销售”，若将零部件组装为产品并销售，产品连带外观设计零部件一起进行所有权转移，构成“销售”行为，无可厚非。但是，也存在制造并销售主体无法查明的情况。况且，产品在最终使用时，零部件作为中间产品，其装饰特征即使无法被最终消费者所观察，可外观设计侵权的判断主体是“一般消费者”，并非最终的使用者，在流通领域它能够被组装商、维修商等其他“一般消费者”观察，此时中间产品同样能够发挥外观设计的装饰性作用，促进了最终产品的适销。最终购买者、使用者使用该成品，实际上作为零部件的外观设计已经发挥了其外观设计的作用，某种程度上中间商、最终消费者都获得了利益或者便利。若其使用行为不构成侵权，将使外观设计的垄断效力大打折扣。所以，外观设计使用权的缺失会致使外观设计权利不完整，无法有效打击对中间产品的使用行为，挫伤设计师对中间产品外观设计创作的积极性。另外，在诉讼中，当在制造者仓库里发现制造者大量的由侵犯授权外观设计的零部件组成的成品，并没有销售时，难道外观设计权利人就无法对其采取措施？若放任侵权成品外流，反而使侵权范围不当扩大，将造成不必要的麻烦和损失。

Trips 协议是当今世界上约束效力最强的知识产权国际条约，所有成员都有义务在其国内法中落实该协议的规定。我国自 2001 年加入 WTO 后，知识产权的保护必须符合 Trips 协议的规定。Trips 协议第二十六条规定外观设计的权利内容涵盖❶“制造、销售、进口”，没有“许诺销售”的权利内容。Trips协议第二十八条❷对发明（invention）专利才有“许诺销售”（offering for sale）的规定。但是，Trips协议第一条第一款❸规定，各成员应当实施本协议的规定。各成员可以但是没有义务，在其法律中规定比本协议要求更为广泛的保护，但以这种规定不违反本协议的规定为限。各成员有自由在法律制度和实践的基础上，确定实施本协议规定的适当方式。Trips协议限制的是最低保护要求，各成员可以在此基础上制定符合本国国情的更高的要求。欧盟外观设计条例第十九条规定：“注册式共同体外观设计授予其权利人使用和阻止任何第三人未经其允许使用该设计的独占权。特别是，前述使用包括制造、提供、出售、进口、出口或者使用结合有该设计或者应用于该设计的产品，或者为了前述目的储存该产品。”欧盟明确规定外观设计的使用权，其中储存也是对外观设计的使用。韩国外观设计保护法第四十一条规定外观设计权的效力涵盖工业、商业上实施的权利，其实施包含使用的权利，该法第四十四条排除研究或实验目的的使用注册外观设计，反证其外观设计权含有使用的内容。❹ 新加坡注册外观设计法第三十条❺明确了外观设计的独占权利内容有“为贸易或经营目的的使用”，印度外观设计法第二十二条规定注册外观设计的盗版包含“使用”行为，德国外观设计法第三十八条❻明确指出外观设计实施包含“使用”的内容，英国1949年注册外观设计法第七条❼、法国知识

---

❶ The owner of a protected industrial design shall have the right to prevent third parties not having the owner's consent from making, selling or importing articles bearing or embodying a design which is a copy, or substantially a copy, of the protected design, when such acts are undertaken for commercial purposes.

❷ A patent shall confer on its owner the following exclusive rights: (a) where the subject matter of a patent is a product, to prevent third parties not having the owner's consent from the acts of: making, using, offering for sale, selling, or importing (6) for these purposes that product.

❸ Members shall give effect to the provisions of this Agreement. Members may, but shall not be obliged to, implement in their law more extensive protection than is required by this Agreement, provided that such protection does not contravene the provisions of this Agreement. Members shall be free to determine the appropriate method of implementing the provisions of this Agreement within their own legal system and practice.

❹ 国家知识产权条法司. 外国专利法选择：上［M］. 北京：知识产权出版社，2015：355-356.

❺ 国家知识产权条法司. 外国专利法选择：上［M］. 北京：知识产权出版社，2015：504.

❻ 国家知识产权条法司. 外国专利法选择：中［M］. 北京：知识产权出版社，2015：965.

❼ 国家知识产权条法司. 外国专利法选择：中［M］. 北京：知识产权出版社，2015：1056.

产权法典第五百一十一条第一款[1]、意大利工业产权法典第四十一条[2]、美国专利法第二百七十一条[3]都规定了外观设计含有"使用"的权利内容。

我国1984年制定的《专利法》中，发明和实用新型专利仅有"制造、使用、销售"的权利，外观设计仅有"制造、销售"的权利。2002年《专利法》修改增加了发明和实用新型专利的"许诺销售"权利，增加了外观设计的"进口"权利。2008年《专利法》修改又增加了外观设计的"许诺销售"权利。随着认识的深化和实践的发展，我国不断增加了外观设计的权利内容，其先例和经验可以表明，外观设计增加"使用权"在法律修改的实践上具有可行性。因此，如前文所述，基于图形用户界面的价值和保护的重要性，及其局部外观设计使用权的必要性，建议增加图形用户界面局部外观设计的"使用权"，以完整地保护图形用户界面权利人的智力劳动，激励其创作和开发，以期形成丰富的图形用户界面。

（三）延长保护期限

1984年《专利法》第四十五条规定外观设计的期限为五年，自申请日起计算，期满前专利权人可以申请续展三年，专利权人最长可以获得八年的外观设计权利保护。但在1992年《专利法》将外观设计的期限修改为十年，并不得进行续展，即外观设计仅能获得十年的法律保护。

关于外观设计的期限，各国和各地区的法律规定不尽相同。保护期限为十年的有中国、中国台湾地区、澳大利亚、印度尼西亚、泰国、秘鲁、加拿大、智力等国家和地区；规定保护期限为十四年的有美国；规定保护期限为十五年的有韩国、日本、马来西亚、新加坡、俄罗斯、乌尔兰、奥地利、瑞士、挪威、匈牙利、丹麦、爱沙尼亚、瑞典、罗马尼亚、阿根廷、墨西哥等国家；规定保护期限最长为五十年的有法国等。[4] 欧盟《外观设计保护条例》规定，经注册的欧共体外观设计的保护期限为自申请日起五年，但可以续展

---

[1] 国家知识产权条法司. 外国专利法选择：中［M］. 北京：知识产权出版社，2015：1015.

[2] 国家知识产权条法司. 外国专利法选择：中［M］. 北京：知识产权出版社，2015：1290-1291.

[3] 国家知识产权条法司. 外国专利法选择：下［M］. 北京：知识产权出版社，2015：1648-1652.

[4] 尹新天. 中国专利法详解［M］. 北京：知识产权出版社，2011：459.

一次或者多次，每次续展五年，最长可达申请日起二十五年。[1]

在知识产权保护体系中，著作权的保护期限是作者死后五十年，商标权的保护期限虽然只有十年，但允许续展，权利人通过续展可以达到永久，专利的保护期限是最短的。我国现行专利法规定发明专利的保护期限是二十年，实用新型和外观设计的保护期限为十年，对专利予以较短期限是因为专利权保护客体是科学技术发明，发明创造被实践证明有价值后，可以解决技术问题，提升人类的生存技能，对国家、社会和市民都有利，应当予以尽快推广。根据专利法第一条“推动发明创造的应用，促进经济社会发展”的立法宗旨，为维护广大市民的切身利益，专利权的期限不宜过长。发明、实用新型专利的客体是技术方案，解决技术问题，确实涉及人类生存能力的提高，对其予以较短的保护期限，可以使专利技术进入公共领域，普惠更多人。而就发明与实用新型的比较而言，发明因实质审查和创造性要求相对较高，技术贡献大，二十年的保护期限相对较长；实用新型进行形式审查，创造性要求相对较弱，十年的保护期限相对较短。外观设计的本质为一种表达，不是技术方案，并不解决技术问题，不涉及人类基本生存能力的提高，作为一种生活质量的改善，普惠公众的功用有限。外观设计虽然不及著作权五十年的保护期限，可从保护设计者权利、促进创新的角度出发，外观设计的保护期限比实用新型的保护期限要长。国务院 2014 年 6 月 6 日公布的《中华人民共和国著作权法（修订草案送审稿）》增加了实用艺术作品，对其发表权、著作财产权给予二十五年的保护。实用艺术作品与外观设计具有类似性，甚至可以等同，只是实用艺术作品在著作权的保护框架下，自创作之日起取得，其排他性不能禁止他人耦合地创造与其相同的实用艺术作品，外观设计因审查具有较强的排他性，即便他们耦合地创造相同的外观设计也不得对其实施。就利益平衡的角度而言，外观设计具有较强的垄断性，其保护期限自然要比实用艺术作品的二十五年期限要短。如国家知识产权局 2014 年 4 月 3 日发布的

---

[1] Article 12 of the Council Regulation："Upon registration by the Office, a design which meets the requirements under Section 1 shall be protected by a registered Community design for a period of five years as from the date of the filing of the application. The right holder may have the term of protection renewed for one or more periods of five years each, up to a total term of 25 years from the date of filing."

《中华人民共和国专利法修订草案（送审稿）》，建议将外观设计专利权的期限延长至十五年。[1]

二、权利限制的类型化

民事权利是以法律之力给予特定利益保护的可能性。[2] 权利最本质的要素是法律所保护的利益和权利主体的行为自由。自由本身除了内涵主体行为的任意性之外，这种任意性的自由还含有不得干涉他人自由的含义。法律权利的本质是利益，[3] 其边界就是法律对权利主体利益保护的最大限度，一般通过对权利内容和权利客体进行限制得以体现，具体通过对权利行使的动机、目的、行使方式等方面进行限制来体现。法律对权利的限制就是法律为人们行使权利确定技术上、程序上的活动方式及界限。权利限制最本质的特征就是对权利的范围和权利的行使所做的限制性规定。[4] 一项专利是发明人与公众之间达成的一个契约，公众获取专利的公开信息同时接受专利权的排他性垄断，在特定期限后公众可以自由使用其公开的专利信息。这个契约成立建立于发明人、设计人与公众之间协商和谈判，其过程又依赖于专利种类的创新程度以及国家给予保护的政策态度。该契约的价值具有客观性，具体体现于两个方面，一个是将专利完全的公开，另一个是在专利的保护范围内对其排他性进行一定的限制。前者表现为专利申请及范围确定，后者表现为权利的限制。[5] 为维持公众与权利人之间的利益均衡，两者都是在利益平衡的原则下进行。

图形用户界面作为一个新事物，从产生到现在才三四十年，技术更新快，社会审美变化大，在进行局部外观设计申请时能够作为现有设计进行比对的设计少之又少，加上审查员对新事物也有一个认识的过程，图形用户界面局部外观设计的前期申请很少被拒绝。在美国，只有19%的图形用户界面外观

---

[1] http://www.sipo.gov.cn/ztzl/ywzt/zlfjqssxzdscxg/xylzlfxg/201404/t20140403_927396.html.

[2] 史尚宽. 民法总论［M］. 北京：中国政法大学出版社，2000：12.

[3] 朱谢群. 信息共享与知识产权专有［J］. 中国社会科学，2003（4）：134-143.

[4] 丁文. 权利限制论之疏解［J］. 法商研究，2007（2）：138-144.

[5] William C Robinson. The Law of Patents for Useful Inventions［M］. Of the Application：The Description of the Invention，1890，69：（69 -74）.

设计因现有设计被拒绝授权，80%的图形用户界面外观设计专利申请从未受到异议。[1] 更惊人的是，动态图形用户界面外观设计至今没有一例基于新颖性、区别性被单独拒绝。美国国内知识产权的保护很注重利益平衡原则，只是向外输出知识产权制度时过于强调知识产权的强保护，以至于忽略了其利益平衡另一端的公共利益。美国对图形用户界面进行局部外观设计保护所引发的争论，反对的声音与支持的声音旗鼓相当，不相上下。反对者认为这种设权的方式是外观设计的权利扩张，不像著作权法复制作品才侵权，图形用户界面制造、使用、销售甚至许诺销售都可能构成侵权，专有性强，又缺乏一个独立的抗辩制度，如合理使用和“三步检验法”，当著作权保护的内容适用于专利保护时，原本著作权不保护的结构、顺序、实用信息以外观设计的进行保护，当整体观察形成路径依赖，法院将会连带图案对结构、顺序、实用信息等一并进行保护，反而会妨碍外观设计的创新和社会进步。松懈的审查制度致使图形用户界面从著作权的限制中逃脱，转换成外观设计的强保护，可能会致使原本属于思想领域的因素侥幸地、不恰当地获得了外观设计保护，挤占公共利益的空间。Michael 教授以法经济学角度分析了图形用户界面局部外观设计保护的权利限制，从市场替代性、消费者兼容需求、兼容的市场竞争需求几个方面考虑图形用户界面局部外观设计的保护和限制。[2] Michael 教授认为，首先就市场替代性而言，图形用户界面开始申请时，现有设计少，无效的可能性低，加上图形用户界面设计能够随时改变，相对于其他产品的外观设计，审查员缺乏深入的认识和市场预测能力，仅能从鼓励创新的抽象角度予以授权，并不能评估其真实的社会福利效果。但是，当图形用户界面获得外观设计权利以后，特别是发生侵权时，法官面对这些竞争产品时，应当比审查员有一个更好的位置去评估保护与不保护图形该用户界面局部外观设计所带来的社会福利效果。因此，在侵权纠纷中，法官成为公共利益和社会福利维护的主体，是公共利益维护的最后一道防线。其次，当消费者从兼

---

[1] Jason J Du Mont, Mark D Janis. Virtual Designs [J]. 17 Stan. Tech. L. Rev., 2013 (107): 109-181.

[2] Michael Risch. Functionality and Graphical User Interface Design Patents [J]. 17 Stan. Tech. L. Rev., 2013 (53): 53-106.

容性上可以获得利益时，应当限制侵权。当硬件的生产成本和使用者为了适应新设计所付出的训练成本过高时，法院应当允许对图形用户界面进行自由使用。若图形用户界面局部外观设计变为一种事实标准，为了减少社会成本，法院也应当允许对其进行自由使用。最后，为了兼容的市场竞争，促进社会效益的最大化，应当允许软件、硬件之间的互融互通。其实，Adobe 公司早于苹果公司就开发了“圆角方形图标”，只是当时没有申请外观设计，也没有投入市场利用，苹果公司恰恰看重它、利用它，并申请了外观设计，或许苹果公司后来都没有想到该图标会如此重要。包括现在苹果公司正在创作的部分图标，很多都来源于过去的事实要素，苹果公司并不知道它的图形用户界面要素将会发挥多大的作用，但苹果公司愿意投入大量精力去开发、利用它，并申请外观设计。就激励机制的效果而言，对图形用户界面给予的适当限制不会减弱设计师创作的热情。

利益平衡作为知识产权的基本原则，知识产权产生、利用、保护都体现了权利的限制。外观设计的审查、无效、权利内容、权利保护及其侵权抗辩都闪烁权利限制的思想痕迹。与技术专利不同，因技术实用性和解决技术问题的迫切性，遇紧急情况，需要避险避灾时，对某一问题的解决必须依赖于技术专利，公共利益于技术专利时有必要。外观设计发挥艺术审美的作用，至多涉及个人生活的改善，没有技术问题的紧迫性和必要性，所以基于公共利益的强制许可对象不包括外观设计。[1] 公共利益的定义和界限模糊，对图形用户界面而言，公共利益不能作为一个独立的权利限制类型。但作为一种原则或者思想，公共利益可以转化为类型化的情形，从而对图形用户界面局部外观设计进行权利限制。[2] 类型是人类思维的方式之一，民法一直使用类型思维方式。马克思·韦伯认为从抽象的理想图像中发现理想类型，从以往的经

---

[1] 我国专利法规定出于公共利益目的的强制许可并不包括外观设计；现行《专利法》第四十九条规定：“在国家出现紧急状态或者非常情况时，或者为了公共利益的目的，国务院专利行政部门可以给予实施发明专利或者实用新型专利的强制许可。”

[2] 图形用户界面开发、设计和运用都以消费者为中心，以用户体验为目标，从而为产品带来吸引力和关注，带动产品适销，与生俱来具有商业性质。图形用户界面即便是科学研究和实验一般都带有直接或者间接的商业目的，而非公共利益，若允许其产生权利限制的效果，势必影响权利人的预期商业利益，因而专为科学研究和实验的权利限制不适用于图形用户界面局部外观设计。

验中提炼理想类型，并用于描述现实。❶ 类型化来自实在，用来比较和衡量实在，它引导人们认识实在知识，解释实在。权利限制的类型化有利于发现理想类型与实在之间的差异，有助于在具体法律案件中认识法律的一般规定或抽象规定与个案的差异性。

（一）功能性设计排除保护

知识产权是商品经济、市场经济的产物，外观设计的价值在市场中以权利的转移或分配来体现，其过程以清晰的权利边界为前提。外观设计法律体系的目标之一就是建立清晰的权利边界，❷“功能性设计”的认定直接关系着外观设计权利边界的清晰认定。

设计特征的分类可以分为三类，功能性设计、装饰性设计、功能性与装饰性兼具的设计。纯粹的功能性设计或者装饰性设计很少，设计“一端关联着艺术，另一端又与科技有关”，多数设计是艺术与科技的混合体，并不完全属于其中的任何一方面。❸ 功能性可分为美学功能性和技术功能性，技术功能性是指产品或服务的优势，是产品的基本特征或者是行业内通用的设计方式，它可以降低产品的成本，提升其质量。装饰性与美学功能性的界限模糊，美学功能性成为使人陷入云雾之中的概念。❹ 外观设计的装饰性或吸引力就是给人一种艺术的视觉感受，当然涵盖美学功能性，外观设计排除保护的应是技术功能性。而这种技术功能性是指外观设计装饰性特征的功能性，而非产品的功能性。

外观设计对功能性考虑有两个地方，一个是授权阶段的审查判断，一个是侵权判断时功能性排除的侵权抗辩。前者通过分辨外观设计的装饰性特征和功能性特征来确定外观设计的保护范围，❺ 后者将功能性设计排除保护作为一种侵权的抗辩理由。外观设计必须是装饰性特征的相同或者相近似，而非功能性特征的相同或者相近似。❻ 但是，纯粹功能性和纯粹装饰性的设计比较少见，一般的设计都兼具功能性和装饰性，区分两者非常困难。历史上对功

---

❶ 刘士国. 类型化与民法解释［J］. 法学研究，2006（6）：11-19.

❷ 丁文. 权利限制论之疏解［J］. 法商研究，2007（2）：138-144.

❸ 罗伯特·克雷. 设计之美［M］. 尹弢，译. 济南：山东画报出版社，2010：前言.

❹ 叶若思. 商业外观权研究［D］. 长春：吉林大学，2009：89.

❺ Oddzon Prods Inc. vs. Just Toys Inc.，122 F. 3d 1396，1405（Fed. Cir. 1997）.

❻ In re Garbo，48 C. C. P. A. 845；287 F. 2d 192.（CCPA. 1961）.

能性设计的区分存在技术标准与法律标准、物理分离标准和观念分离标准的争论，但至今都没有给这种区分提供一个准确的判断。技术标准认为，功能性特征是基于对产品功能、性能、经济性、便利性、安全性等方面的技术性要求而产生的设计。但该标准以实际设计人员作为判断标准，一般消费者很难知晓设计特征与产品经济性、安全性等的实际关联，与外观设计“一般消费者”的判断标准不符。❶ 技术标准的弊端在于，它忽视了外观设计在授权和侵权判断中的法定判断主体，在对外观设计进行授权和侵权判断时，无法为外观设计的功能性设计的区分提供有效的参考。法律标准基于一般消费者的判断为起点，为实现特定功能所唯一决定而并不考虑美学因素的设计特征就是界定功能性设计的法律标准。有学者认为法律标准坚持了外观设计授权和侵权的判断主体标准，与外观设计装饰性特征的整体视觉吻合，与“整体观察、综合判断”的判断方法相衔接，具有合理性和科学性。

本质是事物的根本特征，现象是事务本质的外在体现。本质决定现象，现象在一定程度上反映和体现本质，可以通过现象理解和把握本质。法律标准是界定功能性特征的本质，但是具体界定的方法却存在不同。Trips 协议第二十五条规定：“缔约方可以规定这样的保护不得扩展到本质上取决于技术或功能因素的外观设计”，《专利法司法解释》规定主要由技术功能决定的设计特征不受外观设计保护。❷ Trips 协议的“本质上”和《专利法司法解释》的“主要”，仅作为一种宣示的态度，在界定功能性设计十分困难的情况下，“本质”“主要”的陈述没有实际的指导意义。2014 年《专利审查指南》规定不保护“由产品的功能唯一限定的特定形状对整体视觉效果通常不具有显著的影响”的外观设计。该条款并非对功能性特征的本质界定，仅限于“特定形状”的唯一限定缩小了功能性设计的外延，因为图案、结构、顺序等同样可能构成功能性设计。该条款是狭窄的循环定义，不具有说服力。产品功能唯一限定的设计是否符合外观设计保护的问题，是外观设计保护的前提性的基础，“对整体视觉不具有显著影响”是在权利范围界定清晰的基础之上，“整体观察、综合判断”的一种考虑因素或者适用方法，不能用后者去限定或解

❶ 陶凯元. 最高人民法院知识产权审判指导案例解析［M］. 北京：人民法院出版社，2015：248.

❷ 《最高人民法院关于审理侵犯专利权纠纷案件应用法律若干问题的解释》第十一条和第十二条。

释前者，颠倒因果。某些唯一限定的功能性设计仅仅只是单个的（individual），即便对整体视觉不具有显著影响，但是其组合作为一个整体仍然可以获得外观设计保护。对整体视觉不具有显著影响的设计并非一定就是功能性设计，不能以“不具有显著影响的特征”去解释功能性设计。

最高人民法院指出：“功能性设计特征是指那些在该外观设计产品的一般消费者看来，由所要实现的特定功能所唯一决定而并不考虑美学因素的设计特征。”❶ 除了唯一特定功能的排除外，有限选择的功能性设计也不受外观设计保护。支持者认为，如果把功能性特征仅仅理解为实现某种功能的唯一设计，会过分限制功能性设计特征的范围。科技创新不应当对技术功能唯一（solely）决定的装饰特征赋予外观设计。❷ 若把具有两种或者两种以上替代方式的外观设计排除在外，将使外观设计申请人可以通过对有限替代方式分别申请外观设计专利，以实现对特定功能的垄断，不符合外观设计保护创新设计的立法目的。❸ 本质是事物的根本特征，现象反映本质，自身并非本质，透过现象看本质需要贴近本质的客观标准，而非主观臆断。“特定功能所唯一决定而并不考虑美学因素的设计特征”，“唯一决定”是客观标准，容易判断，但“不考虑美学”是主观的，其判断实非易事。美学随审美、技术发展不断变化，美学本身的内涵都已经转向艺术，本身就多变的主观参照物难以作为客观判断的标准，功能性判断应当尽量避免对“美学”进行直接判断。❹ 进一步讲，若排除保护的功能性设计是有限选择，可何为“有限选择”？还是主观问题，判断十分模糊。美国的 Best Lock 案❺涉及一种钥匙孔槽的设计，法院认为因为其与钥匙具有配合关系，并不具有可替代的设计方案，因此，该设计具有功能性，法院宣告该外观设计无效。替代性选择标准来自于 Disc Golf Association，Inc.，vs. Champion Discs，Inc 案❻对于商业外观的功能性分

❶ 最高人民法院〔2012〕行提字第 14 号行政判决书。

❷ Landor，Hawa International Ltd vs. Azure Design Ltd，EWCA Civ 1285（2006）.

❸ 芮松艳. 外观设计法体系化研究［D］. 北京：中国社会科学院，2015：72-84.

❹ Jason J Du Mont，Mark D Janis. Functionality in Design Protection Systems［J］. 19 J. Intell. Prop. L.，2011（261）：300.

❺ Best Lock vs. Ilco Unican，94 F. 3d 1563，40 U. S. P. Q. 2d 1048（Fed. Cir. 1996）.

❻ Disc Golf Association，Inc.，vs. Champion Discs，Inc.，158 F. 3d 1002（Fed. Cir. 1998）.

析，可商业外观与外观设计完全不同，[1] 其替代性选择的功能性分析在外观设计中无法进行有效的适用，不仅因为替代性选择标准本身飘忽不定，而且还在于法院毫无目的的适用，导致功能性排除不能形成内在统一的指导规则。[2] 实际上，外观设计能够轻易地使用很多方法，如改变细微的装饰特征，以避免实现相同功能。特别是形状之外的图案设计，图案、色彩千变万化，细微的变化可导致完全不同的整体视觉效果。恰恰相反，外观设计若有一种以上的装饰性选择，即便只有有限几种选择，设计师都需要在功能性和装饰性中平衡与选择，最后的设计正是智力创造的结果，也正是外观设计要保护的创意所在。在 L. A. Gear 案[3]中，美国法院指出："当具有几种方式可以获得该功能时，产品的外观设计更可能是基于装饰目的。"若功能性方面或者目的能够用外观设计中的其他多种方式达成，则它证明该方面不是功能性的。若功能性能够由组成要素的一种单独实现，也可以由多种不同的组成要素共同实现，则可以很清晰的说明该外观设计整体外观肯定不是功能性的。[4] 传统的有形产品的形状还较容易区别，在网络环境下，图形用户界面所受限制的功能性很小，设计师所设计的图像、色彩基本不受技术的影响，唯一决定的特征很少，任何构成要素的改变都可能是艺术的，能够产生整体视觉效果，如果主观地排除其所谓的有限选择，涉嫌以结果主义导向，为了不保护才排除功能性设计。

欧盟有两种直接分析功能性外观设计的方法，一种为"强制（mandatory）排除法"，另一种为"起因（causative）排除法"。[5] "强制排除法"如欧盟外观设计条例第八条第一款规定，"如果产品的外观特征仅由其技术功能所决定，则该外观特征不能被注册为共同体外观设计"。强制排除法为大多数国家接受和适用，英国 1949 年《注册外观设计法》第 1 条仅规定："（1）仅仅是由产品的技术功能决定的产品外观特征，不能获得注册外观设

---

[1] 商业外观及商标因可以获得"永续"保护，美国法院基于利益平衡考虑，防止权力垄断功能性外观、妨碍创新，对商业外观的功能性分析十分慎重或苛刻。

[2] Jason J Du Mont，Mark D Janis. Functionality in Design Protection Systems［J］. 19 J. Intell. Prop. L.，2011（261）：285.

[3] L. A. Gear Inc. vs. Thom McAn Shoe Co.，988 F. 2d 1117（Fed. Cir. 1993）.

[4] Avia Group International Inc. vs. L. A. Gear California Inc. 853 F. 2d 1577（Fed. Cir. 1988）.

[5] Jason J Du Mont，Mark D Janis. Functionality in Design Protection Systems［J］. 19 J. Intell. Prop. L.，2011（261）：289.

计；（2）如果产品的外观特征必须制成特定的形状和尺寸，方能使具有此外观设计的产品机械连接、放置、环绕或倚靠于另一产品，从而使两个产品实现各自的功能，这样的外观特征不能获得注册外观设计；（3）对模块系统中的组装部件或可互换产品的连接的外观设计，其注册外观设计权不受上述第（2）款的限制。”❶ 法条非常明确的规定“仅仅”由产品技术功能决定的产品外观特征不能获得注册外观设计保护。英国 Philips 案就根据其明确的法条得出结论，如果还有另外一种形式可以达到这一功能，则可提供保护。❷ 该案的观点后来也被英国上诉法院在 Landor 案件中采用，法院认为对于功能性条款应当进行狭义理解，只有唯一达到这一功能的设计，才不被保护。❸ 欧盟明确的法条规定，致使法国和西班牙毫无争议的采用“唯一决定”的功能性限定。❹ “起因排除法”是当设计者在设计外观时受技术限制所致，因功能性考虑而产生的外观设计特征不受保护。在 Lindner Recyclingtech vs. Franssons Verkstder❺ 案中，OHIM 上诉委员会认为按照强制排除法将没有可排除保护的功能性设计，至少暂时没有出现功能性排除保护的案例，强制排除法没有实际的作用，因而尝试地适用了“起因排除法”。但是“起因排除法”需要探究主观创作意图，不确定因素太大，将会使功能性设计的认定陷入更加复杂的困境，因“强制排除法”多年适用习惯，法院一般不会轻易打开“起因排除法”的“潘多拉之盒”。

功能性设计的认定确实是一个非常困难的事情，要区别整体图形用户界面外观设计的功能性难上加难。❻ 在美国，在许多案件中，法院都将这个决定权交给陪审团，但陪审团的决定也是缺乏一个明确的指导。❼ 其实，法院作为

---

❶ 国家知识产权条法司. 外国专利法选择：中［M］. 北京：知识产权出版社，2015：1052.

❷ Koninklijke Philips Electronics NV vs. Remington Customer Products Ltd（C-299/99）（2002）E. C. R. 1-5475 .

❸ Landor，Hava International Ltd vs. Azure Design Ltd（2006）EWCA Civ 1285；（2006）E. C. D. R. 31.

❹ Uma Suthersanen，Design Law：European Union and United States of America，2nd edn（Sweet & Maxwell，2010），paras 6-014.

❺ Lindner Recyclingtech vs. Franssons Verkstder，Case R 690/2007-3，30.

❻ Amini Innovation Corp. vs. Anthony Cal.，Inc.，439 F. 3d 1365，1372（Fed. Cir. 2006）.

❼ Michael Risch. Functionality and Graphical User Interface Design Patents［J］. 17 Stan. Tech. L. Rev.，2013（53）：53-106.

一个“看门人”，真正贴近客观本质的做法，还是应当坚持“唯一决定”的客观方法，由当事人通过证据举证。比如强制性标准、事实标准、唯一组装关系等，以这种简单、明了方法地适用，允许反证予以推翻，客观化的唯一关系能够限制法官自由裁量权的泛化或滥用。若被告举证证明外观设计有其他选择，该装饰特征设计就不是唯一限定的功能性设计。所以，在 Unette Corp. vs. Unit Pack 案❶中，法院认为如果外观设计的功能性成分可以通过其他设计达到，那它主要就不是功能性的，❷ 这种非唯一限定的功能性设计依然可以获得外观设计的保护。在 Richardson vs. Stanley 一案❸中，联邦巡回上诉法院指出，如现有设计所显示，手柄、锤头、虎口钳、撬杠这些的实用性为公众所熟知且被作为惯常设计运用已达一个世纪，属于纯功能性（purely functional）的要素，不受外观设计保护。但是，外观设计的侵权比对不是个别要素与个别要素的比较，这些纯功能性要素的组合并不妨碍其最终可获得的外观设计保护。如果说著作权排除出思想和不予保护的元素，清单式地比对剩下的可以保护的元素，而外观设计进行整体视觉比较，并非元素与元素的对比，也不是装饰性特征的单个比较，❹ 而是把这些元素组合为整体进行比较，❺ 并不排除单个的功能性设计。欧盟外观设计第八条第二款规定，对必须以准确的形状、尺寸再现，以容许结合或者使用某设计的产品被装配、放置、环绕或者依托于其他产品，以便这些产品完成各自功能的，对该产品的外形特征不授予共同体设计。若不是唯一组装关系，可以进行多重组装或者用于可互换产品的链接的设计，欧盟外观设计条例第八条第三款有规定，也可以授予共同体设计。欧盟外观设计的功能性设计排除采用严格解释，即便本身是功能性的特征部分，如特定组合的产品形状、尺寸，但是可以进行互换或者带来整体视觉也可以获得外观设计保护。苹果公司先后在欧洲几个国家起

❶ Unette Corp. vs. Unit Pack Co., 785 F. 2d 1026 (Fed. Cir. 1986).

❷ 罗伯特·P. 墨杰斯，等. 新技术时代的知识产权法［M］. 齐筠，译. 北京：中国政法大学出版社，2003：265.

❸ Richardson vs. Stanley Works Inc, 597 F. 3d 1288 (Feb. Cir. 2010).

❹ 刘银良. 北大知识产权评论［M］. 北京：北京大学出版社，2015：159-170.

❺ 在此，也可以证明局部外观设计的必要性，对于产品局部的单一的元素创新可以获得局部外观设计，单一元素如果仅是功能性决定的当然不予外观设计，但若在整体外观设计中，单一功能性元素在整体视觉中必然受到装饰性特征的影响，反而增添区别标准的难度。

诉三星公司的平板电脑产品侵犯其注册号为000181607-0001的注册共同体外观设计权，法院对“唯一限定”的功能性外观特征丝毫没有松懈之意，没有支持三星公司提出的非唯一限定的功能性特征，只是以整体视觉效果的不同而判决三星公司不侵权。❶

否定一个观点容易，举出反例即可，但要自证一个观点并非易事。图形用户界面是综合人文、艺术、技术、心理等而创造的智力成果，较之硬件产品的功能性要素的分离，图形设计更是千变万化。不同于硬件产品的设计者，需要时刻协调外观设计美学与硬件产品实用功能的矛盾统一，图形用户界面在互联网技术的支持下，设计者可发挥的空间大，所附产品的实用功能的限制较小，甚至可以天马行空，极尽想象力地进行创造和设计。现代的图形用户界面设计的目的已经不限于为电子产品提供一个友好的人机接口，它与计算机程序紧密融合，还有方便操作、指代程序的作用，融合了装饰性与功能性要素，两者紧密结合，切不能以有限选择将计算机程序或者产品的功能性设计指代为图形用户界面的功能性装饰，从而排除其保护。❷ 改变图形用户界面的艺术创造部分，一般不会影响其实用功能的实现，❸ 图形用户界面的选择太多，可变性太大，如果允许有限选择去定义功能性装饰，哪几种设计才是图形用户界面的有限选择，实难确定。图形用户界面虽然鲜少有唯一的组装关系，但是隐喻的手法将现实生活中的像似符予以运用，其唯一关系会体现于强制标准、事实标准中，严格的客观标准还是可以对图形用户界面的功能性进行准确的界定。所以，图形用户界面外观设计排除保护的功能性设计，仍然以“唯一决定”的严格解释为宜，我们不能违背创意本身和功能性设计的本质，为了权利限制而限制。当然，图形用户界面局部外观设计的权利限制，撇去功能性设计排除保护的限制之外，可以在授权或侵权的判断中交由审查员或者法官，在进行“整体观察、综合判断”时，对相同或相近似的“度”进行权衡把握，如此才是恰当的、可行的。这样既符合功能性设计排除保护的严格解释，也能够于权衡中维持激励机制和供给制度的均衡，维护公

❶ 吴太章. 外观设计专利实质审查标准新讲［M］. 北京：知识产权出版社，2013：15-19.

❷ 徐佳璐. 图形用户界面外观设计专利的实质授权条件研究［D］. 上海：华东政法大学，2015：37.

❸ 王迁. 著作权法［M］. 北京：中国人民大学出版社，2015：97.

共利益和私人的利益平衡。[1]

（二）个人使用

欧盟外观设计条例规定共同体外观设计的效力不能延伸至“acts done privately and for non-commercial purposes”[2]。其中，private 与《牛津高阶英语词典》的“secret”（秘密的）是同义词，与“public”（公开的）是反义词，直译成汉语为“私人的”，“私人”与公法人相对，很明显，“私人”不仅包括个人，还包括企业及其他组织。私人使用不限于单一个人的独自使用，包括一定范围内的若干人共同目的的使用。国家知识产权局条法司翻译的《外国专利法选择（中）》一书中，将英国 1949 年注册外观设计法第 7A 条的[3]的“privately”翻译为“个人的”，即为非商业目的而个人实施的行为。[4] 个人有两种含义，一种是本人，指当事人自己；另一种是一个人，是有别于集体的称谓。个人使用包含两个方面的条件，一是限于本人自己使用，二是限于不以营利为目的的使用。[5] 很显然，私人使用的外延大于个人使用，可指称私人圈子，包括一定范围内少数不特定的朋友、亲属及家人。若私人使用作为外观设计的权利限制类型，根据“私人”的定义，企业的行为可能不构成侵权。即便是企业的行为是所谓的“非商业目的”，如企业向福利院赠送的产品，或者给员工发放的福利，此过程的赠品或者福利可以转换成企业名誉，为企业间接换取隐形的经济回馈。所以私人使用的外延太宽泛，不应作为权利限制的类型。个人使用内涵表达自由度宪政观念，发挥着信息接触自由与文化互动的重要作用。私人使用作为从权利利用界定的一种行为概念，强调处于某种特定目的，如社会效用最大化、交易外部性等，对权利予以限制。前者强

---

[1] 杨凤云. 功能性外观设计特征的判定原则管窥［J］. 科技与法律，2012（2）：70-72.

[2] Community Design regulation，Article 20，The rights conferred by a Community design shall not be exercised in respect of：（a） acts done privately and for non-commercial purposes. https://euipo.europa.eu/tunnel-web/secure/webdav/guest/document_library/contentPdfs/law_and_practice/cdr_legal_basis/62002_cv_en.pdf.

[3] Registered Designs Act 1949，7A.（2），right in a registered design is not infringed by （a） An act which is done privately and for purposes which are not commercial. https://www.gov.uk/government/uploads/system/uploads/attachment_data/file/498821/Registered_Designs_Act_1949.pdf.

[4] 国家知识产权条法司. 外国专利法选择：中［M］. 北京：知识产权出版社，2015：1057.

[5] 吴汉东. 论合理使用［J］. 法学研究，1999（4）：44-50.

调使用者本位价值观，重视个体的创造和文化参与属性。❶ 基于对权利保护及信息自由的价值观念，以及权利限制的目的追求，“private use”采用个人使用的解释更为恰当，外观设计权利限制类型为个人非商业目的的使用，个人的含义也暗指一定范围内少数不特定的朋友、亲属或家人等。

在通常情况下，使用是指依事务的性能或用途在不改变事物本体及其性质的情形下对其加以利用以供需求。❷ 它涵括外观设计得以控制或排他的一切行为，也可以用于功能性特征等不受外观设计保护的要素。若按照现行《专利法》第十一条的规定，“未经许可，为生产经营目的制造、销售……”构成侵权，外观设计没有“使用”的权利内容，权利的排他性无法管控个人的使用行为，而且个人使用显然会是非生产经营目的，容易得出不侵权的结论。如前所述，“生产经营目的”内涵和外延都无法确定，有种种局限性，应予删除。即便增加了外观设计“使用权”的权利内容，没有生产经营目的的限定，当个人使用外观设计同时，也就使用了实体产品。在传统物理世界，个人非商业目的地使用外观设计不能产生外观设计的复制件，或者与其紧密结合的实体产品，个人使用对外观设计权利人的影响很小，也不会对其带来损害，基于信息共享和利益平衡的考虑，个人使用具有合法性，不构成侵权。

但是，图形用户界面将外观设计带进互联网领域，在互联网环境下，外观设计的利用模式发生了颠覆性的变化。图形用户界面设计与产品不再完全固定，甚至可以脱离，有时候虚拟界面本身就是产品，下载图形用户界面即可完成其“制造”，无须销售，吸引关注的图形用户界面也能够带来“注意力经济”的商业惠赠。在网络环境下，从某种意义上说，图形用户界面的使用与作品的使用相似。与作品一样，个人使用作为权利限制的一种，互联网环境下也发生了某种变化，但如何平衡权利保护和权利限制，“个人使用”也成为一个十分棘手的问题。

毋庸置疑，图形用户界面由形状、图案、色彩要素构成，同作品一样也是一种表达。知识产权包含外观设计和著作权，利用模式都随着互联网的技术进步而发生变化。在前版权时代、印刷版权时代，个人使用因为受技术所

---

❶ Julie E Cohen. The Place of the User in Copyright Law [J]. Fordham L. Rev., 2005: 347.

❷ 张玉敏，李杨. 个人使用的著作权定位及政策选择 [J]. 西南民族大学学报，2011 (1): 75-80.

限，对权利人的影响不大，认为其不在权利的效力范围之内，是法律允许的行为，甚至于属于消费者自己本身的“权利”。对个人使用的法律规定各国各有不同，美国以合理使用进行总则性的限定，在案件中以“四要素”的方式进行具体分析，一般认为个人使用不侵权。我国和英国、法国和德国则以对个人使用的目的进行限制，即“个人为学习或研究且不以营利为目的而进行的复制”，将研究、学习目的的非营利使用排除出权利的控制范围之外，限缩个人使用权利限制的范围。[1] 在19世纪以后，随着复印机、家庭录音录像设备等传播技术和设备的发展，进入电子版权时代，个人使用是零成本的，其结构性变化的使用方式使个人能够不经专业设备或者指导即可完成作品的复制、发行、传播。特别是为了欣赏娱乐目的而复制、传播作品的行为将受到法律质疑，[2] 因为个人以娱乐目的而复制、传播作品，会影响作品的正常使用，不合理地损害了作品的潜在利益，它不应当成为合理使用限制权利人的权利。基于网络环境的复杂性，有学者建议有必要区分不同的情况，判断个人使用的合法性。规避技术保护措施、明知下载源非法依旧实施复制的行为、“一对多”的网络传播行为都属于非法的个人使用行为。但是，互联网的隐蔽性致使很难追踪或者查询这些个人，追究其直接侵权责任付出的成本过大，不具有经济上的可期待性。另有学者则建议，通过补偿金、技术措施等限制个人使用，或者直接将个人使用从权利的限制情形中排除。[3] 因此，在版权领域，个人使用在互联网环境下其权利限制的合法性已经受到质疑。

在欧盟，对待个人使用则采取一种温和的做法。依据互联网条约对“个人使用”限制而可获得的“合理补偿”，欧盟有二十二个成员国依据复制容量和下载流量的不同对各类复制产品征收私人复制税，征税范围从移动光驱、存储媒介、复制和扫描设备延伸到平板电脑、智能手机等。[4] 鉴于某些设备不应当用于商业目的或者该个人使用，为了避免重复征税，对私人复制税进行

---

[1] 个人使用只含个人学习、研究，不含个人欣赏。参见张玉敏，李杨. 个人使用的著作权定位及政策选择［J］. 西南民族大学学报，2011（1）：75-80.

[2] 张今. 技术变迁中的个人使用［J］. 电子知识产权，2008（1）：27-29.

[3] 陶潜. 网络环境下的个人使用行为研究［D］. 北京：中国政法大学，2008：42.

[4] Martin Kretschmer. Private Copying and Fair Compensation：An Empirical Study of Copyright Levies in Europe.

限制，允许事后救济免除缴纳义务，请求返还私人复制税，最终私人复制税获得的资金用于扶持社会和公共文化建设。❶ 欧盟《2001/29/EC 号指令》“私人复制税”实际针对的是个人使用（personal use），而非私人使用（private use），使用主体限于自然人，不包括法人及非法人组织的使用。该指令的个人使用要求自然人出于非公开使用且始终不具有直接或间接的商业性目的。非公开使用包括特定或不特定的多数人，不以单一时间为限，长久的累积人数可以作为人数的确定，并不要求个人使用的动机是学习、研究还是欣赏。❷ 欧盟认为个人使用也是对作品的使用行为，本应在权利的排他范围之内，但是欧盟绕过侵权与非侵权的非此即彼的判断，通过以“私人复制税”的方式平衡作品权利人与个人使用者的利益，而且通过税收的方式使两者的利益双向流动，不管个人使用侵权与否，允许其使用，再以社会回报的间接方式对权利人给予“合理补偿”，欧盟以一种非侵权的思路实现了创作与再创作的良好生态。当然，这种方式的实施虽然也存在弊端，比如有些设备并没有使用作品，设备商税负的承担依然会转嫁至消费者，税额较难确定，实行阻力会很大，该方式对国民和实施者的要求都特别高。但从欧盟的做法可以得出一个有益的启发，相较于我国个人使用侵权或不侵权非此即彼的判断，合理补偿的温和做法，面对互联网个人使用的棘手问题，它不失为一种可尝试的思路。

经济基础决定上层建筑，一国或者一个产业的经济发展水平直接决定了其知识产权制度的保护水平。知识产权是一种政策工具，通过授予权利的方式，给予市场主体一定的合法垄断权，以维护其投入的成本利益，实现某种政策目标。为了实现一定的政策目的，实现某些领域的创新或者促进某一产业的快速发展，通过知识产权制度的工具性职能，在权利配置、权利运用和权利保护方面给予一定的倾斜。反之，则对其进行一定的限制。个人使用于权利限制的效力多大，宏观上取决于该国的经济发展水平和知识产权保护水

---

❶ 李杨. 个人使用利益平衡问题的欧盟阐释进路及启示［J］. 苏州大学学报（哲学社会科学版），2015（4）：80-87.

❷ 李杨. 个人使用利益平衡问题的欧盟阐释进路及启示［J］. 苏州大学学报（哲学社会科学版），2015（4）：80-87.

平，微观上取决于该国对图形用户界面保护的利益取舍。

虽然在苹果公司、三星公司、微软公司等公司主导下，电子产品的竞争十分激烈，但是我国企业多年来致力于技术的研发和赶超，其差距逐步缩小，华为手机、小米手机、美的家电、海尔冰箱、格力空调等产品已经走出国门，在国际舞台上能够崭露头角。不过，这些电子产品的图形用户界面设计，却不够丰富，直至近几年互联网行业的兴起才逐步带动 UI 设计的发展，但也没能形成规模。图形用户界面局部外观设计保护的缺失，加上知识产权意识不够，盗版、抄袭屡禁不止，相比于技术专利，图形用户界面设计与发达国家的差距越来越大。哪怕投入巨大创意的计算机图标、界面布局等，只要没有使用其产品或者计算机程序的实用技术，对其装饰性特征的使用影响甚至可以忽略不计。然而，图形用户界面对其产品及其实用技术的运用至关重要，是吸引眼球的第一印象。他人了解一个计算机应用的技术功能之前，首先映入眼帘的就是图形用户界面，优秀的图形用户界面能够为计算机应用、电子产品等带来更多的关注。如果说保护专利从来都不是专利权的目的，促进科技和商业才是，[1] 为激励科技创新和商业发展，根据“No-harm”理论，未经许可的实施行为都可能构成侵权。相比于著作权而言，经过审查登记的图形用户界面外观设计保护应当有其较强的排他性，个人使用的权利限制应当缩小。如果个人使用有其信息自由的宪政意义，即便欧盟的私人复制税遭人诟病，但是都证明个人使用的权利限制不再如传统的效力一样，可以完全放任个人使用进行权利限制。

《北京市高级人民法院关于〈专利侵权判定若干问题的意见（试行）〉的通知》第七十九条规定：“发生下列依法对直接侵权行为不予追究或者不视为侵犯专利权的情况，也可以直接追究间接侵权行为人的侵权责任。”其中第（1）款规定“不视为侵犯专利权的行为”，则第（2）款应当属于不予追究的直接侵权行为，该款陈述为“该行为属于个人非营利目的的制造、使用专利产品或者使用专利方法的行为”。[2] 弦外之音，认为个人使用还是属于直接侵权行为，只是基于利益考虑并不追究其责任。目前，私人复制税或者补偿金

[1] 赵成崟. 专利法中“生产经营目的”的认定［D］. 上海：华东政法大学，2011：4.

[2] 张帆. 中国专利法注释［M］. 北京：知识产权出版社，2014：62.

在著作权领域存在的弊端和实施阻力一直存在，根据我国的国情，合理补偿的思路暂时无法做到。但在互联网环境下，完全放任个人使用，会影响权利人的使用，损害其利益，不利于鼓励创造丰富的图形用户界面。个人使用若不构成直接侵权，间接侵权也无法成立，将会使图形用户界面所载产品的制造商、销售商有可乘之机。所以，如《北京市高级人民法院关于〈专利侵权判定若干问题的意见（试行）〉的通知》的规定，从本质上说个人使用是实施了图形用户界面排他权的行为，属于直接侵权行为，但是法律排除其个人责任，构成侵权却不追求其侵权责任。单个单次的个人使用尚且可以如此，若个人使用一定时间内累积的次数众多或者行为效果恶劣，达到足以损害图形用户界面局部外观设计权利人的合法权益时，依然可以对其追求侵权责任，以实现公平正义。

（三）其他权利限制类型

我国现行《专利法》第六十九条和第七十条分别规定了权利穷竭、先用权、临时过境、科学实验、行政审批以及合法来源抗辩的权利限制类型，这些权利限制一般作为“不视为侵权”来表现。只不过，侵权行为制度不以专利权人为对象，以第三人违法惩戒建立起来，权利限制与侵权行为没有必然联系，以一种侵权的法律关系解释另一种权利限制的法律关系，造成法律概念和内容的理解错误，应予纠正。[1] 若外观设计单独立法，可以于条款中直接规定不同的权利限制类型，而非将其视为不侵权。基于图形用户界面的特殊性，其局部外观设计权先用权、临时入境的权利限制有其独特性。[2]

先用权是诚实信用原则和公平原则于外观设计的体现，先用权的权利限制是为了维护在先使用人的预期利益和市场稳定性。“公平是来自道德的观念，提倡公平匡正偏私乃是法律的精神所在。”[3] 为了避免显失公平的现象出现，允许在先用权人在他人申请了图形用户界面局部外观设计权以后，在原先的范围内继续使用其图形用户界面设计。图形用户界面先用权的范围仅限

[1] 任军民. 我国专利权权利用尽原则的理论体系［J］. 法学研究，2006（6）：39-52.

[2] 基于图形用户界面的特殊性，限于文章的篇章结构，仅阐述图形用户界面局部外观设计的先用权、临时过境两种权利限制类型。

[3] 吴汉东. 论合理使用［J］. 法学研究，1999（4）：44-50.

于图形用户界面的实际使用，不涵盖为其做好了制造、使用的必要准备。日本先用权的“原有范围”不限于在先使用时的物品、数量及规模，其物品、数量、规模可以适当扩大，但必须在事业目的的合理范围之内。图形用户界面原有范围的继续使用，并非允许在所有屏性媒介上的继续使用，应该根据先用权人在先使用时的事业目的，确定先用权人在先使用时所欲达到的产品范围或规模。[1] 同时，为了防止先用权的滥用，先用权人只能将先用权连同企业一起转让或者继承，不能使先用权脱离企业单独转让或继承。

图形用户界面以图像传输信息，可以克服语言文字的障碍，被广泛地运用于电子产品或者运输工具的显示面板上。为提升服务乘客的质量，专门为飞机、船舶、车辆而设计的图形用户界面越来越人性化、时尚化，其便捷性为航空公司带来好的经济效益。以定期往返的国际航班为例，直观、简便的图形用户界面有利于提供顺畅、高效的服务，乘客能克服语言的障碍获知更多服务内容。如果说技术专利临时过境的权利限制是基于技术专利运用所带给人类生命、财产的安全性着想，“临时性”使技术专利的运用时间短、影响小。但定期往返的飞机是一种有规律的商业行为，长期的多次往返存在较大商业利益。图形用户界面的运用主要是美化或者提升服务的效果，航空公司不使用其外观设计，不会对人的生命、财产安全带来影响。即便是有外观设计权利的图形用户界面，航空公司对其使用也具有选择权。因此，图形用户界面的临时通过强调的是临时性、偶然性，不包括定期进入或定期往返的国际航班。若定期航班的图形用户界面外观设计能以临时过境进行权利限制，将挫伤设计师的设计热情，不会再有丰富的图形用户界面为航空公司提供直观、简洁、便利的服务。因此，临时入境是图形用户界面的局部外观设计权利限制的一种类型，定期往返的临时入境，不能对图形用户界面局部外观设计进行权利限制。

三、小结

在产业利益的推动下，知识产权的客体在增多，权利内容在扩大，保护

[1] 尹新天. 中国专利法详解［M］. 北京：知识产权出版社，2011：810-812.

效力在增强。图形用户界面将外观设计带入互联网的世界，新的客体将会改变外观设计原有的制度架构，根据图形用户界面局部外观设计的特殊性，本章对其法律保护提出了若干的立法建议。由于时代背景和历史巧合，外观设计通过专利法进行保护，随着实践的发展和认识的深化，专利保护模式的弊端不断出现，致使外观设计处于尴尬的境地。结合外观设计的本质特点，本章建议外观设计单独立法，以局部外观设计权保护图形用户界面。外观设计是产业利益推动下产生的法律制度，其审查和授权应当坚持产业驱动的思路，关注产业利益，允许申请人与审查员、法官充分辩论，于充分的博弈中不断完善，使外观设计法律的发展贴近市场。因此，本章建议删除平面印刷品不予外观设计的情形，虚化外观设计所附的产品，废除外观设计“非冲突性”的授权要件。

利益平衡是知识产权的基本原则，知识产权自始至终都体现权利保护和权利限制的思想，[1] 从权利产生、使用、保护及其限制都要恪守利益平衡的原则，以维持权利人和社会公众利益的平衡。产业和实践的发展使外观设计的权利保护不断扩展，为有效保护图形用户界面外观设计，促进其创新，本章建议删除侵权行为“生产经营目的”的限制，增加其使用权，并将外观设计的保护期限延长至十五年。同时，知识信息的创造和再造需要考虑创造者和再造者的可持续发展，静态上要兼顾创造者和公众的利益，动态上要兼顾现代人与后继者的利益。权利限制作为利益平衡不可或缺的表现形式，不仅仅只是对专有权控制行为的例外，其本质的特征还涉及对权利的范围和权利的行使所做的限制性规定。抽象的法律构造难于理解，为了于法律的规范中发现理论与实在的差距，从而更方便的理解利益平衡原则，本章总结相关类似性的特征，结合图形用户界面本身的特点，对其权利限制进行了类型化研究。虽然说专利审查、专利无效、现有设计抗辩、侵权比对等无一不是以理性和科学态度体现了权利限制，但是当图形用户界面将外观设计引入互联网世界时，其功能性设计、个人使用、权利穷竭、先用权、临时入境、合法来源抗辩的权利限制类型需要被变革或者完善。

---

[1] 冯晓青. 利益平衡论：知识产权法的理论基础［J］. 知识产权，2003（9）：16-19.

结　论

外观设计的过程以工业产品为主要对象，是运用科技成果和工学、美学、心理学、经济学等知识，对产品的功能、结构、形态及包装等进行整合优化的创新活动。[1] 外观设计以形状、图案、色彩为构成要素，其本质同版权一样，是一种个性表达，而非技术方案，不是为了解决技术问题或实现技术效果。图形用户界面同样以形状、图案、色彩为构成要素，与外观设计能达成本质的契合。在产业利益的推动下，图形用户界面局部外观设计法律保护将成为我国外观设计制度的必然选择。对图形用户界面给予局部外观设计专利权，既顺应了技术和市场发展的要求，也符合知识产权法哲学原理，在著作权、商标权、发明专利权保护不足的背景下，图形用户界面局部外观设计的法律保护有独特的优势，设立图形用户界面局部外观设计专利权具有合理性和优越性。

未来的智能产品界面必定是多彩的，色彩与图案的搭配更能有效地激发情感、刺激感观，增加产品的亲和力与吸引力。[2] 诚然，图形用户界面十分重要，但图形用户界面局部外观设计保护并非没有边界，其标准需要根据国情和知识产权保护水平来确定。从图形用户界面的特质和发展而言，图形用户界面因可以跨越不同的物品进行呈现，其外观设计所附的产品可以虚化，但是鉴于制度协调，现阶段图形用户界面局部外观设计的产品应当为显示屏、显示面板等屏性媒介产品。当外观设计的创作水平达到一定程度时，图形用户界面可以完全脱离产品，只要能够进行产业化利用，即可获得局部外观设计的保护。产品将不再是图形用户界面授权或侵权判断的前提，图形用户界

[1] 《关于促进工业设计发展的若干指导意见》（工信部联产业〔2010〕390 号）。

[2] 李笼熹. 浅议智能手机外观设计的重要性及其发展趋势［J］. 美术教育研究，2012（8）：62-63.

面局部外观设计的侵权判断也主要围绕图形用户界面本身进行。

鉴于外观设计专利立法模式所带来的种种不适，在专利法修改之际，趁着图形用户界面和局部外观设计所带来的制度变化，与日本、韩国一样，我国外观设计理应从专利法中脱离，进行单独立法，对图形用户界面可以局部外观设计专有权进行保护。图形用户界面局部外观设计的法律保护本身是外观设计权利扩张的表现，其权利内容、保护效力和期限都将得到相应扩张，但知识产权也内涵公共利益，在权利扩张的同时应当坚持权利限制，以此来实现公共利益和私人利益的平衡。

参考文献

一、中文类参考文献

（一）著作类

［1］郑成思. 知识产权论［M］. 北京：法律出版社，2007.

［2］郑成思. 版权法［M］. 北京：中国人民大学出版社，2009.

［3］张玉敏. 知识产权法学［M］. 北京：法律出版社，2011.

［4］张耕. 知识产权民事诉讼研究［M］. 北京：法律出版社，2004.

［5］李雨峰. 权利是如何实现的［M］. 北京：法律出版社，2009.

［6］王迁. 知识产权法教程［M］. 北京：中国人民大学出版社，2011.

［7］王迁. 著作权法［M］. 北京：中国人民大学出版社，2015.

［8］刘春田. 知识产权法［M］. 北京：北京大学出版社，2003.

［9］吴汉东. 知识产权基本问题研究［M］. 北京：中国人民大学出版社，2009.

［10］尹新天. 中国专利法详解［M］. 北京：知识产权出版社，2011.

［11］冯晓青. 知识产权利益平衡理论［M］. 北京：中国政法大学出版社，2006.

［12］李明德. 美国知识产权法［M］. 北京：法律出版社，2014.

［13］赵元果. 中国专利法的孕育与诞生［M］. 北京：知识产权出版社，2003.

［14］罗斯科·庞德著. 通过法律的社会控制法律的任务［M］. 沈宗灵，译. 北京：商务印书馆，1984.

［15］E. 博登海默著. 法理学——法律哲学与法律方法［M］. 邓正来，译. 北京：中国政法大学出版社，2004.

［16］威廉·M. 兰德斯，理查德·A. 波斯纳. 知识产权法的经济结构［M］. 金海军，译. 北京：北京大学出版社，2005.

［17］罗伯特·克雷. 设计之美［M］. 尹弢，译. 济南：山东画报出版社，2010.
［18］伊曼纽尔·沃勒斯坦. 现代世界体系（第一卷）［M］. 尤来寅，等译. 北京：高等教育出版社，1998.
［19］Alan Cooper，Robert Reimann，David Cronin，Christopher Noessel，Jason Ccizmadi，Doug LeMoine. 交互设计精髓［M］. 倪卫国，等译. 北京：电子工业出版社，2015.
［20］雷·库兹韦尔. 灵魂机器的时代——当计算机超过人类智能时［M］. 沈志彦，等，译. 上海：上海译文出版社，2002.
［21］常丽. UI 设计必修课［M］. 北京：人民邮电出版社，2015.
［22］皮尔斯. 皮尔斯：论符号［M］. 赵星植，译. 成都：四川大学出版社，2014.
［23］索绪尔. 普通语言学教程［M］. 高名凯，译. 北京：商务印书馆，1980.
［24］张绍杰. 语言符号任意性研究［M］. 上海：上海外语教育出版社，2004.
［25］约翰·迪利. 符号学基础［M］. 张祖建，译. 北京：中国人民大学出版社，2012.
［26］安娜·埃诺，安娜·贝雅埃. 视觉艺术符号学［M］. 怀宇，译. 成都：四川大学出版社，2014.
［27］布拉德·谢尔曼，莱昂内尔·本特利. 现代知识产权法的演进——英国的历程（1760—1911）［M］. 金海军，译. 北京：北京大学出版社，2012.
［28］聂宁乐. 日本专利申请指南［M］. 北京：知识产权出版社，2015.
［29］李明德. 欧盟知识产权法［M］. 北京：法律出版社，2010.
［30］李小武，马云鹏，连冠. 电子产品图形用户界面外观设计保护［M］. 北京：知识产权出版社，2014.
［31］杨向荣，谭善明，李健. 西方美学与艺术［M］. 南京：南京大学出版社，2013.
［32］张广良. 外观设计的司法保护［M］. 北京：法律出版社，2008.
［33］阿图尔·考夫曼. 法律哲学［M］. 刘幸义，译. 北京：法律出版社，2011.
［34］洛克. 政府论：下篇［M］. 叶启芳，瞿菊农，译. 北京：商务印书馆，2013.
［35］谷春德. 西方法律思想史［M］. 北京：中国人民大学出版社，2004.
［36］黑格尔. 法哲学原理［M］. 范扬，张企泰，译. 北京：商务印书馆，1996.
［37］张耕. 民间文学艺术的知识产权保护研究［M］. 北京：法律出版社，2007.
［38］刘云生. 民法概要［M］. 北京：法律出版社，2009.
［39］卢梭. 社会契约论［M］. 何兆武，译. 北京：商务印书馆，2003.
［40］田村善之. 日本知识产权法［M］. 周超，李雨峰，李希同，译. 北京：知识产权出版社，2011.
［41］邓宏光. 商标法的理论基础——以商标显著性为中心［M］. 北京：法律出版

社，2008.
[42] 张玉敏. 商标注册与确权程序改革研究［M］. 北京：知识产权出版社，2016.
[43] 彭学龙. 商标法的符号学分析［M］. 北京：法律出版社，2007.
[44] 叶若思. 商业外观权研究［M］. 北京：法律出版社，2010.
[45] 应振芳. 外观设计研究［M］. 北京：知识产权出版社，2008.
[46] 王受之. 世界工业设计史略［M］. 上海：上海人民美术出版社，1987.
[47] 周宪. 美学是什么［M］. 北京：北京大学出版社，2008.
[48] 崔国斌. 专利法原理与案例［M］. 北京：法律出版社，2016.
[49] 郑成思. WTO 知识产权协议逐条讲解［M］. 北京：中国方正出版社，2001.
[50] 汤宗舜. 专利法教程：第 3 版［M］. 北京：法律出版社，2003.
[51] 苏力. 制度是如何形成的［M］. 北京：北京大学出版社，2007.
[52] 马云鹏. 外观设计法律保护模式研究［M］. 北京：知识产权出版社，2016.
[53] 中国人民大学知识产权教学与研究中心，中国人民大学知识产权学院. 中国知识产权发展报告［M］. 北京：清华大学出版社，2016.
[54] 国家知识产权局外观设计审查部. 外观设计专利申请与保护［M］. 北京：知识产权出版社，2015.
[55] 聂宁乐. 日本专利审查指南［M］. 北京：知识产权出版社，2015.
[56] 史尚宽. 民法总论［M］. 北京：中国政法大学出版社，2000.
[57] 梁慧星. 民法总论［M］. 北京：法律出版社，2007.
[58] 冯晓青. 知识产权法哲学［M］. 北京：中国人民公安大学出版社，2003.
[59] 科特勒，阿姆斯特朗. 市场营销原理［M］. 郭国庆，译. 北京：清华大学出版社，2007.
[60] 冉克平. 产品责任理论与判例研究［M］. 北京：北京大学出版社，2014.
[61] 李扬. 知识产权法基本原理［M］. 北京：中国社会科学出版社，2010.
[62] 田村善之. 日本知识产权［M］. 周超，李雨峰，李希同，译. 北京：知识产权出版社，2011.
[63] 张帆. 中国专利法注释［M］. 北京：知识产权出版社，2014.
[64] 石必胜. 专利权有效性司法判断［M］. 北京：知识产权出版社，2016.
[65] 吴太章. 外观设计专利实质审查标准新讲［M］. 北京：知识产权出版社，2013.
[66] 奚晓明. 最高人民法院知识产权审判指导案例（第三辑）［M］. 北京：中国法制出版社，2011.
[67] 林笑跃. 中国专利典型案例启示录——外观设计篇［M］. 北京：知识产权出版

社，2015.

[68] 本杰明·N. 卡多佐. 法律的成长：法律科学的悖论 [M]. 董炯，等译. 北京：中国法制出版社，2002.

[69] 国家知识产权条法司. 外国专利法选择 [M]. 北京：知识产权出版社，2015.

[70] 陶凯元. 最高人民法院知识产权审判指导案例解析 [M]. 北京：人民法院出版社，2015.

[71] 罗伯特·P. 墨杰斯，等. 新技术时代的知识产权法 [M]. 齐筠，译. 北京：中国政法大学出版社，2003.

[72] 刘银良. 北大知识产权评论 [M]. 北京：北京大学出版社，2015.

[73] 吴太章. 外观设计专利实质审查标准新讲 [M]. 北京：知识产权出版社，2013.

(二) 论文类

[1] 吴汉东. 财产的非物质化革命与革命的非物质财产法 [J]. 中国社会科学，2003 (4).

[2] 张晓都. 论完善我国外观设计专利授权条件判断主体 [J]. 科技与法律，2011 (2).

[3] 李小武. 回到外观设计保护制度的起点 [J]. 清华法学，2012 (5).

[4] 许媛媛，陶应磊，吴大章. 案说设计空间在外观设计专利侵权判定中的运用 [J]. 中国发明与专利，2014 (4).

[5] 苏平. 部分外观设计专利问题探析与思考 [J]. 中国发明与专利，2012 (10).

[6] 尹春霞. 外观设计专利客体研究 [D]. 北京：中国政法大学，2009.

[7] 刘飞. 外观设计专利权的授权和侵权判定标准探讨 [D]. 上海：华东政法大学，2012.

[8] 徐令. 屏性媒介在当前视觉文化中的典型特征 [J]. 科学大众，2006 (5).

[9] 周渝果，王志强. 屏性媒介在当前视觉文化中的典型特征 [J]. 美与时代，2008 (4).

[10] 吕世荣. 马克思经济全球化思想的哲学阐释逻辑 [J]. 中国社会科学，2015 (5).

[11] 吴汉东. 知识产权的制度创新本质与知识创新目标 [J]. 法学研究，2014 (3).

[12] 王利明. 民法的人文关怀 [J]. 中国社会科学，2011 (4).

[13] 杨博. 人与计算机技术之关系的生态研究 [D]. 沈阳：沈阳工业大学，2014.

[14] 吴婷. 图形用户界面外观设计专利法律保护研究 [D]. 长沙：中南大学，2013.

[15] 黎鹰，李亮. 图形用户界面的发展与分类 [J]. 工程地质计算机应用，2006 (4).

[16] 方敏. 文化传播视野下的图形用户界面设计研究 [D]. 郑州：郑州大学，2009.

[17] 陈沛. 电子产品图形用户界面知识产权法律保护 [D]. 北京：中国社会科学院，2013.

[18] 高律. 中美图形用户界面外观设计专利保护研究 [D]. 上海：华东政法大学，2015.
[19] 王小为. 论我国图形用户界面外观设计专利保护 [D]. 北京：中国青年政治学院，2015.
[20] 陈红琳. 莱考夫的隐喻理论和词汇的隐喻化 [J]. 邢台学院学报，2008 (3).
[21] 朱必伟. 图形用户界面的知识产权保护模式研究 [D]. 上海：华东政法大学，2013.
[22] 方敏. 文化传播视野下的图形用户界面设计研究 [D]. 郑州：郑州大学，2009.
[23] 孟瑞. 外观设计专利保护 [D]. 重庆：西南政法大学，2005.
[24] 芮松艳. 外观设计法体系化研究 [D]. 北京：中国社会科学院，2015.
[25] 林志峰. 苹果和三星 GUI 外观设计专利分析 [J]. 中国发明与专利，2014 (8).
[26] 李琛. 知识产权法基本功能之重解 [J]. 知识产权，2014 (7).
[27] 张玉敏，曹博. 论作品的独创性——以滑稽模仿和后现代为视角 [J]. 法学杂志，2011 (4).
[28] 贺宁馨. 我国专利侵权诉讼有效性的实证研究 [D]. 武汉：华中科技大学，2012.
[29] 徐佳璐. 图形用户界面外观设计专利的实质授权条件研究 [D]. 上海：华东政法大学，2015.
[30] 黄细江. 录音制品法定许可制度的困境与出路 [J]. 知识产权，2015 (11).
[31] 李琛. "法与人文" 的方法论意义 [J]. 中国社会科学，2007 (3).
[32] 郭禾. 外观设计与专利法的分野 [J]. 知识产权，2015 (4).
[33] 张玉敏，易健雄. 主观与客观之间——知识产权"信息说"的重新审视 [J]. 现代法学，2009 (1).
[34] 高鸿钧. 法律移植：隐喻、范式与全球化时代的新趋向 [J]. 中国社会科学，2007 (4).
[35] 刘星. 重新理解法律移植——从历史到当下 [J]. 中国社会科学，2004 (5).
[36] 李晓辉. 中国式法律移植之反思 [J]. 国家检察官学院学报，2014 (1).
[37] 钱亦俊. 日本、韩国及我国台湾外观设计专利保护制度介析 [J]. 知识产权，2005 (2).
[38] 徐瑄. 知识产权的正当性 [J]. 中国社会科学，2003 (4).
[39] 何莹，范莉，孙淼. 浅谈中日关于产品图形用户界面的外观专利保护 [J]. 法制与社会，2016 (8).
[40] 魏振瀛. 我国民法对外国法的借鉴 [J]. 法学家，2009 (5).
[41] 何炼红. 知识产权重叠保护问题 [J]. 法学研究，2007 (3).
[42] 杜超凯. 图形用户界面的外观设计客体研究 [D]. 上海：华东政法大学，2015.
[43] 李晓辉. 中国式法律移植之反思 [J]. 国家检察官学院学报，2014 (1).
[44] 杨波. 新授权标准下外观设计审查实务初探 [D]. 北京：北京大学，2012.

[45] 张爱国. 我国外观设计保护创造性要求之检讨与重设 [J]. 法商研究, 2014 (3).
[46] 孔祥俊. 论商标法的体系性适用 [J]. 知识产权, 2015 (6).
[47] 雷磊. 融贯性与法律体系的建构——兼论当代中国法律体系的融贯化 [J]. 法学家, 2012 (2).
[48] 魏振瀛. 市场经济与民法观念 [J]. 中外法学, 1994 (5).
[49] 崔英楠. 从立法科学化到科学立法 [J]. 新视野, 2010 (2).
[50] 赵成崟. 专利法中“生产经营目的”的认定 [D]. 上海: 华东政法大学, 2011.
[51] 刘春田. 民法原则与商标立法 [J]. 知识产权, 2010 (1).
[52] 张玉敏. 诚实信用原则之于商标法 [J]. 知识产权, 2012 (7).
[53] 李秀娟. 外观设计侵权判定中的新颖点分析——以美国外观设计新颖点测试为中心 [J]. 电子知识产权, 2014 (6).
[54] 康添雄. 美国专利间接侵权研究 [D]. 西南政法大学, 2006.
[55] 张玉敏, 邓宏光. 专利间接侵权制度三论 [J]. 学术论坛, 2006 (1).
[56] 王凌红. 我国专利间接侵权的立法方向 [J]. 电子知识产权, 2009 (6).
[57] 张蔚, 孙方涛. 苹果与三星专利战中的 GUI 设计 [J]. 电子知识产权, 2012 (9).
[58] 宋健. 知识产权损害赔偿问题探讨——以实证分析为视角 [J]. 知识产权, 2016 (5).
[59] 朱谢群. 信息共享与知识产权专有 [J]. 中国社会科学, 2003 (4).
[60] 刘峰, 张炳武. 美国创新经济及对我国的启示 [J]. 安徽大学学报 (哲学社会科学版), 2000 (4).
[61] 白茹. 对《专利法》第二十五条一款六项的新思考 [J]. 电子知识产权, 2013 (6).
[62] 魏薇. 标示性平面印刷品不授予专利权之评析 [J]. 河南商业高等专科学校, 2010 (3).
[63] 朱楠. 从权利对象和权利客体之别析外观设计专利权和版权的保护 [J]. 北方法学, 2016 (5).
[64] 熊文聪. 知识产权权利冲突: 命题的反思与检讨 [J]. 法制与社会发展, 2013 (3).
[65] 刘作翔. 权利冲突的几个理论问题 [J]. 中国法学, 2002 (2).
[66] 徐瑄. 视阈融合下的知识产权诠释 [J]. 中国社会科学, 2011 (5).
[67] 冯晓青. 利益平衡论: 知识产权法的理论基础 [J]. 知识产权, 2003 (9).
[68] 刘士国. 类型化与民法解释 [J]. 法学研究, 2006 (6).
[69] 丁文. 权利限制论之疏解 [J]. 法商研究, 2007 (2).
[70] 杨凤云. 功能性外观设计特征的判定原则管窥 [J]. 科技与法律, 2012 (2).
[71] 吴汉东. 论合理使用 [J]. 法学研究, 1999 (4).
[72] 张玉敏, 李杨. 个人使用的著作权定位及政策选择 [J]. 西南民族大学学报, 2011 (1).

[73] 张今. 技术变迁中的个人使用 [J]. 电子知识产权，2008 (1).
[74] 陶潜. 网络环境下的个人使用行为研究 [D]. 北京：中国政法大学，2008.
[75] 李杨. 个人使用利益平衡问题的欧盟阐释进路及启示 [J]. 苏州大学学报（哲学社会科学版），2015 (4).
[76] 任军民. 我国专利权权利用尽原则的理论体系 [J]. 法学研究，2006 (6).

(三) 案例类

[1] 上海市高级人民法院〔2005〕沪高民三（知）终字第 38 号民事判决书。
[2] 广东省高级人民法院〔2005〕粤高法民三终字第 92 号民事判决书。
[3] 广东省广州市中级人民法院〔2010〕穗中法民三终字第 122 号民事判决书。
[4] 北京市高级人民法院民事判决书〔2002〕高民终字第 279 号。
[5] 北京市高级人民法院〔2008〕高行终字第 684 号行政判决书。
[6] 最高人民法院〔2010〕行提字第 5 号行政判决书。
[7] 最高人民法院〔2012〕行提字第 14 号行政判决书。
[8] 北京市高级人民法院〔2014〕高行（知）终字第 2815 号行政判决书。
[9] 新疆维吾尔自治区高级人民法院〔2007〕新民三终字第 6 号民事判决书。
[10] 重庆市高级人民法院〔2005〕渝高法民终字第 195 号民事判决书。
[11] 浙江省宁波市中级人民法院〔2005〕甬民二初字第 27 号民事判决书。
[12] 北京市高级人民法院〔2014〕高行终字第 30 号行政判决书。

(四) 其他类

[1] http://blog.sina.com.cn/s/blog_6b8988220102dy9b.html.
[2] http://career.youth.cn/technology/201310/t20131022_4069151.htm.
[3] http://www.macrotellect.com/brainlink/principle.
[4] http://blog.sina.com.cn/s/blog_6b8988220102dy9b.html.
[5] https://www.gov.uk/government/publications/registered-designs-act-and-rules.
[6] http://www.wipo.int/wipo_magazine/en/2016/03/article_0002.html.
[7] http://it.sohu.com/20150407/n410875051.shtml.
[8] http://www.aiweibang.com/yuedu/139395864.html.
[9] http://www.iolaw.org.cn/showarticle.asp?id=2739.
[10] http://www.aiweibang.com/yuedu/98684036.html.
[11] http://www.nipso.cn/onews.asp?id=22162.

［12］http://ec.europa.eu/growth/industry/intellectual-property/industrial-design/protection_en.

［13］http://www.wipo.int/wipo_magazine/en/2016/03/article_0002.html.

［14］https://euipo.europa.eu/ohimportal/en/design-definition.

［15］李宗基. 浅析韩国外观设计专利审查制度［N］. 中国知识产权报，2011-11-23（4）.

［16］毛荔萍，刘颖. "为生产经营目的"之认定［N］. 人民法院报，2012-2-1（7）.

［17］祝建军. 专利纠纷中'非生产经营目的'免责抗辩成立的条件［N］. 人民法院报，2014-7-23（7）.

［18］叶雪美. 解析动态与动画计算机图像的外观设计专利保护（上）. http://www.naipo.com/Portals/11/web_cn/patentScope/patent_Publications-48.htm.

［19］http://www.wipo.int/classifications/nivilo/pdf/eng/locarno/LOC_10e.pdf.

［20］https://www.gov.uk/government/uploads/system/uploads/attachment_data/file/498821/Registered_Designs_Act_1949.pdf.

二、英文类参考文献

（一）著作类

［1］Willim T Freyer. The Geneca Act of the Hague Agreement Concerning the International Registration of Industrial Designs［M］. Drafting History and Analysis，1999.

［2］Ervin H Pollack. Jurisprudence［M］. Ohio State University Press，1979：Preface.

［3］Musker David. Community Design Law：Principles and Practice［M］. London：Sweet & Maxwell，2002.

［4］William C Robinson. The Law of Patents for Useful Inventions，898 at 55-56（Little，Brown，1890）.

［5］Uma Suthersanen，Design Law：European Union and United States of America，2nd edn（Sweet & Maxwell，2010）.

（二）论文类

［1］Jane M Rolling. No Protection，No Progress For Graphical User Interface［J］. 2 Marq. Intell. Prop. L. Rev.，1998（157）.

［2］Raustiala Kall，Sprigllllan，Christopher. The Piracy Paradox Revisited［J］. 61 Stan. L. Rev.，2009.

［3］Eric Setliff. Copyright and Industrial Design：An "Alternative Design" Alternative［J］. 30

Colum. J. L. & Arts, 2006.

[4] David Goldenberg. The Long and Winding Road, A History of The Fight over Design Protection in The United States [J]. Journal of the Copyright Society of the U. S. A., 1997 (45).

[5] William J S, Andrew W T. Revolution in Design Patentable Subject Matter: The Shifting Meaning of Article of Manufacture [J]. 17 Stan. Tech. L. Rev., 2013 (183).

[6] Jason J Du Mont, Mark D Janis. Virtual Designs [J]. 17 Stan. Tech. L. Rev., 2013 (107).

[7] Paul Edwards. The Encyclopedia of Philosophy [M]. The Macmillan Publishing Company & the Free Press, 1967.

[8] Rebecca S Eisenberg. Patent and Progress of Science: Exclusive Rights and Experimental Use [J]. 56 U. Chi. L. Rev., 1989.

[9] Mat D Carlson. Intellectual Property Protection for Computer Icons: The Trademark Alternative [J]. 31 U. S. F. L. Rev., 1996 (433).

[10] Stuart J H Graham et al.. High Technology Entrepreneurs and the Patent System: Results of the 2008 Berkeley Patent Survey [J]. Berkeley Tech. L. J, 2009, 24 (4).

[11] Rachel Stigler. Ooey GUI: The Messy Protection of Graphical User Interfaces [J]. Northwestern Journal of Technology and Intellectual Property, 2014, 12 (3).

[12] Michael Risch. Functionality and Graphical User Interface Design Patents [J]. 17 Stan. Tech. L. Rev., 2013 (53).

[13] Janice M, Mueller, Daniel Harris Brean. Overcoming the "Impossible Issue" of Nonobviousness in Design Patents [J]. 99 Ky. L. J., 2010 (419).

[14] Lance L Vietzke. Software as the Article of Manufacture in Design Patentsfor Icons [J]. 21 AIPLA Q. J., 1993.

[15] David Bainbridge, UK design law- icons and screen displays: The registration as designs of computer icons, graphical user interfaces and webpages, computer law & security report 22 (2006).

[16] Alina Mihaela CONEA. The requirements for protection of the Computer Design [J]. Lesij NO XVIII, 2011 (1).

[17] Rebecca S Eisenberg. Patent and Progress of Science: Exclusive Rights and Experimental Use [J]. 56 U. Chi. L. Rev., 1989.

[18] Perry J Saidman, Theresa Esquerra. A Manifesto on Industrial Design Protection: Resurrecting the Design Registration League [J]. 55 J. Copyright Society U. S. A., 2008 (423).

[19] H. Reichaman. Legal Hybrids Between the Patent and Copyright Paradigms [J]. 94 Colum. L.

Rev., 1994.

[20] Julie E Cohen. The Place of the User in Copyright Law [J]. Fordham L. Rev., 2005: 347.

[21] Martin Kretschmer. Private Copying and Fair Compensation: An Empirical Study of Copyright Levies in Europe.

(三) 案例类

[1] In re Zahn, 617 F. 2d 261, 204 U. S. P. Q 988 (CCPA 1980).

[2] Apple Computer, Inc., vs. Microsoft Corporation, 35 F. 3d 1435 (9th Cir. 1994).

[3] Disc Golf Association, Inc., vs. Champion Discs, Inc., 158 F. 3d 1002 (9th. Cir. 1998).

[4] Engineering Dynamics, Inc. vs. Structural Software Inc, 785 F Supp 576, 583-584 (E D La 1991).

[5] Gorham Company vs. White. 81 U. S. 511 (1871).

[6] Lehnbeuter vs. Holthaus, 105 U. S. 94 (1882).

[7] No. 92-0546, 26 U. S. P. Q. 2D (BNA) 1250 (B. P. A. J. Apr. 26, 1993).

[8] No. 92-0623, 26 U. S. P. Q. 2D (BNA) 1259 (B. P. A. J. Apr. 26, 1993).

[9] Pioneer Photo Albums, Inc. vs. Holson Co., 654 F. Supp. 87, 88 (C. D. Cal. 1987).

[10] 373 F. 2d 997 (CCPA. 1967)

[11] 617 F. 2d 261 (CCPA. 1980).

[12] Mygatt vs. Zalinski, 138 F. 88, 89 (C. C. D. N. Y. 1905).

[13] Procter & Gamble Co. vs. Reckitt Benckiser (U. K.) Ltd., [2007] EWCA (Civ) 936, [15] - [32] (Eng.).

[14] Smith vs. Whitman Saddle Co., 148 U. S. 674 (1893).

[15] KSR int'l Co. vs. Teleflex Inc., 550 U. S. 398 (2007).

[16] Kastenholz vs. Qwatchme (Watch dials), Case T-68/11 (1), 2013 ECJ EUR-Lex LEXIS 2591.

[17] C-281/10 P - Pepsico vs. Grupo Promer Mon Graphic (2011).

[18] Magowan vs. New York Belting & Packing Co., 141 U. S. 332 (1891).

[19] McClain vs. Ortmayer, 141 U. S. 419 (1891).

[20] Litton Systems, Inc., vs. Whirlpool Corporation, 728 F. 2d 1423 (Fed. Cir. 1984).

[21] Avia Group International, Inc. vs. L. A. Gear California, Inc. 853 F. 2d 1577 (Fed. Cir. 1988).

[22] Unette Corporation vs. Unit Pack Co., Inc., 785 F. 2d 1026 (Fed. Cir. 1986).

[23] Medtronic, Inc. vs. Cardiac Pacemakers, Inc., 721 F. 2d 1563 (Fed. Cir. 1983).

[24] Egyptian vs. Swisa, 556 U.S. 1167; 129 S. Ct. 1917; 173 L. Ed. 2d 1060 (Fed. Cir. 2009).

[25] Compare Lawman Armor Corp. vs. Winner Int'l LLC, 449 F. 3d 1190 (Fed. Cir. 2006).

[26] In re Seagate Tech., LLC, 497 F. 3d 1360 (Fed. Cir. 2007).

[27] Amimi Innovation Corporation vs. Anthony California, Inc., 439 F. 3d 1371 (Fed. Cir. 2006).

[28] Richardson vs. Stanley Works Inc, 597 F. 3d 1288 (Fed. Cir. 2010).

[29] Kastenholz vs. Qwatchme (Watch dials), Case T-68/11 (1), 2013 ECJ EUR-Lex LEXIS 2591.

[30] Applied Arts Corp. vs. Grand Rapids Metalcraft Corp., 67 F. 2d 428 (6th Cir. 1933).

[31] Wallace et al. vs. Holmes et al. 29 Fed. Cases, 74, (1871).

[32] Snyder vs. Bunnell. 29 F. 47 (S. D. Cir 1886).

[33] Apple Inc., vs. Samsung Co., Ltd, 926 F. Supp. 2d 1100 (N. D. Cal. 2013).

[34] Apple Inc., vs. Samsung Co., Ltd, 786 F. 3d 983 (Fed. Cir. 2015).

[35] Samsung Electronics Co., Ltd., vs. Apple Inc. 580 U. S. A. (2016).

[36] Schnadig Corp. vs. Gaines Mfg. Co., 620 F. 2d 1166, 1171 (6th Cir. 1980).

[37] Oddzon Prods Inc. vs. Just Toys Inc., 122 F. 3d 1396, 1405 (Fed. Cir. 1997).

[38] In re Garbo, 48 C. C. P. A. 845; 287 F. 2d 192. (CCPA. 1961).

[39] Landor, Hawa International Ltd vs. Azure Design Ltd, EWCA Civ 1285 (2006).

[40] Best Lock vs. Ilco Unican, 94 F. 3d 1563, 40 U. S. P. Q. 2d 1048 (Fed. Cir. 1996).

[41] Disc Golf Association, Inc., vs. Champion Discs, Inc., 158 F. 3d 1002 (Fed. Cir. 1998).

[42] L. A. Gear Inc. vs. Thom McAn Shoe Co., 988 F. 2d 1117 (Fed. Cir. 1993).

[43] Koninklijke Philips Electronics NV vs. Remington Customer Products Ltd (C-299/99) [2002] E. C. R. 1-5475 .

[44] Landor, Hava International Ltd vs. Azure Design Ltd [2006] EWCA Civ 1285; [2006] E. C. D. R. 31.

[45] Unette Corp. vs. Unit Pack Co., 785 F. 2d 1026 (Fed. Cir. 1986).

[46] Richardson vs. Stanley Works Inc, 597 F. 3d 1288 (Feb. Cir. 2010).

后　记

本书是我的博士论文。

2016年12月，我在写博士论文“致谢”时，还说“很庆幸，父母、爷爷奶奶、外公外婆都健在，我在宠溺般的岁月中成长，没有压力，没有负担，尽情地玩过、笑过、学过”。但是，就在正式答辩前四天，爷爷过世了，这是我人生第一次亲历至亲的离开。爷爷离开得太突然，远在重庆准备答辩的我，来不及见他最后一面，听他最后一句嘱咐……爷爷一直重视教育，他再也不能看到我顺利毕业，见不到致谢中我对他的感恩了，这一切他都将看不到。后记第一部分是博士论文的“致谢”，感恩生命中遇到的所有贵人，有爱大声说出来，该部分于二〇一六年十二月在西政北苑完稿；第二部分是爷爷过世后，远在重庆的我回忆爷爷的过往，泪眼婆娑中于二〇一七年五月在西政北苑草就，以此慰藉爷爷的在天之灵。

一、感恩的心

阴冷的重庆冬日，难得有太阳。恰好今天天空渐渐明朗，阳光时有时无地洒向大地，在准备博士论文中一直萦绕心头的心霾顿时散开，明天应该是一个大晴天吧！

一直不敢动笔写致谢，原因有二：一是写完致谢，意味着博士论文即将装订成册，宣告完结。文章中有的观点难免生涩，我害怕不能及时发现纰漏，希望能有更多的时间去修改，所以一直不敢轻易结束。二是要感谢的人太多太多，纵有千言万语、文采斐然，也无法表达我内心真挚的感激之情，需要一一感谢的人那么多，我担心漏掉他们中的任何一人。

“丑媳妇总要见公婆”，如各电影节、电视节获奖嘉宾的获奖感言一样，即便奖项不同，获奖的嘉宾不同，但表达的内容都是感谢。我并未获奖，更无所谓获奖感言。然而与那些获奖作品一样，博士论文得以完结，除了自己付出了心血外，确实要感谢很多人的鼓励、支持和帮助。

感谢父母。谢谢他们含辛茹苦地抚养我长大成人，谢谢他们对我的教育，教我为人处世的道理，谢谢他们对我每个决定的尊重、理解和支持。感谢父母辛苦供养我读书，即便母亲文化程度不高，但她能够力排众议鼓励我继续读硕士、博士。没有她的鼓励和坚持，我不能继续求学。龙应台先生在《目送》一书中说：“所谓父母子女一场，只不过意味着，你和他的缘分就是今生今世不断地在目送他的背影渐行渐远。”此刻，我曾经出门求学时父母、家人送别的场景历历在目。犹记过去，我无数次出门求学或工作，父母、爷爷奶奶或外公外婆会来送别，他们看我的背影渐行渐远，但他们的背影在我心中一直不增不减。很庆幸，父母、爷爷奶奶、外公外婆都健在，我在宠溺般的岁月中成长，没有压力，没有负担，尽情地玩过、笑过、学过。岁月如梭，我慢慢地成长，他们却偷偷地老去。时间都去哪儿了？只待时光慢些走，让我能多陪陪他们。

感谢我的导师张耕教授。张耕老师既是我的硕士研究生导师，又是我的博士研究生导师。张耕老师知识渊博、思维敏捷，感谢他不嫌弃我天资愚笨，多年来一直耐心地教导我，指导我学习和研究。张耕老师治学严谨，百忙中也不忘叮嘱我的学习，询问论文的进展情况，并为我的论文寻找资料，多次提供修改意见。除了学习之外，张耕老师还关心我的生活情况，帮助我的工作，张耕老师如慈父般向我分享着他的个人经验和人生智慧，如一座明灯，一直指引着我继续向前。

感谢张玉敏教授，作为我的授课恩师，张老师七十高龄，不辞辛苦给我们上课，每次授课侃侃而谈，让我们茅塞顿开，我十分庆幸能够在她退休前接受其“洗礼”。张玉敏老师治学严谨，她不仅认真阅读我的课业论文，而且细致地逐字、逐句进行修改。“字句标点使用正确，写好文章是我们文科生的基本要求”，张老师的教导犹在耳边，影响终身。张玉敏老师和蔼可亲，主动关心我们的身体情况，从她的言传身教中，我们学会了许多为人处世的道理，受用终身。感谢李雨峰教授、曾德国教授、邓宏光教授、黄汇教授、易健雄副教授、康添雄副教授、马海生副教授、张惠彬博士以及清华大学的李小武等老师，他们教授我许多知识，为我的论文提供了宝贵的方法或建议。

感谢我的亲人和朋友。感谢我的弟弟替我分担了家庭的负担，帮助我在求学的道路上走到至今。感谢我的姨妈及亲人们对我的鼓励和帮助，让我有信心继续前行。感谢一位亦师亦友的前辈，在我遇到挫折时，多次鼓励我考博，继续坚持学术的道路，感谢他对我的鼓励、支持和帮助。感谢刘辉、黄奕波、涂江丽、李欣等前辈对我的关心和鼓励，感谢陈红梅、谢兰芳、何莹、张伟、凌文君及岭南博士群诸位学友的鼓励和帮助，感谢其他众多的校友、同事、朋友对我的关心和帮助……

校园是这般静谧，有鸟语，有花香，似赞美，似感谢，数不完，道不尽。我要感谢的人太多太多，无法一一列明，庆幸一直以来有这么多贵人帮助，心怀感恩，唯有祝福，希望好人一生平安。

二、我的爷爷

我的爷爷黄茂昌，生于一九四七年农历三月初三，卒于二〇一七年四月二十九日，享年七十一岁。

爷爷兄弟姊妹六人，排行第五。生于战争动乱之时，成长于“大跃进”、经济困难时期，生活艰苦，长年食不果腹，吃过糠头、树皮、黄泥，受尽生活的煎熬。爷爷读书五载，自小懂文知礼，主张多读书。虽然生于农村，但是爷爷一直倡教育、兴文化、重礼法。爷爷自幼聪慧，能讲会写。青年时期，承袭祖业随父挑担走街串巷，做些小生意。十八岁结婚，共养育五个子女，夭一子一女。婚后，爷爷在外承包工程，是早期能够走出农田接触外界的少数农民，后因“文化大革命”影响，迫于缺少劳动力的压力，放弃了可发展的前程，回归农村。爷爷白手起家，一生建房六次，辛劳一生，不舍吃穿，苛刻了自己，成就了他人。爷爷对家庭极其负责，对子女、儿孙含辛茹苦，极尽关怀。在其“重教兴文知礼”的教育下，子女、儿孙、外甥以读书立命，相继走出农村，虽略有所成，却骄而不躁，知礼知法。爷爷对兄弟姊妹、侄子侄女、外甥等家族亲戚，不分大事小事，尽心尽力，有的更是竭尽所能，为他们排忧解难。对乡亲邻里，不管红白喜事、家长里短，爷爷愿意倾心相助，不舍昼夜。对朋友，爷爷愿意倾囊相助，扶持许多人的成长。对弱者，爷爷心怀慈悲，路遇乞丐，也会施一把米、留一口饭……

爷爷一生坎坷，自幼体弱多病，承父母之疼爱，能够长大成人。天命之年，路遇车祸，脊椎受损，住院一个多月，终得治愈。花甲之年，突患心肌梗塞，大动手术，才捡回一条性命。古稀之年，疾病反复，心塞难过，大病小病不断，多次往返于医院。爷爷不拿子女一分钱，治病的所有医疗费用全部由他自己承担，且还扶持了子女、女婿成长，支持了孙子、外甥成长。弥留之际，顷刻离去，爷爷也没有拖累子女、孙辈半分，还留存部分遗产和债权。终其一生，爷爷为子女、为家人不辞辛劳，省吃俭用，为子孙后代做了一个好榜样。

还记得，我十岁那年摔伤骨折，是爷爷拉着我的手找医生做手术，爷爷当时说："以后老了要反过来，由你拉着我的手。"可惜我和弟弟远离故乡，爷爷却连一次这样的机会都没有给我们。我读高中时寄宿，是爷爷每月来接送我，时常给我送吃的和日用品。每每坐在爷爷摩托车的后座，在爷爷伟岸的背后，我觉得十分幸福，因为爷爷的肩膀我们可以依靠。到后来，我和弟弟工作了，可以自己开车返家、离家，不再需要爷爷接送了，每次回家，爷爷都在门口徘徊，默默地等候孙子们的归来。当我和弟弟要离家去深圳，爷爷会一个人坐在门口，静静地张望着，直至我们的车消失在眼中。高大的爷爷，开始老了，走不动了，也骑不了摩托车了。事实上坐在爷爷摩托车后座的时刻是我最幸福、最轻松的时候，因为有爷爷，我们家就有一个顶梁柱。我们习惯于依赖爷爷，爷爷就这么走了，舍下了这一大家子，我们该怎么办？

还记得，2017年五一假期我回家看望爷爷，爷爷对我说的最后一句话是："家里不要担心，一切都好，自己在外面多保重，好好发展。"谁料那时他已病入膏肓，但他咬牙强忍也不让我担忧。我离家不到一个月，爷爷就撒手人寰。爷爷，现在我只想对您说："您一路走好，家里有我们，一切都好，您不要再担心。"

爷爷对我们要求一向甚高，就在爷爷走后的第四天，我顺利通过博士论文答辩，可以拿到中国的最高学位了，可惜这些爷爷他老人家都不能亲眼看见了。爷爷，此刻我只想告诉您："家里真的很好，您可以安息了。"

时间都去哪儿了？我们在成长，您却偷偷地变老。"子欲养而亲不待"，悲哉！痛哉！不孝子孙叩拜感恩，纵有文学才气，无法述尽您吃过的苦；纵有丹青妙笔，也无法描绘您的成就、业绩。不孝子孙泣血跪拜，自知您的要求甚高，您还有很多愿望没有达成，有很多想见、想去的地方，当您瞑目那刻，纵然葬礼如何，您已无法感受。不孝子孙泣血再拜，唯有把您的精神往下传承，子孙后代可以奋发图强，不负众望。

"爷爷，您一路走好，家里一切都好，您不要再担忧"！